ilo sõnastik

EESTI-
INGLISE

estonian-english
dictionary

Koostanud Mart Repnau

Kolmas trükk

Kujundanud Ene Komp

Kirjastus Ilo
Madara 14, Tallinn 10612
tel. 661 0553
faks 661 0556

Ilo Print
Madara 14, Tallinn 10612
tel. 661 0351
faks 661 0352

© AS Kirjastus Ilo, 2001
ISBN 9985–57–236–X

EESSÕNA

Käesolev eesti-inglise taskusõnastik on mõeldud eelkõige neile, kes on inglise keele algteadmised omandanud. Koostaja tahab selle väikese raamatuga appi tulla siis, kui just see kõige vajalikum sõna on parajasti meelest läinud. Sõnastiku ülesanne on avardada ning täpsustada kasutaja sõnavara, et enam-vähem ladusalt suhelda olmesituatsioonides, seltskonnas, aga ka äriasjade ajamisel.

Raamatu maht – kokku *ca* 8000 märksõna – peaks olema just see miinimum, mis võimaldab toime tulla nii tüüpolukordades kui ka mitte eriti spetsiifiliste probleemide selgitamisel. Märksõnade valik on mõistagi subjektiivne. Kolmandas trükis olen vähendanud eestikeelsete märksõnade dubleerivust, samas lisanud täpsustavaid ingliskeelseid mõisteid ja uusi märksõnu, mida muutuste aeg on meie ellu toonud. Koostaja on kontakti võtnud asjatundlike inimestega erinevatelt elualadelt ja nende soovitusi arvestanud. Eriti tahaks tänada sõnastiku toimetajat Mart Aru, kes on olnud praktiliseks abiks kõiges, eeskätt aga hääldusprobleemide lahendamisel. Temalt on sõnastikus ka vastav artikkel.

Sõnaraamatu koostamisel on autorile abiks olnud paljud analoogilised sõnastikud. Kõige enam on sõnavalikul kasutatud L. Leesi "Eesti–prantsuse turistisõnastikku" (1980) ja muidugi J. Silveti "Eesti–inglise sõnaraamatut" (1986). Autor on püüdnud maksimaalselt arvestada ka uusima eesti- ja ingliskeelse ajakirjanduse sõnakasutust.

Loodan, et sellest raamatukesest saab Teile käepärane abimees.

Koostaja

KASUTATUD LÜHENDID

adj.	– omadussõna	*piltl.*	– piltlikult
adv.	– määrsõna	*pl.*	– mitmus
anat.	– anatoomia	*pol.*	– poliitika
astr.	– astronoomia	*postp.*	– tagasõna
atrib.	– atribuut	*prep.*	– eessõna
bot.	– botaanika	*pron.*	– asesõna
Br.	– Briti inglise	*põll.*	– põllumajandus
	keeles tarvitatav	*raad.*	– raadio
el.	– elektrotehnika	*s(m)b.*	– somebody, some
er.	– eriti		one
fem.	– naissoost	*smb´s*	– somebody´s,
fot.	– fotograafia		someone´s
geogr.	– geograafia	*smth.*	– something
haril.	– harilikult	*subst.*	– nimisõna
jms.	– ja muu selline	*zool.*	– zooloogia
jur.	– õigusteadus	*tead.*	– teaduslik
kirikl.	– kiriklik	*teatr.*	– teatriala
kok.	– kokandus	*tehn.*	– tehnika
kõnek.	– kõnekeelne	*tekst.*	– tekstiil
maj.	– majandus	*US.*	– Ameerika inglise
mat.	– matemaatika		keeles tarvitatav
med.	– meditsiin	*v.*	– või
mer.	– merendus	*vt.*	– vaata
muus.	– muusika		

HÄÄLDAMISEST

Inglise keele kirjapildi lahkuminek hääldusest on üldtuntud. On küll terve rida reegleid, mis sõnade väljalugemist hõlbustama peaksid, kuid nende üksikasjalikuks selgitamiseks jääb käesoleva raamatu maht liiga väikeseks. Pealegi on reeglitel erandid.

Sõnastikes antakse hääldus tavaliselt sõnade järel nurksulgudes rahvusvahelises foneetilises transkriptsioonis. Meie vestmikule see aga mitmel põhjusel ei sobi. Oleme säilitanud küll nurksulud, kuid hääldus nendes on antud eesti keele ortograafial põhinevas transkriptsioonis, kus igale inglise keele häälikule vastab üks kindel täht või tähekombinatsioon. Valdavas enamuses on kasutatud eesti keele tähestikust tuttavaid tähti, erandi moodustab vaid umbmäärane häälik *ë*. Vasted on püütud valida nii, et nende järgi sõnu hääldades peaks olema ennast võimalik inglasele arusaadavaks teha, eriti kui järele aimata inglise keele kõla ning juhinduda allpool toodud lühikesest õpetusest.

Kõigepealt mõned üldised selgitused. Inglise keele hääldusbaas on eesti keele omast madalam, s.t. häälikuid moodustades ei tõuse keeleots või -selg nii kõrgele kui eesti keele häälikute puhul. Ka huuled ei võta sel määral hääldamisest osa ega tõmbu kuigivõrd torusse, näiteks häälikute puhul, mida oleme tähistanud *u* ja *öö*-ga. *i* pole terav nagu eesti keeles, vaid sarnaneb rohkem *e*-ga. Eriti ilmneb see kaksik- ja kolmiktäishäälikutes. Kaksiktäishäälikutes langeb põhirõhk mitte teisele elemendile, nagu eesti keeles, vaid esimesele. Seega tuleks hääldada mitte *faijë*, vaid pigem *faeë* (*fire*, tuli), mitte *aii*, vaid *aai* (*I*, mina). Sama kehtib *u*-ga kaksiktäishäälikute kohta, mis kõlavad seega umbes nagu *aau* või *oou* – viimases on *o* õige eesti keele *õ* kõlaga. *Hallo* ja *boat* kõlavad siis enam-vähem nagu *hälõu* ja *bõut*.

ë umbmäärasusest oli eespool juttu. Piltlikult võiks seda häälikut kirjeldada kui *e*-d, mis tekib koolipoisi vastusesse iga teise sõna järel, kui tal koolitükk õppimata. *ë*-l on kalduvus taanduda. Mõnikord kaob ta niivõrd, et peaaegu ei kostagi, hõlbustades vaid üleminekut ühelt häälikult teisele. Olenevalt kõnelejast või sõna asendist lauses võib näiteks sõna *social* "ühiskondlik, seltskondlik" kõlada *sošel* või *soušl*, sõna *government* "valitsus" kui *gavënmënt*, *gavnmënt*, *gavënmnt* või koguni *gavnmnt*. Meie transkriptsioonis on seesugune kaduv *ë* enamasti märgitud.

Täishäälikutest rääkides tasuks veel meelde jätta, et nende juures on mõnel puhul oluline, kas neid hääldatakse lühidalt või pikalt (umbes nagu eesti keele lühikest ja ülipikka täishäälikut). Vale pikkusega hääldamine võib muuta sõna arusaamatuks või anda sellele uue tähenduse (näit. *bit* – "tükk, väike osa" ning *beat* [biit] – "(südame)löök, rütm", samuti *beet* [biit] – "peet").

Kaashäälikute pikkus seesugust tähenduslikku muutust ei anna ning neid hääldatakse alati lühidalt, olenemata sellest, kas nad kirjas on märgitud ühe või kahe tähega. Paljude inglise kaashäälikute kõla on vastavate eesti keele omadega üsna sarnane, teistel juhtudel on märgatavaid erinevusi.

Kõigepealt tuleb tähelepanu juhtida helitutele klusiilidele (sulghäälikutele) *k*, *p*, *t*, mida hääldatakse aspireeritult – hinguse e. plahvatusega. Seda saab kontrollida näiteks suu ette tõstetud käe või küünlaleegiga (hingus peab olema nii tugev, et ta kustutaks leegi vähemalt 25 cm kauguselt). *b*, *d*, *g* seevastu hääldatakse heliliselt nagu ka vene ja saksa keeles, kuid neist erinevalt säilib helilisus ka sõnalõppudes.

Oluline on heliliselt hääldada *z*, seda eriti sõnalõppudes, kus ta sageli esineb mitmesugustes grammatilistes funktsioonides. *s* aga on helitu ja hääldatakse üsna tugevalt, umbes eesti keele teise välte pikkuses, ka näiteks täishäälikute vahel, kus ta eesti keeles veidi heliliseks muutub.

Paljudele eestlastele tekitab inglise keele õppimise algfaasis tõsiseid raskusi helilise ja helitu *th* hääldamine (meie tähistuses vastavalt *dh* ja *th*). Neid hääldades pannakse keeleots hammaste vahele ning surutakse õhku keele ja ülemiste hammaste vahelt läbi. Huuled *dh* ja *th* hääldamisest osa ei võta. Helilise hääliku puhul võnguvad häälepaelad kaasa, helitu puhul ei võngu. Kui *dh* ja *th* kuidagi välja ei tule, võib need hädakorral asendada vastavalt *v* ja *f*-ga, kuid sel juhul tuleb arvestada arusaamisraskuste võimalusega.

ng kõlab nagu *n* eestikeelsetes sõnades *sink* või *sang*. Tähelepanu tuleb pöörata ainult sellele, et vastavates inglise keele sõnades on *n*-ile järgnev *k* aspireeritud, *g* aga ei hääldu.

r kõlab pehmelt, ilma põrinata – keeleots ei puuduta selle hääliku hääldamisel suulage. Sõnalõppudes jääb *r* üldiselt hääldamata, välja arvatud juhud, kus sõnad kõnes kokku liituvad ja järgmine sõna algab täishäälikuga: **ei kunagi enam** – never again [´nevër ë´gen].

w tuleb üsna kenasti välja, kui hääldada selle asemel eesti keele *u*. Kuigi hääliku kõla ei tule päris täpne, pole segiajamine tõenäoline, sest *w* on kaashäälik, *u* aga täishäälik ja kumbki täidab silbis oma spetsiifilist rolli.

Sõnarõhk on häälduspildis märgitud rõhumärgiga ´ rõhulise silbi ees. Rõhku ei ole märgitud suuremal osal ühesilbilistel sõnadel, aga ka paljudel kahesilbilistel sõnadel, kui rõhk langeb esimesele silbile. Kuna fraasides esineb mõnikord mitu märkimata rõhuga sõna kõrvuti, siis on kasulik meeles pidada, et lauserõhk langeb ikka tähendust kandvatele sõnadele, ase- ja eessõnad, abisõnad, artiklid jms. jäävad üldreeglina rõhutuks. Erandi moodustavad verbi-määrsõna ühendid, kus rõhuga hääldatakse mõlemaid sõnapooli, näit.: **ära saatma** – see off [´sii ´of].

Sidekriipsuga sõnade hääldus on enamasti antud kahe eraldi sõnana, välja arvatud juhtudel, kus koostaja keeletunnetus on nõudnud kokkukirjutamist.

Küllaltki oluline on inglise keeles ka kõnemeloodia e. intonatsioon. Hääle kõrgus muutub seal üldiselt palju suuremas ulatuses kui suhteliselt "lamedas" eesti keeles. Näiteks tavalist jutustavat lauset alustatakse madalalt, kusjuures hääle kõrgus tõuseb järk-järgult kuni lause tähtsaima sõnani. See hääldatakse järsu langeva rõhuga ning lauselõpp kõlab jällegi madalalt.

Näit. *I have never read this book* [ai häv nëve red dhis buk] (Ma pole seda raamatut kunagi lugenud).

Samal põhimõttel hääldatakse ka küsimused peale kas-küsimuste, kus intonatsioon on otse vastupidine. Lause algab järsu langeva rõhuga, edasi püsib aga hääl üsna madalal, ehkki vähehaaval tõustes, kuni lause lõpus rõhulise sõna peal ennast päris kõrgele kruvib. Kirjapandult võiks see välja näha umbes nii: *Would you like to try some of these?* [wud ju laik të trai sam ëv dhiis] (Tahaksite ehk proovida mõnda neist?).

Tõusvat intonatsiooni kasutatakse veel loeteludes ja kõrvallausetes, kuid kahjuks ei mahu kõige selgitamine selle raamatu raamidesse. Ehkki seesuguse lühikursuse varal võib end mingil määral arusaadavaks teha, tunneb ennast kindlamalt muidugi see, kes natukenegi on harjutanud. Kasu oleks aga isegi sellest, kui saaks lasta keeleoskajal endale häälikuid tutvustada.

Mart Aru

11

TÄISHÄÄLIKUD   KAASHÄÄLIKUD

bad	bäd	bad	bäd
father	faadhë	cheer	tšie
saw	soo	day	dei
say	sei	they	dhei
bed	bed	few	fjuu
sheep	šiip	gay	gei
there	dheë	hot	hot
ship	šip	jump	džamp
bite	bait	king	king
fire	faië	led	led
here	hië	man	män
pot	pot	son	san
note	nout	sung	sang
put	put	pot	pot
boot	buut	red	red
jury	džuëri	soon	suun
now	nau	fish	fiš
our	auë	tea	tii
boy	boi	thing	thing
lawyer	lojë	view	vjuu
cut	kat	wet	wet
bird	bööd	yet	jet
mother	madhë	zero	ziërou
		pleasure	pležë

TÄHESTIK

Täppide ja katusega tähed välja arvatud, on inglise ja eesti keele tähestik kirjapildilt omavahel täiesti sarnased. Erinevused tulevad ilmsiks alles siis, kui hakata sõnu tähthaaval välja ütlema. Nimede puhul on see näiteks telefonivestluses eksituste vältimiseks lausa hädavajalik.

Aa – ei	Jj – džei	Ss – es
Bb – bii	Kk – kei	Tt – tii
Cc – sii	Ll – el	Uu – juu
Dd – dii	Mm – em	Vv – vii
Ee – ii	Nn – en	Ww – dabljuu
Ff – ei	Oo – ou	Xx – eks
Gg – džii	Pp – pii	Yv – wai
Hh – eitš	Qq – kjuu	Zz – zed (*US* zii)
Ii – ai	Rr – aa	

Täpid ja katused ei tähenda inglasele suuremat midagi, nii et nime *Mäe* võib rahulikult välja lugeda *em-ei-ii*. Kui aga tahetakse olla täpne, on võimalik öelda:

Ää – *ei umlaut*, Öö – *ou umlaut*, Üü – *juu umlaut*, Õõ – *o with a little squiggle above it* [ou widh ë litl ´skwigl ëbav it]. Viimane on kirjeldav (o väikese kõverikuga), esimesed kolm aga on tõenäoliselt mõistetavad vaid neile, kes on kas või veidikene tutvust teinud saksa keelega. Kui *ei* (*ou, juu*) *umlaut* jääb arusaamatuks, võite öelda *ei widh tuu dots* (*a with two dots* – a kahe täpiga).

A

aabits ABC-book [´eibii´sii buk], spelling-book [´speling buk]
aade ideal [ai´diël]
aadressbüroo address bureau [ë´dres ´bjuërou]
aaloe aloe [ä´lou]
aare treasure [´trežë]
aas meadow [´medou]
aasta year [jeë]
aastaaeg season [´siizën]
aastaaruanne annual report [´änjuël ri´poot]
aastaarv date [deit]
aastakäik year of issue [jeë ov ´isjuu]
aastapäev anniversary [äni-´vöösëri]
aastaraamat year-book [´jeëbuk]
abi help
abielluma marry [märi]
abielu marriage [´märidž]

abielulahutus divorce [di-´voos]
abielurikkumine adultery [ë-´daltëri]
abikaasa (mees) husband [´hazbënd], (naine) wife [waif] (*pl.* wives [waivz])
abiline assistant [ë´sistënt]
abinõu measure [´mežë]; ~sid tarvitusele võtma take measures [teik ´mežëz]
abipalve request for help [ri´kwest]
abiraha grant [graant]
abiturient school leaver [´skuul liivë], *US. ka* senior [´siinië]
abivalmis helpful [´helpful]
abort abortion [ë´boošën]
absurd nonsense [´nonsens]
ader plough [plau]
administraator administrator [ëd´ministreitë]
adressaat addressee [ädre´sii]
adresseerima address [ë´dres]
advokaat lawyer [loojë]

advokatuur 14

advokatuur the bar [dhë baa]
aed garden [gaadën]; (tara) fence [fens]
aednik gardener [´gaadënë]
aeg time [taim]; ~ **on minna** it´s time to go; **head ~a!** so long! [sou long]
aeg-ajalt from time to time [from taim të taim], now and then [nau änd dhen]
aeganõudev time-consuming [´taim kën´sjuuming]
aeglane slow [slou]
aegsasti in (good) time [in (guud) taim]
aeguma expire [iks´paië]
aeroobika aerobics [eë´roubiks]
aevastama sneeze [sniiz]
afäär (pettus) swindle [´swindl]; (juhtumus) affair [ë´feë]
agent agent [´eidžënt]
agentuur agency [´eidžënsi]
agregaat *tehn.* unit [´juunit]
agu dawn [doon]
agul slum [slam]
ahel chain [´tšein]
ahelreaktsioon chain reaction [tšein ri´äkšën]
ahi stove [stouv]; (küpsetus~) oven [´avën]
ahne greedy [griidi]
ahnus greed [griid]
ahv monkey [´manki]

ahvatlev tempting [´temting]
ahven perch [pöötš]
aiamaa kitchengarden [´kitšëngaadën]
aiandus horticulture [´hortikaltšë]
aiatöö garden-work [´gaadënwöök]; ~**riist** garden tool [tuul]
aim idea [ai´dië]; **mul ei ole ~ugi** I have no idea
aimama guess [ges]
aine substance [´sabstëns]; (kõne~, õppe~) subject [´sabdžikt]
aineregister subject index [´sabdžikt ´indeks]
ainulaadne unique [ju´niik]
ainult only [ounli]
ainus only [ounli]
ainuvalitseja autocrat [´ootëkrät]
ainuõigus sole right [soul rait]
ait barn [baan]; (kauba~) storehouse [´stoohaus]
aitama help
aitäh! thanks! [thänks]
ajaarvamine (system of) chronology [´krënolëdži]; **enne meie ajaarvamist** B. C. [bii sii], (Before Christ) [bi´foo ´kraist]
ajajärk period [´piëriëd]
ajakiri magazine [mägë´ziin]

15   **aktus**

ajakirjandus the press [dhë pres]

ajakirjanik journalist ['džöö-nëlist]

ajakohane up-to-date ['ap të 'deit], topical ['topikël]

ajalehekiosk news-stand ['njuuz ständ]

ajaleht newspaper ['njuuzpei-pë]

ajalugu history ['histëri]

ajama: asju ~ run errands [ran 'erëndz]; **habet** ~ shave [šeiv]; **juttu** ~ talk [took]; **läbi** ~ manage (somehow) ['mänidž], make do [meik du]

ajapikendus extension [iks-'tenšën] (of time)

ajapuudus lack of time [läk ëv taim]

ajastu era ['iërë]

ajateenija conscript ['kon-skript]

ajavahemik period of time ['piëriëd ëv taim]

ajaviide pastime ['paastaim]

ajendama cause [kooz]

aju brain [brein]

ajutine temporary ['tempërëri]

ajutöö brain-work ['breinwöök]

akadeemia academy [ë'kädëmi]

akadeemik academician [ëkä-dë'mišën]

aken window ['windou]

aklimatiseeruma acclimate ['äklimeit]

aknakardin (window-) curtain ['köötin]

aknaklaas window-glass ['windouglaas]

aknalaud window-sill ['win-dousil], (*or* -ledge) [ledž]

akt document ['dokjumënt]; *kunst.* nude [njuud]

aktiivne active ['äktiv]

aktiva *maj.* assets ['äsets]

aktsent accent ['äksënt]

aktsia share [šeë]; ~**selts** joint-stock company ['džoint 'stok 'kampëni], *US.* incorporated company [in'ko-opëreitid 'kampëni]; ~**d** (shares of) stock [šeëz ëv stok]; ~**emissioon** share issue [šeë 'isjuu]; ~**kapital** share capital ['šeë 'käpitël]

aktsiisimaks excise-duty ['eksaiz djuuti]

aktsionär shareholder ['šeë-houldë]

aktsioon (tegevus) action ['äkšën]; (ühine üritus) campaign [käm'pein]

aktuaalne = ajakohane

aktus festive meeting ['festiv 'miiting]

akumulaator (autol *jms.*) battery ['bäteri]

akustika acoustics [ë'kuustiks]

akvaarium aquarium [ë'kweëriëm]

akvarell water-colours ['wotëkalëz]

alaealine under age ['andëreidž], *US.* minor ['mainë]

alahindama underestimate [andër'estimeit]

alajaotus subdivision [sabdi'vižën]

alaldaja rectifier ['rektifaië]

alaline permanent ['pöömënënt]

alalisvool direct current [di'rekt 'karënt]

alammäär minimum ['minimëm] (*pl.* -mums, -ma)

alampalk minimum wage ['minimëm weidž]

alandama lower [louë]

alandus (moraalselt) humiliation [hjumili'eišën]

alanema lower [louë]

alapealkiri subtitle ['sabtaitl]

alasti naked ['neikid]

alatasa every now and then [evri nau änd dhen]

alateadlik subconscious [sab'konšës]

alates since [sins]

alati always ['oolweiz]

alatoitlus malnutrition [mälnju'trišën]

alatu mean [miin]

alaväärsus inferiority [infiëri'oriti]; **~kompleks** inferiority complex [infiëri'oriti 'kompleks]

alaväärtuslik of low quality [ov lou 'kwoliti]

album album ['älbëm]

alev (small) country town ['kantritaun]

algaja beginner [bi'ginë]

algallikas primary source ['praimëri soos]

algama begin [bi'gin]

algatus initiative [i'nišëtiv]

algatusvõime (power of) initiative [pauër ëv i'nišëtiv]

algeline primitive ['primitiv], elementary [eli'mentëri];

algharidus primary education ['praimëri edju'keišën]

alghind (oksjonil) initial price [i'nišël prais]

algkool primary school ['praimëri skuul]

algteadmised elementary knowledge [eli'mentëri 'nolidž]

algupära origin ['oridžin]

algupärane original [ë'ridžinël]

algus beginning [bi'gining]; **~es** in the beginning

algõpetus primary instruction ['praimëri ins'traksën]

alimendid alimony ['älimëni]

alistuma surrender [së'rendë]

alkohol alcohol ['älkëhol], *US.* liquor ['likë]

alkoholism alcoholism ['älkëholizm]

alkohoolik alcoholic [älkë'holik]

all under ['andë]

alla down [daun]; (alumisele korrusele) downstairs ['daun-'steëz]; ~ **kirjutama** sign [sain]; ~ **suruma** suppress [së'pres]; ~ **nulli** below zero [bi'lou ziërou]: ~ **oma hin-da** below (self-) cost [bi'lou 'selfkost]

allahindlus discount ['diskaunt]; (soodusmüük) sale [seil]

allakirjutanu the undersigned [dhi 'andësaind]

allakäik decline [di'klain]

allapoole 1. *adv.* downward(s) ['daunwëdz]; **2.** *prep.* below [bi'lou]; ~ **merepinda** below the sea level [bi'lou dhë sii levël]

allee avenue ['ävënjuu]

alles (veel) still; (vaid, vast) only [ounli]; **ta on** ~ **noor** he is still young; **ta tuli** ~ **kell kümme** he did not come un-til ten; ~ **siis** only then [ounli dhen]; ~ **olema** be left, be extant ['ekstënt]

allikas source [soos]; (vee~) spring; **usaldatavast** ~**t** on good authority [on guud oo-'thoriti]

allikavesi spring water ['spring wootë]

allikmaterjal sources ['soosiz]

alljärgnev following ['folou-ing]

allkiri signature ['signitšë]

allmaaraudtee underground ['andëgraund], *US.* subway ['sabwei], (Londonis *ka*) tube [tjuub]

alltöövõtt subcontracting [sab-'konträkting]

alluma be subject (to) [bi 'sab-džikt]

allumatus non-subjection ['nonsab'džeksën]

allumine subjection [sab'džek-sën], subordination [sab-oodi'neišën]

alluv (millelegi) subject ['sab-džikt], (kellelegi) subordinate [së'boodënit]

allveelaev submarine ['sabmëriin]

alpikann cyclamen ['siklëmën]

alpinism mountain climbing ['mauntin 'klaimbing]

alpinist mountaineer [maunti-´nië]

alt from under [from andë]; **hoia ~!**, **~ ära!** look out! [luk aut]; **~ vedama** let down [let daun]

altar altar [´ooltë]

alternatiivne alternative [ool-´töönëtiv]

alternatiivteenistus alternative military service [ool-´töönëtiv ´militëri ´söövis]

altkäemaks bribe [braib]; (kellelegi) **~u andma** bribe *sb.* [braib]; **~u võtma** take bribes [teik braibz]

alumine lower [louë]; **~ kor-rus** ground floor [graund floo]

alus basis [´beisis]; (põhjend) reason [riizën]; **~ed** funda-mentals [fandë´mentëlz]; **millegi ~el** on the ground of smth.

alusetu groundless [´graundlis]

aluspesu underwear [´andë-weë]; (naiste ~) lingerie [´länžëri]

aluspüksid underpants [´andë-paants]

alustama begin [bi´gin]

alustass saucer [´soosë]

amatöör amateur [´ämëtjuë]

ambulatoorium outpatients´ hospital [´autpeišënts ´hos-pitël] (*or* clinic) [´klinik]

ambulatoorne: ~ ravi outpa-tient treatment [´autpeišënt ´triitmënt]

amet occupation [okju´peišën]; (ametiasutus) office [´ofis]

ametiaeg term of office [tööm ëv ´ofis]

ametiala profession [prë´fešën]

ametialane official [ë´fišël]

ametiasjus on business [on ´biznis]

ametiasutus office [´ofis]

ametiisik official [ë´fišël]

ametikoht post [poust]

ametikõrgendus promotion [prë´moušën]

ametisaladus professional se-cret [pro´fešënël´siikrit]

ametisõit business trip [´biznis trip]

ametivõimud authorities [oo´thoritiz]

ametiühing trade union [´treid ´juunjën], *US.* labor union [´leibë ´juunjën]

ametkond (government) de-partment [di´paatmënt]

ametlik official [ë´fišël]

ametnik official [ë´fišël], clerk [klaak]

19   **antikvariaat**

ammendama exhaust [ig´zoost]

ammendamatu inexhaustible [inig´zoostëbl]

ammu long ago [long ë´gou]

amnestia amnesty [´ämnësti]

amoraalne immoral [i´morël]

amortisaator shock absorber [šok ëb´soobë]

amortisatsioon *maj.* (kulumine) depreciation [dipriisi´eišën]

ampull amp(o)ule [äm´puul]

amputeerima amputate [´ämp-juteit]

analoogia analogy [ë´nälëdži]

analüüs analysis [ë´nälisiz] (*pl.* -yses) [-siiz]

ananass pine-apple [´painäpl]

anarhia anarchy [´änëki]

anatoomia anatomy [ë´nätëmi]

andam tribute [´tribjut]

andekas talented [´tälëntid]

andeks: ~ **andma** = **andesta-ma; andke** ~**!** (I) beg (your) pardon [(ai) beg (jë) ´paadën], I´m sorry [aim ´sori]

andestama forgive [fë´giv]; **andestage, palun...** excuse me, please... [iks´kjuuz mi pliiz]

andestamatu unforgivable [anfë´givëbl]

andestus forgiveness [fë´givnis]

andma give [giv]; **järele** ~ give in [giv in]; **ära** ~ betray [bi´trei]; **üle** ~ hand over [händ ouvë]

andmed data [deitë]

andmebaas data base [´deitë-beis]

anduma (tegevusele) devote oneself (to) [di´vout]

anekdoot anecdote [´änikdout]

angaar hangar [´hängaa]

angerjas eel [iil]

angiin angina [än´džainë]; (kur-gupõletik) quinsy [´kwinzi]

anglikaani Anglican [´ängli-kën]; ~ **kirik** Anglican Church [´änglikën tšöötš]

aniis (~ivili ravimina v. vürt-sina) aniseed [äni´siid]

ankeet form [foom], question-naire [´kwestšë´neë]

ankur anchor [´änkë]

anne (talent) talent [´tälënt]

annetama donate [dou´neit]

annetus donation [dou´neišën]

annulleerima cancel [´känsël]

annus (doos) dose [douz]

anonüümne anonymous [ë´no-nimës]

ansambel band [bänd]

antenn aerial [´eëriël]

antiikne antique [än´tiik]

antikvariaat second-hand bookshop [´sekëndhänd ´bukšop]

antipaatia antipathy [än´tipëthi]

antropoloogia anthropology [änthro´polëdži]

anum vessel [´vesël]

aparaat apparatus [äpë´reitës], instrument [´instrëmënt]

aparatuur equipment [i´kwipmënt]

apelleerima appeal (to) [ë´piil]

apelsin orange [´orindž]

aplodeerima applaud [ë´plood]

apoliitiline non-political [nonpë´litikël]

apostel apostle [ë´postël]

appi: ~! help!; ~ **hüüdma** call for help [kool fo help]; ~ **tulema** come to (smb.´s) help

aprikoos apricot [´eiprikët]

aprillinali April trick [´eipril trik]

apteek chemist´s (shop) [´kemists (šop)], pharmacy [´faamësi], *US.* drug-store [´dragstoo]

apteeker chemist [´kemist]

arbuus water-melon [´wotëmelën]

arendama develop [di´velëp]; (tegevust laiendama) extend [iks´tend]

arenenud developed [di´velëpt]

areng development [di´velëpmënt]

arengumaa developing country [di´velëping ´kantri]

arengupank development bank [di´velëpmënt bänk]

arestima arrest [ë´rest]; (vara) seize [siiz]

aretama cultivate [´kaltiveit]; (loomi) breed [briid]

aretus cultivation [kalti´veišën]; (loomade kohta) breeding [´briiding]

arg shy [šai]

argipäev week-day [´wiikdei]

argipäevane everyday [´evridei]

argument argument [´aagjumënt]

argus shyness [´šainis]

arhailine archaic [aa´keiik]

arheoloogia archaeology [aaki´olëdži]

arhiiv archives [´aakaivz]

arhitekt architect [´aakitekt]

arhitektuur architecture [´aakitektšë]

aristokraatia aristocracy [äris´tookrësi]

arm /armi/ scar [skaa]

arm /armu/ grace [greis]; (halastus) mercy [möösi]; (armastus) love [lav]

armas dear [diё]; **mu** ~ my darling [mai ´daaling]

armastaja lover ['lavë]

armastama love [lav]

armastus love [lav]

armee army [aami]

armetu miserable ['mizërëbl]

armuand alms [aamz]

armuandmispalve appeal for mercy [ë´piil fo ´möösi]

armukadedus jealousy ['dželësi]

armuke lover ['lavë]; (naise kohta) mistress ['mistris]

armulaud Eucharist ['juukërist]

armulik gracious ['greišës]

armuma fall in love [fool in lav] (kellessegi - with smb.)

aroom aroma ['äroumë], scent [sent]

arreteerima arrest [ë´rest]

arst doctor ['doktë]

arstiabi medical aid ['medikël eid]

arstiteadus medicine ['medsin]

arstlik medical ['medikël]

artikkel article ['aatikl]

artist artist ['aatist]

aru (mõistus) sense [sens]; **täie ~ga** in one´s full senses [in wanz ful ´sensiz]; **minu ~st** to my mind [të mai maind]; **~st ära** out of one´s senses [aut ëv wanz ´sensiz]; **~ and-**ma report [ri´poot] (millegi kohta - on smth.); **~ pidama** consult [kën´salt]; **~ pärima** call to account [kool tu ë´kaunt]; **~ saama** understand [andë´ständ]

aruanne report [ri´poot]

arukas sensible ['sensibl], reasonable ['riizënëbl]

arukus intelligence [in´telidžëns]

arupärimine inquiry [in´kwaiëri]

arusaadav understandable [andë´ständëbl]

arusaamatus misunderstanding [misandë´ständing]

arutama discuss [dis´kas]

arutelu discussion [dis´kašën]

arutlema discuss [dis´kas]

arv number ['nambë]; **suurel ~ul** in great numbers [in greit ´nambëz]

arvama *Br.* think [think], *US.* guess [ges]; **minu arvates** to my mind [të mai maind]

arvamus opinion [ë´pinjën]

arvatavasti presumably [pri´zjuumëbli]

arve (restoranis) *Br.* check [tšek], *US.* bill; (pangas) account [ë´kaunt] (faktuur) invoice ['invois]

arveldama settle accounts [setl ë´kaunts]

arveldus settlement [´setlment]

arvepidamine accounting [ë´kaunting]

arvestama (arvesse võtma) consider [kën´sidë]

arvestatav considerable [kën´sidërëbl]

arvestus (kõrgemas õppeasutuses) credit test [´kredit test]; (hinnang) estimate [´estimit]

arvukas numerous [´njuumërës]

arvustaja critic [´kritik]

arvustus criticism [´kritisizm], (ajalehes) critical review [´kritikël ´rivjuu]

arvutama calculate [´kälkjuleit]; **kokku ~** figure up [figër ap]; **välja ~** figure out [figër aut]

arvuti computer [këm´pjuutë]

arvutus calculation [kälkju´leišën]; **~masin** calculator [´kälkjuleitë]

aseesimees vice-chairman [´vais´tšeëmän]

asemel instead of [in´sted ëv]; **sinu ~** in your place [in jo pleis]

asend position [pë´zišën]

asendaja substitute [´sabstitjuut]

asendama replace [ri´pleis]

asendamatu irreplaceable [iri´pleisëbl]

asepresident vice-president [´vais´presidënt]

asetama place [pleis], put

asetsema be situated [bi ´sitjueitid] (or located) [´loukeitid]

asetäitja deputy [´depjuti]; **direktori ~** deputy director [´depjuti di´rektë]

asfalt asphalt [´äsfält]

asi (ese) thing [thing]; (toimetus) business [´biznis]; **see on minu ~** that is my business [dhät iz mai ´biznis]; **isiklik ~** personal matter [´pöösënël ´mätë]; **milles ~ seisab?** what is the trouble? [wot iz dhë trabl]; **~ seisab selles, et ...** the fact is that ... [dhë fäkt iz dhät]; **tulge asja juurde!** come to the point!; **asju ajama** manage (business) affairs [´mänidž ë´feëz], run errands [ran ´erëndz]

asjaajaja secretary [´sekritëri]

asjaarmastaja amateur [´ämëtjuë]

asjakohane appropriate [ë´propriët]

asjalik business-like [´biznislaik]; practical [´präktikël]

asjaolu circumstance ['söökëmstëns]

asjata in vain [in vein]

asjatoimetus errand ['erënd]

asjatundja expert ['ekspööt]

asjatundlik expert ['ekspööt]

asjatundmatu incompetent [in'kompëtënt]

asjur charge d'affaires ['šaažei dë'feë]

aspekt aspect ['äspekt]

aspirant post-graduate (student) ['poustgrädjuit 'stjuudënt]

aspirantuur (post-)graduate study [('poust)grädjuit stadi] (*or* school) [skuul]

aspiriin aspirin ['äspërin]

assamblee assembly [ë'sembli]

assimileerima assimilate [ë'simileit]

aste (trepi~) step; (järk) stage [steidž]

aster (lill) aster ['ästë]

astma asthma ['äzmë]

astronoomia astronomy [ës'tronëmi]

astuma (sammuma) step; (kooli, teenistusse *jms.*) enter ['entë]; (ühingusse *jms.*) join [džoin]; **sisse ~** enter ['entë]; (külastuseks) drop in [drop in]; **astuge sisse!** come in! [kam in]; (külastage mind)

look in! [luk in]; **välja ~** (ühingust *jms.*) resign (from) [ri'zain]

asukoht location [lou'keišën]

asumaa colony ['kolëni]

asumine exile ['eksail]

asustama inhabit [in'häbit]

asustamatu uninhabited [anin'häbitid]

asustatud inhabited [in'häbitid]

asutaja founder ['faundë]; **~liige** foundation member [faun'deišën 'membë]

asutama found [faund]

asutav: ~ kogu constituent assembly [kën'stitjuënt ë'sembli]

asutus institution [insti'tjuušën], office ['ofis]

ateism atheism ['eithiizm]

ateljee workshop ['wöökšop], studio ['stjuudiou]

atesteerima certify ['söötifai]

atlas atlas ['ätlës]

atlass(riie) satin ['sätin]

atleet athlete ['äthliit]

atleetvõimlemine body building ['bodibilding]

au honour ['onë]

auahnus ambition [äm'bišën]

auaste rank [ränk]

audiitor auditor ['ooditë]; **~kontroll** audit ['oodit]

auditoorium

auditoorium (saal) lecture hall ['lektšëhool]

auhind prize [praiz]

auk hole [houl]; **hamba~** cavity ['käviti]

aukartus respect [ris'pekt]

aukiri honour certificate ['onë së'tifikit]

auklik holey ['houli]; (tee kohta) bumpy [bampi]

aukraad honorary degree ['onërëri di'grii]

aukõrgendus promotion [prë-'moušën]

aukülaline guest of honour [gest ëv onë]

aula assembly hall [ë'sembli hool]

auliige honorary member ['onërëri 'membë]

aunimetus title of honour [taitl ëv onë]

aur steam [stiim]

aurik steamer ['stiimë]

aurutama steam [stiim]

aus honest ['onist]

ausammas monument ['mon-jumënt]

austama honour ['onë]

austav honourable ['onërëbl]

auster oyster ['oistë]

austus honour ['onë]

ausus honesty ['onisti]

ausõna! my word! [mai wööd]

autasu prize [praiz], award [ë'wood]

autasustama award a prize (to) [ë'wood ë praiz]

autentne authentic [oo'thentik]

auto car [kaa]

autobiograafia autobiography [ootëbai'ogrëfi]

autobuss coach [koutš]

autogramm autograph ['ootë-graaf]

autojuht driver ['draivë]

autokumm tyre (or tire) [taië]

automaat I (müügi~) slot-machine [slot më'šiin], *US.* vending machine ['vending më-'šiin]

automaat II (relv) automatic weapon [ootë'mätik 'wepën]

automaatne automatic [ootë-'mätik]

automagistraal motorway ['moutëwei], highway ['hai-wei]

automark make [meik] (or brand) [bränd] of car

autonoomia autonomy [oo'to-nëmi]

autonoomne autonomous [oo-'tonëmës]

autoportree self-portrait ['self-'pootrit]

autor author ['oothë]
autoriteet authority [oo'thoriti]
autoriteetne authoritative [oo'thoriteitiv]; (pädev) competent ['kompëtënt]
autoriõigus copyright ['kopirait]
autoõnnetus car accident [kaa 'äksidënt]
avakõne opening speech ['oupëning spiitš]
avaldama (väljendama) express [iks'pres]; (teatama) declare [di'kleë]; (trükis) publish ['pabliš]; **muljet** ~ give an impression [giv ën im'prešën]; **mõju** ~ influence ['influëns]; **survet** ~ exert pressure [ig'zööt 'prešë]; **tänu** ~ express thanks [iks'pres thänks]
avaldus (taotlus) application [äpl'keišën], (teade) statement ['steitmënt]
avalik public ['pablik]; ~ **arvamus** public opinion ['pablik ë'pinjën]; ~**kud suhted** public relations [pablik ri'leišënz]
avalikustama make public [meik 'pablik]
avama open ['oupën]
avameelne sincere [sin'sië]
avamine opening ['oupëning]

avanema open (up) ['oupën]
avanss advance payment [ëd'vaans 'peimënt]
avardama extend [iks'tend]
avarduma widen ['waidën]
avarii (õnnetus) accident ['äksidënt]
avastama discover [dis'kavë]
avastus discovery [dis'kavëri]
avasõna opening address ['oupëning ë'dres]
avatseremoonia opening ceremony ['oupëning'serimëni]
avatud open ['oupën]

baar bar [baa]
baas base [beis]; (alus) basis ['beisis]
bakter microbe ['maikroub]
baleriin ballet-dancer ['bälei 'daansë]
ball ball [bool]
ballett ballet ['bälei]
balti Baltic ['booltik]
banaan banana [bë'naanë]
bande gang [gäng]
bandiit bandit ['bändit]
bankett banquet ['bänkwit]
baptism Baptism ['bäptizm]

barakk

barakk barrac ['bärëk]
barbaarne barbaric [baa-'bärik]
bareljeef bas-relief [baa'riliif]
barett beret ['berei]
barjäär barrier ['bärië]
barokk baroque (style) ['bärok]
barrikaad barricade [bäri'keid]
barter barter [baatë]; ~**tehing** barter deal [baatë diil]
baseeruma be based [bi beist]
bassein swimming-pool ['swimingpuul]
batoon *kok.* (sai) roll [roul]; (kompvek, jäätis) stick [stik]
batsill bacillus [bë'silës] (*pl.* -lli)
beebi baby ['beibi]
beež beige [beiž]
begoonia begonia [bi'gounië]
bensiin petrol ['petrël], *US.* gas(oline) ['gäs(ëliin)]
bensiinijaam petrol station ['petrël 'steišën], *US.* gas station [gäs 'steišën]
besee *kok.* meringue [më'räng]
betoon concrete [kon'kriit]
biifsteek beefsteak ['biifsteik]
bilanss balance sheet ['bälëns šiit]
binokkel binocular(s) [bi'nokjulëz]
biograafia biography [bai'ogrëfi]

bioloogia biology [bai'olëdži]
biskviit biscuit ['biskit]
blankett form [foom]
blokeerima block [blok]
blokk (hoonete rühm) block [blok]; (liit) bloc; (kirjutus~) (writing-)pad ['raitingpäd]
blond fair(-haired) ['feëheëd], blond
blondeerima bleach[bliitš]
blondiin (mees) blond, (naine) blonde [blondi]
bluff bluff [blaf]
boheem bohemian [bou'hiimjën]
boikoteerima boycott ['boikët]
botaanika botany ['botëni]; ~**aed** botanical garden [bo'tänikël 'gaadën]
botas sneaker ['sniikë]
bravuurne dashing ['däšing]
bridž(imäng) bridge ['bridž]
brigaad (sõjaväeüksus) brigade [bri'geid]; (töötajate rühm) (working) team [tiim]
brikett briquette ['briket]
briljant diamond ['daiëmond]
briljantne brilliant ['briljënt]
broneerima reserve [ri'zööv]; book (in advance) [buk in ëd'vaans]
bronhiit bronchitis [brën'kaitis]
brošüür booklet ['buklit]

bruto gross; **~kaal** gross weight [gros weit]; **~tulu** gross income [gros ´inkam]; **~kasum** gross profit

brünett dark(-haired) [´daakheëd], (naise kohta) brunette [bruu´net]

bukett = lillekimp

buldooser bulldozer [´buldouzë]

buss bus [bas], coach [koutš]

bussijaam bus station [bas ´steišën]

böfstrooganov beef stroganoff [biif ´strogënof]

börs exchange [iks´tšeindž]

börsimaakler stockbroker [´stokbroukë]

bülletään bulletin [´bulitin], report [ri´poot]

bürokraat bureaucrat [´bjuërëkrät]

bürokraatia red tape [red teip]

bürokraatlik bureaucratic [bjuërë´krätik]

büroo bureau [´bjuërou]; (kontor) office [´ofis]; **~hoone** office building [´bilding]

D

daam lady [´leidi]

dateerima date [deit]

debatt debate [di´beit]

defekt defect [di´fekt]

defektne defective [di´fektiv]

defineerima define [di´fain]

defitsiit deficit [´defisit], shortage [´šootidž]

dekaan dean [diin]

dekanaat dean´s office [diinz ofis]

dekk deck [dek]

deklaratsioon declaration [deklë´reišën]

deklareerima declare [di´kleë]

dekoltee décolleté [dei´koltei]

dekoraator decorator [´dekëreitë]

dekoratsioon (kaunistus) decoration [dekë´reišën]; *teatr.* sets

dekoreerima decorate [´dekëreit]

dekreet decree [di´krii]; **~puhkus** maternity leave [më´tööniti liiv]

delegaat delegate [´deligët]

delegatsioon delegation [deli´geišën]

delfiin dolphin [´dolfin]

delikaatne

delikaatne delicate ['delikit]
delikatess delicacy ['delikësi]
demagoogia demagogy ['demëgogi]
demobiliseerima demobilize [di'moubilaiz]
demokraat democrat ['demëkrät]
demokraatia democracy [de'mokrësi]
demokraatlik democratic [demë'krätik]
demonstrant demonstrator ['demënstreitë]
demonstreerima demonstrate ['demënstreit]; (filmi) show [šou]
demonteerima dismantle [dis'mäntl]
deponeerima deposit [di'pozit]
deposiit deposit [di'pozit]
depressioon depression [di'prešën]
desarmeerima disarm [dis'aam]
desarmeerimine disarmament [dis'aamëmënt]
deserteerima desert [di'zööt]
dessant landing ['länding]; (~vägi) landing force ['länding foos]
dessert dessert [di'zööt]
dessertvein dessert wine [di'zööt wain]

detail (üksikasi) detail ['diiteil]; (osis) component [këm'pounënt]
detektiiv detective [di'tektiv]
devalvatsioon devaluation [di'välju'eišën]
devalveeruma devaluate [dii'väljueit]
diagnoos diagnosis [daiëg'nousis] (*pl.* -ses) [-siiz]
diagonaal diagonal [dai'ägënël]
dialekt dialect ['daiëlëkt]
dialoog dialogue ['daiëlog]
diameeter diameter [dai'ämitë]
diapositiiv slide [slaid]
dieet diet [daiët]
digitaalne digital ['didžitël]
diisel Diesel ['diizël]; **~mootor** Diesel engine ['diizël 'endžin]
diivan sofa ['soufë]
diktaator dictator [dik'teitë]
diktatuur dictatorship [dik'teitëšip]
dikteerima dictate [dik'teit]
diktor announcer [ë'naunsë]
diplom diploma [di'ploumë]
diplomaat diplomat ['diplëmät]
diplomaatia diplomacy [di'ploumësi]
diplomaatiline diplomatic [diplë'mätik]

diplomitöö graduation thesis [grädju´eišën thiisis]

direktor director [di´rektë], manager [´mänidžë]; (koolis) headmaster [´hedmaastë]

dirigeerima conduct [kën´dakt]

dirigent conductor [kën´daktë]

disain design [di´zain]

diskett disk

disko(teek) disco [´diskou]

diskor DJ [´diidžei]

diskreetne discreet [dis´kriit]

diskrimineerima discriminate [dis´krimineit]

diskussioon discussion [dis-´kašën]

diskuteerima discuss [dis´kas]

dispetšer dispatcher [dis´pätšë]

dispuut dispute [dis´pjuut]

distants distance [´distëns]

distribuutor = turustaja

distsipliin discipline [´disiplin]

diversioon sabotage [säbë´taaž]

dividend dividend [´dividend]

doktor doctor [´doktë]; **~itöö** thesis (*pl.* -ses) for a Doctor's degree [thiisis fo ´doktëz di-´grii]

doktriin doctrine [´doktrin]

dokument document [´dokju-mënt]

dokumentaalfilm documentary [dokju´mentëri]

dokumentaalne documentary [dokju´mentëri]

dokumentatsioon documentation [dokjumen´teišën]

domineerima dominate [´domineit]

dotatsioon subsidy [´sabsidi]

doteerima subsidize [´sabsidaiz]

dotsent *US.* assistant professor [ë´sistënt pro´fesë], *Br.* reader [´riidë]

draama drama [´draamë]

dramaatiline dramatic [drä-´mätik]

dramaturg playwright [´pleirait]

dress training outfit [´treining ´autfit]

džemper pull-over [´pulouvë], sweat shirt [´swetšööt]

džäss jazz [džäz]

dubleerima (kahekordistama) duplicate [´djuuplikeit]; (filmi) dub [dab]

dublikaat duplicate [´djuuplikit]

dušš shower [´šauë]

duubelmagnetofon dual tape recorder [djuël teip ri´koodë]

dünaamiline dynamic [dai´nämik]

E

eakas elderly ['eldëli]

ebaaus dishonest [dis'onist]

ebaedu failure ['feiljë]

ebaharilik unusual [an'juužuël]

ebainimlik inhuman [in'hjuumën]

ebakindel uncertain [an'söötën]

ebakorrapärane irregular [i'regjulë]

ebakultuurne uncivilized [an'sivilaizd]

ebakõla disharmony [dis'haamëni]

ebaloogiline illogical [i'lodžikël]

ebaloomulik unnatural [an'nätšërël]

ebamajanduslik uneconomical [anikë'nomikël]

ebameeldiv unpleasant [an'plezënt]

ebamoraalne immoral [im'morël]

ebamugav uncomfortable [an'kamfëtëbl]

ebamäärane vague [veig]

ebanormaalne abnormal [äb'noomël]

ebaoluline (tähtsusetu) unimportant [anim'pootënt]

ebapiisav insufficient [insë'fišënt]

ebapopulaarne unpopular [an'popjulë]

ebaseaduslik illegal [i'liigël]

ebaselge unclear [an'klië]

ebasobiv unsuitable [an'sjuutëbl]

ebasoodus unfavourable [an'feivërëbl]

ebasoovitav inadvisable [inëd'vaizëbl]

ebasõbralik unfriendly [an'frendli]

ebatervislik unhealthy [an'helthi]

ebatsensuurne indecent [in'diisënt]

ebatõenäoline improbable [im'probëbl], unlikely [an'laikli]

ebatäiuslik imperfect [im'pööfikt]

ebatäpne inaccurate [in'äkjurit]

ebausklik superstitious [sjuupë'stišës]

ebaviisakas impolite [impë'lait], rude [ruud]

ebaviisakus impoliteness [impë'laitnis], rudeness ['ruudnis]

ebavõrdne unequal [an'iikwël]

31 **eemale**

ebavõrdsus inequality [ini-´kwoliti]

ebaõiglane unfair [an´feë]

ebaõnn bad luck [bäd lak]

ebaõnnestuma fail [feil]

ebaühtlane uneven [an´iivën]

edasi forward [´foowëd], on; **ja nii** ~ and so on [änd sou on]; ~ **lükkama** postpone [pës´poun]; ~ **müüma** resell [ri´sel]; ~ **õppima** continue [kën´tinju] one´s studies

edasilükkamatu urgent [´öödžënt]

edasimüük resale [rii´seil]

edasine further [föödhë]

edasi-tagasi: pilet return ticket [ri´töön ´tikit]; ~ **reis** round trip [raund trip]

edaspidi later on [leitë on], in the future [in dhë ´fjuutšë], further [föödhë]

edel south-west [sauthwest]

edenema progress [prë´gres]

edev vain [vein]

edevus vanity [´väniti]

edu success [sëk´ses]

edukas successful [sëk´sesful]

edumeelne progressive (minded) [prë´gresiv (maindid)]

edusamm progress [´prougrës]

edutama promote [prë´mout]

eel before [bi´foo]

eelarvamus prejudice [´predžëdis]

eelarve budget [´badžit]

eeldama suppose [së´pouz], assume [ë´sjuum]

eeldus assumption [ë´sampšën]

eelis advantage [ëd´vaantidž]

eelisostuõigus first right of refusal [fööst rait ëv ri´fjuuzël]

eelistama prefer [pri´föö]

eelisõigus preference [´prefërëns], privilege [´privilidž]

eelkõige first of all [fööst ëv ool]

eelkäija predecessor [´priidisesë]

eelmine previous [´priivjës]

eelnema precede [pri´siid]

eelnimetatud above-mentioned [ë´bav ´menšënd]

eelnõu bill, draft law [draaft loo]

eelolev coming [´kaming]

eelroog appetizer [´äpëtaizë]

eeltingimus precondition [prikën´dišën]

eelviimane last but one [laast bat wan]

eemal in the distance [in dhë ´distëns]; ~ **olema** be away [bi ë´wei]

eemaldama remove [ri´muuv]

eemale away [ë´wei]; off

eepos epic ['epik]

ees before [bi'foo]; **maja** ~ in front of the house [in frant ëv dhë haus]

eesel donkey ['donki]

eeskava programme ['prougräm]

eeskiri regulation(s) [regju-'leišën(z)]

eeskuju example [ig'zaampl]

eeskätt first and foremost ['fööst änd 'foomoust]

eeslinn suburb ['sabööb]

eesmärk purpose ['pööpës], goal [goul]

eesnimi first name [fööst neim], *US.* given name ['givën neim]

eesriie curtain ['köötn]

eest from, for [foo]; **kahe aasta** ~ two years ago [tuu jeëz ë-'gou]; **5 krooni** ~ for 5 kroons

eestseisus board [bood]

eesõigus privilege ['privilidž]

eetika ethics ['ethiks]

eetiline ethical ['ethikël]

efekt effect [i'fekt]

efektiivne effective [i'fektiv]

efektne spectacular [spek-'täkjulë]

ega 1. ei ... ~ neither ... nor [naidhë ... noo]; **2.** (kas mitte)

not; ~ **sa ometi haige ole?** you aren't ill, are you? [ju aant il aa ju]

egoism selfishness ['selfišnis]

egoist egoist ['egouist]

egoistlik selfish ['selfiš]

eha sunset glow ['sanset glou]

ehe (piece of) jewelry ['džuu-ëlri]

ehitaja builder ['bildë]

ehitama build [bild], construct [këns'trakt]

ehitis building ['bilding]

ehitus construction [këns'trak-šën]

ehitusinsener civil engineer ['sivil endži'nië]

ehitusluba construction permit [këns'trakšën 'pöömit]

ehitusmaterjal building material(s) ['bilding më'tië-riël(z)]

ehk or [oo]

ehkki though [dhou]

ehmatama frighten ['fraitën]

ehmuma be frightened [bi 'fraitënd]

ehtima decorate ['dekëreit]

ehtne genuine ['dženjuin]

ei no [nou], not; ~ **keegi** nobody ['noubodi]; ~ **midagi** nothing ['nathing]; ~ **... ega** neither ... nor [naidhë ... noo]

eile yesterday ['jestëdei]
eine snack [snäk]
einelaud snack-bar ['snäkbaa]
eine(s)tama have a snack [häv ë snäk]
eitama deny [di'nai]
eitav negative ['negëtiv]
eitus negation [ni'geišën]
ekraan screen [skriin]
eksam exam [ig'zäm]
eksemplar copy ['kopi]
eksiil exile ['eksail]
eksikombel by mistake [bai mis'teik]
eksima be mistaken [bi mis'teikën], make a mistake [meik ë mis'teik]; (teelt) lose one's way [luuz wanz wei]
eksimatu infallible [in'fälibl]
eksimus mistake [mis'teik]
eksisteerima exist [ig'zist]
eksitama mislead [mis'liid]
eksitus mistake [mis'teik], error ['erë]
ekskavaator excavator ['ekskëveitë]
ekskursioon excursion [iks'kööšën]
eksmatrikuleerima expel [iks'pel]
eksootiline exotic [igz'otik]
ekspansioon expansion [iks'pänšën]

ekspeditsioon expedition [ekspë'dišën]
eksperimentaalne experimental [ikspëri'mentël]
ekspertiis expertise [ekspë'tiiz]; **~ikomisjon** commission of experts [kë'mišën ëv 'ekspööts]
ekspluatatsioon exploitation [eksploi'teišën]; maintenance ['meintinëns]
eksponaat exhibit [ig'zibit]
eksponeerima exhibit [ig'zibit]
eksponent exhibitor [ig'zibitë]
eksport export ['ekspoot]
eksportima export [iks'poot]
ekspositsioon exposition [ekspë'zišën]
ekspress express [iks'pres]
eksprompt impromptu [im'promtjuu]
ekstensiivne extensive [iks'tensiv]
ekstsellents (tiitlina) Excellency ['eksëlënsi]
ekvaator equator [i'kweitë]
ekvalaiser equalizer ['iikwëlaizë]
ekvivalentne equivalent [i'kwivëlënt]
elagu! long live! [long liv]
elama live [liv]; (ajutiselt) stay [stei]; **kuidas elate?** how are you? [hau aa ju]

elamisluba residential permit [rezi′denšël pöömit]

elamu house [haus]

elamus experience [iks′piëriëns]

elanik resident [′rezidënt], inhabitant [in′häbitënt]

elanikkond population [popju′leišën]

elastne elastic [i′lästik]

elatis living [′living]; ~t teenima earn a living [öön ë ′living]

elatus: ~miinimum minimum living wage [′minimëm ′living weidž]; ~tase standard of living [′ständëd ëv ′living]

elav (elus, otse) live [laiv]; (reibas) lively [′laivli]

elavhõbe quicksilver [′kwiksilvë]

elegantne elegant [′eligënt]

elekter electricity [ilek′trisiti]

elektrijaam power station [pauë steišën] (or plant) [plaant]

elektrik electrician [ilek′trišën]

elektripirn light bulb [lait balb]

elektripliit electric cooker [i′lektrik ′kukë] (or range) [reindž]

elektrivool electric current [i′lektrik ′karënt]

elektron electron [i′lektrën];

elektroonika electronics [ilek′troniks]

element element [′elimënt]

elementaarne elementary [eli′mentëri]

elevant elephant [′elifënt]

elevil excited [ik′saitid]

elevus excitement [ik′saitmënt]

eliit elite [i′liit]

ellu: ~ jääma survive [së′vaiv]; ~ viima put into practice [put intë ′präktis], (seadust *jms.*) implement [′impliment]

elu life [laif] (*pl.* lives) [laivz]

eluaegne lifelong [′laiflong]

eluiga life-time [′laiftaim]; keskmine ~ average life expectancy [′ävëridž laif iks′pektënsi]

elujõud vitality [vai′täliti]

elukallidus cost of living [kost ëv ′living]

elukindlustus life insurance [laif in′šuërëns]

elukoht (place of) residence [(pleis ov) ′rezidëns]

elukutse profession [prë′fešën]

elukutseline professional [prë′fešënël]

elulaad way of life [wei ëv laif]

eluline vital [′vaitël]

elulookirjeldus biography [bai´gräfi], curriculum vitae [kë´rikjulëm viitë], *kõnek.* CV [´sii´vii]

elumaja dwelling-house [´dweling haus]

elund organ [´oogën]

eluohtlik dangerous [´dein-džërës]

elurõõmus joyful [´džoiful]

elus alive [ë´laiv]

elustama revive [ri´vaiv] (to life)

elutuba living-room [´living-rum]

eluvõõras remote from life [ri´mout from laif]

ema mother [´madhë]

email enamel [i´näml]

emakeel mother tongue [´madhë tang]

emane female [´fiimeil]

embama hug [hag]

embargo embargo [im´baagou]

emb-kumb either one or the other [aidhë wan oo dhi adhë]

embleem emblem [´emblëm], logo [´lougou]

emigrant emigrant [´emigrënt]

emigreeruma emigrate [´emigreit]

emissioon issue [´isjuu]

emiteerima issue [´isjuu]

emotsionaalne emotional [i´moušënël]

enam more [moo]

enamasti in most cases [in moust keisiz]

enamik majority [më´džoriti]

enampakkumine auction [´ookšën]

enamsoodustusrežiim most favored nation term [moust ´feivëd ´neišën tööm]

enamus majority [më´džoriti]

enam-vähem more or less [´moor ë´les]

endastmõistetav self-evident [´self´evidënt]; (ilmne) obvious [´obviës]; **see on** ~ it goes without saying [it gouz ´widhaut ´seing]

endine former [´foomë], ex-[eks]

energeetika power engineering [´pauë endži´niëring]

energia energy [´enëdži]

energiline energetic [enë´džetik]

enesekaitse self-defence [´self-di´fens]

enesekiitus self-praise [self preiz]

enesekindel self-confident [´self´konfidënt]

enesemääramine self-determination [´selfditöömi´neišën]

enesetapp suicide [´sjuisaid]

enesetunne: **kuidas on teie ~** how do you feel [hau du ju fiil]; **minu ~ on halb** I feel poor [ai fiil puë]

enesevalitsus self-control [´selfkën´troul]

enne *adv.* before [bi´foo]; **~ lõunat** before noon [bi´foo nuun]; **~ tähtaega** ahead of time [ë´hed ov taim]

enneaegne premature [premä´tjuë]

ennekuulmatu unheard of [an´hööd ëv]

ennekõike first of all [fööst ëv ool]

ennemuiste in olden times [in ouldën taimz]

enneolematu unprecedented [an´presidentid]

ennetama prevent [pri´vent]

ennetähtaegne pre-schedule [´prii´skedjul]

ennistama restore [ris´too]

ennustaja foreteller [´foo´telë]; (kaardimoor) fortune-teller [´footšën telë]

ennustama predict [pri´dikt]; (tulevikku ~) tell fortunes [tel ´footšënz]

ennustus forecast [´fookaast], prediction [pri´dikšën]

etsüklopeedia encyclop(a)edia [insaiklë´piidië]

entusiasm enthusiasm [in´thjuuziäzm]

entusiastlik enthusiastic [in´thjuuzi´ästik]

epideemia epidemic [epi´demik]

era private [´praivit]

eradetektiiv private detectiv [´praivit di´tektiv]

eraisik private person [´praivit ´pöösën]

erakond party [paati]

erakordne extraordinary [iks´troodinëri], unique [ju´niik]

erakorraline extraordinary [iks´troodinëri]; **~ olukord** state of emergency [steit ëv i´möödžënsi]; **~ koosolek** emergency meeting [i´möödžënsi ´miiting]

eraldama separate [´sepëreit]; (andma) provide [prë´vaid]; (raha) allocate [´älëkeit]

eraldi separately [´sepërëtli]

eralduma separate [´sepëreit]

eramu private house [´praivit haus]

erandlik exceptional [ik´sepšënël]

eraomand private property ['praivit 'propëti]

erapooletu neutral ['njuutrël]; (hääletamisel) ~ks jääma abstain [ëb'stein] (from voting)

erapooletus neutrality [njuu-'träliti]

erastama privatize ['praivitaiz]

erastamine privatization [praivitai'zeišën]

erastamisväärtpaberid privatization securities [praivitai-'zeišën si'kjuëritiz]

eraviisiline private ['praivit]

ere bright [brait]

ergutama stimulate ['stim-juleit]; (hüüetega) cheer [tšië]

eri separate ['sepërit]; **kaks ~ küsimust** two different questions [tuu 'difrënt 'kwestsënz]

eriala speciality [speši'äliti]; (kõrgkoolis) major ['meidžë]

eriesindaja envoy ['envoi]

eriline special ['spešël]

erinema differ ['difë]

erinev different ['difrënt]

erinevus difference ['difrëns]

eristama (millegi vahel) distinguish between [dis'tingwiš bit'wiin]

eriteadlane specialist ['spešë-list]

eriti especially [is'pešëli]

eriväeosa special commando force ['spešël kë'maandou 'foos]

erootika eroticism [i'rotisizm]

erootiline erotic [i'rotik]

erudeeritud well-read ['wel-red]

erus retired [ri'taiëd]**erus** retired [ri'taiëd]

erutama excite [ik'sait]

erutuma get excited [get ik-'saitid]

erutus excitement [ik'saitmënt]

ese object ['obdžikt], thing [thing]

esialgne preliminary [pri'limi-nëri], tentative ['tentëtiv]

esialgu for the time being [fo dhë taim bi-ing]

esietendus first night [fööst nait]

esik entrance hall ['entrans hool]

esiklaas wind-screen ['wind-skriin], (or -shield) ['wind-šiild]

esikoht first place [fööst pleis]

esikülg front side [frant said]; (ajalehel jms.) front page [frant peidž]

esilatern (*haril. pl.*) headlight [ˈhedlait]

esimees chairman [ˈtšeëmän] (*pl.* -men) [men]

esimene first [fööst]

esinaine chairwoman [ˈtšeëwumën] (*pl.* -women) [ˈwimin]

esindaja representative [repriˈzentëtiv]

esindama represent [repriˈzent]

esindus agency [ˈeidžënsi]

esinduskulud expense account [iksˈpens ëˈkaunt]

esinduslik impressive [imˈpresiv]

esineja performer [pëˈfoomë]; (kõneleja) speaker [ˈspiikë]

esinema perform [pëˈfoom]

esinemine performance [pëˈfoomëns]

esitama present [priˈzent]; (ette näitama) show [šou]; (ette kandma) perform [pëˈfoom]

esiteks first [fööst], firstly [ˈfööstli]

esitlema introduce [intrëˈdjuus], present [priˈzent]

esitlus presentation [prezënˈteišën]

esivanem ancestor [ˈänsistë]

esmaabi first aid [fööst eid]

esmaklassiline first-class [ˈfööstklaas]

esmakordselt for the first time [fo dhë fööst taim]

esmane primary [ˈpraimëri]

essee essay [ˈesei]

esteetika aesthetics [iisˈthetiks]

et that [dhät]; **selleks** ~ (in order) to [(in oodë) të]

etalon standard [ˈständëd]

etapp (vahemaa, arengujärk) stage [steidž]

etendus performance [pëˈfoomëns], show [šou]

etikett 1. (käitumisreeglid) etiquette [etiˈket]; **2.** (silt, sedel) label [ˈleibël]

etniline ethnic [ˈethnik]

ette forward(s) [ˈfoowëdz], ahead [ëˈhed]; ~ **heitma** reproach [riˈproutš]; ~ **nägema** foresee [forˈsii]; ~ **teatama** notice in advance [noutis in ëdˈvaans]; ~ **tellima** book [buk] (in advance); ~ **tulema** occur [ëˈköö], happen [ˈhäpën]; ~ **valmistama** prepare [priˈpeë]; ~ **võtma** undertake [andëˈteik]

etteheide reproach [riˈproutš]

ettekandja (kõneleja) speaker [spiikë]; (kohvikus) waitress [ˈweitris]

ettekanne report [riˈpoot]

ettekavatsetud intentional ['in'tenšënël]

ettekääne pretext ['priitekst]

ettemaks advance payment [ëd'vaans 'peimënt]

ettenägelik longsighted ['long-saitid]

ettenägematu unforeseeable [anfoo'siiëbl]

ettepanek proposal [prë'pouzël]; **~ut tegema** propose [prë'pouz]

ettetellimine booking in advance ['buking in ëd'vaans]

ettevaatamatu careless ['keë-lis]

ettevaatlik careful ['keëful], cautious ['koošës]

ettevaatus caution ['koošën]; **~t!** look out [luk aut]

ettevalmistus preparation [prepë'reišën]

ettevõte enterprise ['entëpraiz], business ['biznis]

ettevõtja entrepreneur [antrë-prë'nöö]

ettevõtlik active ['äktiv]

Euroopa Europe ['juërëp]; *adj*. European [juërë'piiën]; **~ Liit** European Union; **~ Nõukogu** European Council

evakueerima evacuate [i'väkjueit]

evangeelium the Gospel ['gospël]

evangeelne evangelic(al) [iivän-'dželikël]; **~ luteri kirik** evangelical lutheran church ['luutherën tšöötš]

F

fabritseerima (välja mõtlema) fabricate ['fäbrikeit]

fakt fact [fäkt]

faktor factor ['fäktë]

faktuur *maj*. invoice ['invois]

familiaarne familiar [fä'miljë]

familiaarsus familiarity [fämi-li'äriti]

fanaatik fanatic [fä'nätik], *kõnek*. fan [fän]

fanatism fanaticism [fë'nätisizm]

fantaasia fantasy ['fäntësi]

fantastiline fantastic [fän'tästik]

farm farm [faam]

farmaatsia pharmacy ['faamësi]

farmakoloog pharmacologist [faamë'kolëdžist]

farmatseut pharmacist ['faamësist]

farmer farmer [´faamë]

fassaad facade [fë´saad]

fašism fascism [´fašizm]

fataalne fatal [feitl]

fauna fauna [foonë]

favoriit favourite [´feivërit]

feodaalne feudal [´fjuudël]

festival festival [´festivël]

fiasko fiasco [fi´äskou] (*pl.* -os)

figuur figure [´figë]

fikseerima fix [fiks], (kindlaks määrama) determine [di´töö-min]

fiktiivne fictitous [fik´tišës]

filatelist stamp collector [stämp kë´lektë]

filee fillet [´filit]

filharmoonia philharmonic [filaa´monik]

filiaal branch (office) [braantš (´ofis)]

film film, *US.* movie [muuvi]

filmitäht film star [film staa], *US.* movie star [muuvi staa]

filoloog philologist [fi´lolëdžist]

filoloogia philology [fi´lolëdži]

filosoof philosopher [fi´losofë]

filosoofia philosophy [fi´losofi]

filter filter [´filtë]

filtreerima filtrate [´filtreit]

finaal *sport.* final(s) [´fainël(z)], *muus.* finale [fë´näli]

finants- financial [fai´nänšël]

finantsaasta fiscal year [´fiskël jeë]

finantseerima finance [fai´näns]

finiš finish [´finiš]

firma firm [fööm], company [´kampëni]

firmaroog specialty [´spešëlti] (of the house)

flanell flannel [´flänël]

floora flora [floorë]

fluor fluorine [´fluëriin]

flööt flute [fluut]

folkloor folklore [´foukloo]

fond (põhi- *v.* sihtkapital) fund [fand]; (organisatsioon) foundation [faun´deišën]

forell trout [traut]

formaalne formal [´foomël]

formaalsus formality [fo´mäliti]

formaat format [´foomät]

forsseerima force [foos]

fosfor phosphorus [´fosfërës]

fosforiit phosphorite [´fosfërait]

foto photo [´foutou] (*pl.* -os)

fotoaparaat (photo-)camera [´kämerë]

fotograaf photographer [fë´togrëfë]

fotografeerima take pictures [teik ´piktšëz]

fotokoopia photo-copy ['foutoukopi]

fraas phrase [freiz]

fragment fragment ['frägmënt]

frakk tail-coat ['teilkout], *US.* tuxeedo [tak'siidou]

fraktsioon *pol.* faction ['fäkšën]

fresko fresco ['freskou] (*pl.* -os, -oes)

friikartul *Br.* potato chips [pë'teitou tšips], *US.* French fries [frentš fraiz]

frikadell meat ball ['miitbool]

froteeriie terricloth ['terikloth]

fuajee lobby [lobi]

fundamentaalne fundamental [fandë'mentël]

funktsioneerima function ['fankšën]

funktsioon function ['fankšën]

föderaalne federal ['fedërël]

föderatiivne federative ['fedërëtiv]

föderatsioon federation [fedë'reišën]

föön hair dryer [heë draië]

füsioloogia physiology [fizi'olëdži]

füüsika physics ['fiziks]

füüsiline physical ['fizikël]; ~ **isik** private person ['praivit 'pöösën]

G

gaas gas [gäs]

gaasipliit gas-stove [gäs stouv]

gabariitmõõtmed size [saiz], dimensions [di'menšënz]

galantne gallant ['gälënt]

galantsus gallant manners ['gälënt 'mänëz]

galerii gallery ['gäleri]

garaaž garage [gä'raaž]

garanteerima = tagama

garantii guarantee [gärën'tii]; (laenutagatis) collateral [ko'lätërël]; (kaubal) warranty ['worënti]

garantiikiri letter of guarantee [letë' ëv gärën'tii]

garderoob cloak-room ['kloukrum]; (rõivad) wardrobe ['woodroub]

garneerima garnish [gaaniš]

garnison garrison ['gärisën]

geenius genius ['džiinjës]

geneetika genetics [dži'netiks]

geneetiline genetic [dži'netik]

generatsioon = põlvkond

geograafia geography [dži'ogrëfi]

geoloogia geology [dži'olëdži]

geomeetria geometry [dži'omëtri]

geto   **42**

geto ghetto ['getou] (*pl.* -os)

giid tour guide ['tuëgaid]

gild guild [gild]

gladiool gladiolus [glädi'oulës] (*pl.* -li)

glasuur glaze [gleiz]; *kok.* icing ['aising]

golf golf [golf]

golfiväljak golf court [golf koot]

gooti Gothic ['gothik]

gootika Gothic style ['gothik stail]

graafik 1. (joonis) graph [gräf]; (plaan) schedule ['skedjul]; **2.** (kunstnik) drawing artist ['drooing 'aatist]

graafika graphic art(s) ['gräfik aats]

graatsia grace [greis]

graatsiline graceful ['greisful]

grafoprojektor overhead (projector) ['ouvëhed (pro'džektë)]

gramm gram(me) [gräm]

grammatika grammar ['grämë]

graniit granite ['gränit]

graveerima engrave [in'greiv]

gravüür engraving [in'greiving]

greipfruut grapefruit ['greipfruut]

grillahi grill [gril]

grimeerima make up [meik ap]

grimm make-up ['meikap]

gripp flu [fluu]

grupp group [gruup]

guljašš goulash ['guuläš]

gümnaasium *Br.* grammar school ['grämëskuul], *US.* high school ['haiskuul]

günekoloog gynaecologist [gaini'kolëdžist]

H

haab aspen(-tree) ['äspën(trii)]

haak hook [huk]

haaknõel safety pin ['seifti pin]

haamer hammer ['hämë]

haav wound [wuund]

haavama wound [wuund]; (vigastama) injure ['indžë]; (solvama) offend [ë'fend]

habe beard [biëd]; ~t ajama shave [šeiv]

habemeajaja barber ['baabë]

habemeajamis: ~**kreem** shaving cream [šeiving kriim]; ~**masin = pardel**; ~**vedelik** aftershave lotion ['aaftëšeiv 'loušën]

habemenuga razor ['reizë]

habras fragile [ˈfrädžail]

hageja *jur.* plaintiff [ˈpleintif]

hagema claim [kleim], sue [sjuu]

hagi *jur.* suit [sjuut]

hai shark [šaak]

haige *adj.* ill, *US.* sick [sik]

haigekassa sick-fund [sik fand]

haigestuma fall ill [fool il]

haigla hospital [ˈhospitël]

haigus illness [ˈilnis]

haigutama yawn [joon]

hais smell

haisema smell

hajameelne absent-minded [ˈäbsëntmaindid]

hakkama begin [biˈgin]; **peale** ~ start [staat]; **vastu** ~ resist [riˈzist]; **õpetajaks** ~ become a teacher [biˈkam ë tiitšë]; ~ **saama** manage [ˈmänidž]

hakkima hack [häk], mince [mins]

hakkliha mince(d meat) [mins]

halastama have mercy [häv möösi]

halastamatu merciless [ˈmöösilis]

halastus mercy [möösi]

halb bad [bäd]

haldama administer [ëdˈministë]

haldur administrator [ëdˈministreitë]

haldusjuhtimine public administration [ˈpablik ëdminisˈtreišën]

hale pitiful [ˈpitiful]; (vilets) poor [puë]; (kurb) sad [säd]; ~ **meel** pity [piti]

haletsema pity [piti]

haljas (roheline) green [griin]

hall I (värv) grey (*or* gray) [grei]

hall II (hoone) hall [hool]

hallitus mould [mould]

halvaa sweet nut-paste [swiit ˈnatpeist]

halvama paralyse [ˈpärëlaiz]

halvasti bad [bäd]; **tunnen ennast** ~ I don't feel well [ai dount fiil wel]

halvem worse [wöös]

halvendama worsen [wöösën]

halvustama (maha tegema) disparage [disˈpäridž]

hambaarst dentist [ˈdentist]

hambahari toothbrush [ˈtuuthbraš]

hambaork toothpick [ˈtuuthpik]

hambapasta tooth-paste [ˈtuuthpeist]

hambavalu toothace [ˈtuutheik]

hammas tooth [tuuth] (*pl.* teeth) [tiith]

hammustama   **44**

hammustama bite [bait]

hamster hamster [´hämstë]

hange purchase [´pöötšis], procurement [prë´kjuëmënt]; (riiklik ~) state purchase

hangeldaja profiteer [profi´tië]

hangeldama speculate [´spekjuleit]

hani goose [guus] (*pl.* geese) [giis]

hankima (ostma) purchase [´pöötšis]; (omandama) obtain [ëb´tein]

Hansa Liit Hanseatic League [hänsi´ätik liig]

hansalinn hanseatic town [hänsi´ätik taun]

hape acid [´äsid]

hapendatud pickled [pikld]

hapnik oxygen [´oksidžën]

happevihm acid rain [´äsid rein]

hapu sour [sauë]

hapukapsas sauerkraut [´sauëkraut]

hapukoor sour cream [´sauëkriim]

hapukurk pickled cucumber [pikld ´kjuukambë]

harakas magpie [´mägpai]

hari I (riist harjamiseks) brush [braš]

hari II (tipp) crest

haridus education [edju´keišën]

harilik usual [´juužuël]

harilikult usually [´juužuëli]

harima (viljelema) cultivate [´kaltiveit]; (õpetama) educate [´edjukeit]

haritlane intellectual [intë´lektjuël]

haritud educated [´edjukeitid]

harjama brush [braš]

harjuma get used to [get juuzd të]; **harjunud olema** be used to

harjumatu unaccustomed (to) [anë´kastëmd]

harjumus habit [´häbit]

harjutama practise [´präktis]

harjutus exercise [´eksësaiz]; (treening) drill

harmoonia harmony [´haamëni]

harrastama go in (for)

harrastus hobby [´hobi]

haru branch [braantš]

haruldane unusual [an´juužuël], rare [reë]

haruldus rarity [´räriti]

harva seldom [´seldëm]

hasart excitement [ik´saitmënt]

hasartmäng gambling [´gämbling] (game); **~e mängima** gamble [´gämbl]

45 **hernes**

hauakiri epitaph [´epitaaf]
hauakivi tombstone [´tuumstoun]
haud grave [greiv]
haug pike [paik]
haukuma bark [baak]
hautama (toitu) stew [stjuu]
hautis stew [stjuu]
hea good [guud]; ~ **küll** all right [ool rait]; **mul on** ~ **meel** I am glad [ai äm gläd]; ~ **meelega** with pleasure [widh ´pležë]; ~**d päeva!** good-bye! [gud´bai]; ~**d õhtut!**, ~**d ööd!** good night! [guud nait]
heaks 1. *postp.* for [fo]; **2.** *adv.* **võtke** ~! you are welcome! [ju aa ´welkam], don`t mention it! [dount ´menšën it]; ~ **kiitma** approve [ë´pruuv] (of)
heakskiit approval [ë´pruuvël]
heanaaberlik good-neighbourly [´guud ´neibëli]
heaolu well-being [´welbi-ing]
heategevus charity [´tšäriti]
heategu favo(u)r [´feivë]
heegeldama crochet [´kroušei]
heeringas herring [´hering]
hein hay [hei]; ~**a tegema** make hay [meik hei]
heinamaa meadow [´medou]

heiskama hoist
heitgaas exhaust gas [ig´zoost gäs]
heitma throw [throu]; **magama** ~ go to bed
heitvesi waste water [weist ´wootë]
hekk hedge [hedž]
hektar hectare [´hektaa]
helde generous [´dženërës]
heldus generosity [dženë´rositi]
hele light [lait]
heli sound [saund]
helikopter helicopter [´helikoptë]
helilint audio tape [´oodiëteip]
helilooja composer [këm´pouzë]
heliplaat record [´rekëd]
helisema ring
helistama ring; (telefoniga) call up [kool ap]
hell (õrn) tender [´tendë]; (valus) sore [soo]
hellitatud spoilt
hellus (õrnus) tenderness [´tendënis]
helves flake [fleik]
herilane wasp [wosp]
hermeetiline hermetic(al) [hë´metikël]
hernes pea [pii]

hetk moment ['moumënt];
~**eks** for a moment
higi sweat [swet]
higistama sweat [swet]
hiiglane giant ['džaiënt]
hiilgama shine [šain]
hiilgav brilliant ['briljënt]
hiilgus brightness ['braitnis];
Teie Hiilgus Your Excellence
[joo 'eksëlënsi]
hiilima sneak [sniik]
hiir mouse [maus] (*pl.* mice)
[mais]
hiline late [leit]
hilinema be late [bi leit]
hiljem later ['leitë]
hiljemalt at the latest [ät dhë
'leitist]
hiljuti lately ['leitli], recently
['riisëntli]
hiljutine recent ['riisënt]
hind price [prais]
hindama (hinda määrama)
price [prais]; (hinnangut
andma) evaluate [i'väljueit];
(väärtuslikuks pidama) value
['välju]; (lugu pidama) ap-
preciate [ë'prišieit]
hing soul [soul]
hingama breathe [briidh]
hingeldama gasp [gaasp]
hingeline emotional [i'mou-
šënël]

hingerahu peace of mind [piis
ëv maind]
hinnaalandus discount ['dis-
kaunt]
hinnakiri price-list [prais list]
hinnaline valuable ['väljuëbl]
hinnang estimation [esti'mei-
šën]
hinnatõus price increase
['prais 'inkriis]
hinne (koolis) mark [maak];
US. grade [greid]
hirm fear [fië]
hirmus terrible ['teribl]
hirmutama frighten ['fraitën]
hirv deer [dië] (*pl.* deer)
hobi hobby ['hobi]
hobune horse [hoos]
hoiak (suhtumine) attitude ['äti-
tjuud]
hoiatama warn [woon]
hoiatus warning ['wooning]
hoidis preserve [pri'zööv]
hoidistama preserve [pri'zööv],
conserve [kon'sööv]
hoidla store-house ['stoohaus],
storage ['storidž]
hoidma keep [kiip]; (säilitama)
preserve [pri'zööv]
hoiduma keep (from) [kiip],
avoid [ë'void]
hoiuarve savings account ['sei-
vingz ë'kaunt]

47 **hull**

hoiukassa savings-bank ['seivingzbänk]

hoiuruum storage ['storidž]

hoius deposit [di'pozit]

hoiuühistu savings association ['seivingz ësousi'eišën]

hoki hockey ['hoki]

homme tomorrow [të'morou]

hommik morning ['mooning]; **täna ~ul** this morning [dhis 'mooning]

hommikueine breakfast ['brekfëst]

hommikumantel bath robe ['baathroub]

hommikvõimlemine morning exercises ['mooning 'eksësaisiz]

honorar fee [fii]; (leiutise eest) royalty ['rojëlti]

hooaeg season [siizn]

hooajapilet season-tikcet [siizn 'tikit]

hooajatööline seasonal worker ['siizënël wöökë]

hoolas careful ['keëful]

hooldama take care (of) [teik keër ëv]

hooletu careless ['keëlis]

hoolima care [keë] (for); **ma ei hooli** I do not care

hoolimata (millestki) in spite of [in spait ëv]; despite [dis'pait]

hoolitsema take care (of) [teik keër ëv]

hoone building ['bilding]

hoop blow [blou]

hoopis (täiesti) entirely [in'taiëli]; ~ **iseasi** quite a different matter [kwait ë 'difrënt 'mätë]; ~ **parem** much better [matš 'betë]

hooplema boast [boust]

hoov court(yard) ['kootjaad]

hoovihm shower (of rain) [šauë]

hoovus stream [striim]

horisont horizon [hë'raizën]

horisontaalne horizontal [hori'zontl]

hotell hotel [hou'tel]

hubane cosy [kouzi]

hukka: ~ **minema** get spoilt [get spoilt]; ~ **mõistma** condemn [kën'demn]

hukkama execute ['eksikjuut]

hukkuma be killed [bi kild]; (laeva kohta) be wrecked [bi rekd]

hulgas among [ë'mang]

hulgimüük wholesale ['houlseil]

huligaan hooligan ['huuligën]

hulk /hulga/ amount [ë'maunt]

hulkuma roam [roum]

hull crazy [kreizi]; ~**uks ajama** drive crazy [draiv kreizi]; **asi**

hullumaja 48

läheb üha ~emaks it is getting worse and worse ['geting wöös]

hullumaja madhouse ['mädhaus]

hullustus (hullus) mania ['meinië]

humaanne humane [hju'mein]

humanism humanism ['hjuumënizm]

humanitaarteadused the humanities [dhë hju'mänitiz]

hunt wolf [wulf] (pl. wolves) [wulvz]

huul lip; **~epulk** lipstick ['lipstik]

huumor humour [hjuumë]; **~imeel** sense of humour [sens ov 'hjuumë]

huvi interest ['intrëst]; **~ äratama** arouse interest [ë'rauz 'intrëst]

huvitama interest ['intrëst]

huvitav interesting ['intrësting]

huvituma be interested [bi 'intrëstid] (in)

hõbe silver ['silvë]

hõbepulmad silver wedding ['silvë 'weding]

hõim tribe [traib]

hõivama occupy ['okjupai]

hõlmama (sisaldama) include [in'kluud]

hõre sparse [spaas]

hõrgutis delicacy ['delikësi]

hõõguma glow [glou]

hõõgvein mulled wine [mald wain]

hõõrduma rub [rab]

hõõruma rub [rab]

häbelik shy [šai]

häbematu impudent ['impjudënt]

häbematus impudence ['impjudëns]

häbenema be ashamed [bi ë'šeimd] (of)

häbi shame [šeim]; **mul on ~** I am ashamed [ai äm ë'šeimd]; **~ sulle** shame on you [šeim on ju]

häbistama disgrace [dis'greis]

häbitu shameless ['šeimlis]

häda trouble [trabl]; **(~olukord)** emergency [i'möödžënsi]; **~ korral** in an emergency; **~s olema** be in trouble; **hätta sattuma** get into trouble

hädaabinõu emergency measure [i'möödžënsi 'mežë]; (ajutine ~) makeshift ['meikšift]

hädaldama complain [këm'plein]

hädamaandumine emergency landing [i'möödžënsi 'länding]

49   **hüpe**

hädaoht = **oht**

hädaohtlik = **ohtlik**

hädasti badly ['bädli]

hädavajalik necessary ['nesi-
säri]

hägune turbid [tööbid]

häire (rike) trouble [trabl];
(alarm) alarm [ë'laam]

häirima distrub [dis'tööb]

häll cradle [kreidl]

hällilaps infant ['infënt]

hällilaul lullaby ['lalëbai]

hälve deviation [diivi'eišën]

hämar dim

hämarik dusk [dask]

hämmastama amaze [ë'meiz]

hämmastav amazing [ë'mei-
zing]

hämming confusion [kën'fjuu-
žën]

härg ox [oks] (*pl.* oxen) ['ok-
sën]; (pull) bull

härjasilm (praetud muna)
fried egg [fraid eg]

härmatis white frost [wait frost]

härra gentleman ['džentlmän]
(*pl.* -men); (nime ees) Mr.
['mistë]; (kõnetussõnana) sir
[söö]

härrased gentelmen ['džentlmen]

hästi well [wel]

hästikasvatatud well-bred
['welbred]

hävima perish ['periš]

häving destruction [dis'trak-
šën]

hävitama destroy [dis'troi]

hääl voice [vois]; (heli) sound
[saund]

hääldama pronounce [prë-
'nauns]

hääldus pronunciation [prë-
naunsi'eišën]

häälestama tune [tjuun]

hääletama vote [vout]; (põid-
laküüdiga reisima) hitchhike
['hitšhaik]

hääletus vote [vout]

hääletussedel ballot ['bälët]

hääleõigus (right to) vote [vout]

häälteenamus majority [më-
'džoriti] (of votes)

häärber manor(-house) ['mä-
në(haus)]

höövel plane [plein]

hübriid hybrid ['haibrid]

hüdroelektrijaam hydro-elec-
tric power station ['haidrou
i'lektrik 'pauësteišën]

hügieen hygiene ['haidžiin]

hülgama (maha jätma) aban-
don [ë'bändën]; (ära põlga-
ma) reject [ri'džekt]

hüljes seal [siil]

hümn anthhem ['änthëm]

hüpe jump [džamp]

hüpnoos hypnosis [hip´nou-siz]

hüpnotiseerima hypnotize [´hipnëtaiz]

hüpoteek mortgage [´moogidž]

hüpotees hypothesis [hai-´pothisiz] (*pl.* -ses)

hüsteeria hysterics [his´teriks]

hüsteeriline hysterical [his´terikël]

hüvasti! good-bye! [gud´bai]

hüvastijätt farewell [´feëwel]

hüvitama compensate [´kompënseit]

hüvitus compensation [kompën´seišën]

hüüdma call [kool]

hüüdnimi nickname [´nikneim]

I

ida east [iist]

Idamaa the Orient [dhi ´ooriënt]

idamaine oriental [ori´entël]

ideaal, ideaalne ideal [ai´diël]

idealism idealism [ai´diëlizm]

idee idea [ai´dië]

identifitseerima identify [ai-´dentifai]

ideoloogia ideology [aidi´olëdži]

ideoloogiline ideological [ai-dië´lodžikël]

idioot idiot [´idiët]

iga *pron.* every [evri]; (üks-kõik milline) any [eni]; (~ üksik antud hulgast) each [iitš]; ~ **poiss sai kaks õuna** each boy received two apples; ~**l pool** everywhere [´evriweë]

iga /ea/ age [eidž]

iga-aastane annual [´änjuël]

iganenud out of date [aut ëv deit], outdated [aut´deitid]

igapäevane daily [´deili]; (tavaline) common [´komën]

igatahes in any case [in eni keis], anyway [´eniwei]

igatsema miss

igatsus longing [´longing]

igav dull [dal]; (tüütu) boring [´booring]

igavene eternal [i´töönël]

igaveseks for ever [for´evë]

igavik eternity [i´tööniti]

igavus dullness [dalnis]

igaüks everybody [´evribodi]

igihaljas evergreen [´evëgriin]

ignoreerima ignore [ig´noo]

iha desire [di´zaië]

ihaldama desire [di´zaië]

ihne stingy [´stindži]

ihu body [bodi]; ~**kaitsja** bodyguard [´bodigaad]

iial, iialgi ever ['evë]; **mitte ~** never ['nevë]

iidne ancient ['einšënt]

iiris (kompvek) toffee ['tofi]

iive population increase [pop-ju´leišën ´inkriis]

iiveldus nausea ['noosië]

ikaldus famine ['fämin]

ike yoke [jouk]

ikka still; **~ enam** ever more ['evë moo]; **~ ja jälle** again and again [ë´gen änd ë´gen]

ikkagi nevertheless ['nevëdhë´les]

illegaalne illegal [i´liigël]

illusioon illusion [i´luužën]

illustratsioon illustration [ilës-´treišën]

ilm I weather ['wedhë]

ilm II (maailm) world [wööld]

ilma *prep.* without [widh´aut]

ilmaaegu in vain [in vein]

ilmaennustus weather forecast ['wedhë ´fookaast]

ilmalik secular ['sekjulë]

ilmastik weather conditions ['wedhë kën´dišënz]

ilmateade weather report ['wed-hë ri´poot]

ilme expression [iks´prešën]

ilmekas expressive [iks´presiv]

ilmetu inexpressive [iniks´pre-siv]

ilmne evident ['evidënt]

ilmnema become evident [bi´kam ´evidënt]; appear [ë´pië]

ilmselt evidently ['evidëntli]

ilmuma appear [ë´pië]; (trüki-toote kohta) be published [bi´pablišt]; (kohale ~) turn up [töön ap]

ilmutama *fot.* develop [di´velëp]

ilu beauty ['bjuuti]; **ilusalong** beauty parlour ['bjuuti ´paalë] (*or* shop) [šop]

iludus beauty ['bjuuti]; **~võist-lus** beauty contest ['bjuuti ´kontest]

ilukirjandus fiction ['fikšën]

ilus beautiful ['bjuutiful]

ilutulestik fireworks ['faië-wööks]

iluuisutamine figure skating ['figë ´skeiting]

ilves lynx [links]

ime wonder ['wandë], miracle ['mirikl]

imekombel miraculously [mi-´räkjulësli]

imelaps wunderkind ['wundë-kind]

imelik strange [streindž]

imema suck [sak]

imestama (imestust tundma) wonder ['wandë]; (imestust tekitama) amaze [ë´meiz]

imestus

imestus astonishment [ës´to-nišmënt], amazement [ë´meizmënt]

imetaja *zool.* mammal [´mämël]

imetama nurse [nöös]

imetlema admire [ëd´maië]

imik small baby [smool beibi]

imiteerima imitate [´imiteit]

immatrikuleerima enrol [in-´roul]

immuniteet immunity [i´mjuuniti]

impeerium empire [´empaië]

imperialism imperialism [im-´piëriëlizm]

imponeerima impress [im´pres]

import import [´impoot]

importima import [im´poot]

importkaup imported goods [im´pootid guudz]

improviseerima improvise [´im-prëvaiz]

impulss impulse [´impals]; *el.* pulse [pals]

indeks index [´indëks]

individuaalne individual [indi-´vidjuël]

indiviid individual [indi´vidjuël]

industriaalne industrial [in-´dastriël]

industrialiseerimine industrialization [indastriëlai´zeišën]

inetu ugly [agli]

inflatsioon inflation [in´fleišën]

informaatika computer science [këm´pjuutë ´saiëns]

informatsioon info(rmation) [infë´meišën]

informeerima inform [in-´foom] (of); **lühidalt** ~ brief [briif] (on *smth.*)

infrastruktuur infrastructure [´infrë´straktšë]

ingel angel [´eindžël]

inimene human (being) [´hjuumën (´bi-ing)]; person [pöö-sën]; **inimesed** the people [dhë piipl]

inimeserööv kidnapping [´kidnäping]

inimkond mankind [män-´kaind]

inimlik humane [hju´mein]

inimpõlv generation [dženë-´reišën]

inimõigused human rights [´hjuumën raits]

initsiaal initial [i´nišël]

initsiatiiv initiative [i´nišëtiv]

innukas ardent [´aadënt]

innustama inspire [in´spaië]

innustus inspiration [inspi-´reišën]

insener engineer [endži´nië]

inspekteerima inspect [in´spekt]

inspektor inspector [in´spektë]

inspiratsioon inspiration [inspi´reišën]

inspireerima inspire [in´spaië]

instinkt instinct [´instinkt]

institutsioon institution [insti-´tjuušën]

instituut institute [´institjuut]

instrueerima instruct [ins-´trakt]

instruktor instructor [ins´traktë]

instruktsioon instruction [ins-´trakšën]

instrument instrument [´instrumënt]

instrumentaalne instrumental [instru´mentël]

intellektuaalne intellectual [intë´lektjuël]

intelligentne intelligent [in´telidžënt]

intelligents (haritlaskond) the intellectuals [dhi intë-´lektjuëlz]; (haritus) intelligence [in´telidžëns]

intensiivkursus intensive course [in´tensiv koos]

intensiivne intensive [in´tensiv];

intensiivravi intensive care [keë]

internaat hostel [´hostël]; ~**kool** boarding-school [´boodingskuul]

internatsionaalne = rahvusvaheline

interpreet interpreter [in´tööpritë]

intervall interval [´intëvël]

interventsioon intervention [intë´venšën]

intervjueerima interview [´intëvjuu]

intervjuu interview [´intëvjuu]

intiimne intimate [´intimit]

intress interest [´intrëst]; ~**imäär** interest rate [´intrëst reit]

intriig intrigue [in´triig]

intsident incident [´insidënt]

intuitsioon intuition [intju´išën]

invaliid *subst.* disabled person [dis´eibld pöösën]; *adj.* disabled [dis´eibld]

inventar stock [stok]

inventuur stock-taking [´stok ´teiking]; ~**i tegema** take stock [teik stok]

investeerima invest [in´vest]

investeerimisfond investment fund [in´vestmënt fand]

investeering investment [in-´vestmënt]

iroonia irony [´airëni]

irooniline ironical [ai´ronikël]

irvitama grin (at)

irvitus grin; (pilkav ~) mockery [´mokëri]

isa father [faadhë], *kõnek. ka* dad [däd]

isamaa native country ['neitiv 'kantri], homeland ['houmländ]

isamaa-armastus patriotism ['pätriëtizm]

isane male [meil]

isanimi patronymic [pätrë-'nimik]

ise *pron.* self [self] (*pl.* selves) [selvz], oneself [wan'self]; **mina** ~ I myself [ai mai'self]; **meie** ~ we ourselves [wi auë'selvz] ; ~ **tegema** do by oneself [du bai wan'self]

iseenesestmõistetav self-evident ['self'evidënt]

isegi even [iivën]

isekas selfish ['selfiš]

iseloom character ['käriktë]; (*loomus*) nature ['neitšë]

iseloomulik characteristic [käriktë'ristik] (of)

iseloomustama characterize ['käriktëraiz]

iseloomustus characterization [käriktërai'zeišën]

isemajandamine, isemajandav self-financing ['self fai'nänsing]

iseseisev independent [indi-'pendënt]

iseseisvus independence [indi-'pendëns]

iseteenindamine self-service ['self 'söövis]

iseäralik particular [pa'tikjulë]; (*kummaline*) strange ['streindž]

iseäranis especially [is'pešëli]

iseärasus specific feature [spë'sifik 'fiitšë]

isik person [pöösën]

isiklik personal ['pöösënël]

isiklikult in person [in 'pöösën]

isiksus personality [pöösë-'näliti]

isikukultus personality cult [pöösë'näliti kalt]

isikupuutumatus inviolability of person [invaiëlë'biliti]

isikupärane individual [indi-'vidjuël], original [ë'ridžinël]

isikutunnistus identification document [aidentifi'keišën 'dokjumënt], *kõnek.* ID [ai'dii]

isoleerima isolate ['aisëleit]

isoleerpael insulating tape ['insjuleiting teip]

issameie *kirikl.* the Lord's prayer [dhë loodz preë]

istandus plantation [plaan-'teišën]

iste /istme/ seat [siit]; ~**t võtma** take a seat [teik ë siit]; ~**koht** seat [siit]

istik (young) plant [jang plaant]
istuma sit; (sobima) suit [sjuut]
istung(järk) session [´sešën]
istutama plant [plaant]
isu appetite [´äpitait]; **mu ~ on täis** I have had enough [ai häv häd i´nath]
isuäratav appetizing [´äpitaizing]

J

ja and [änd]
jaaguar jaguar [´džägwaa]
jaam station [´steišën]
jaanipäev St. John´s Day [seint džonz (dei)], Midsummer (Day) [´midsamë dei]
jaatav affirmative [ë´föömëtiv]
jae *atrib.* retail [´riiteil]; **~hind** retail price [´riiteil prais]; **~müük** retail sale [´riiteil seil]
jagama divide [di´vaid]
jagu (osa) part [paat]; **suurem ~** most part [moust paat]
jagunema be divided [bi di´vaidid]; (osadeks lagunema) split
jahe cool [kuul]; (ebameeldivalt ~) chilly [´tšili]
jahenema cool [kuul]

jahiluba hunting licence [´hanting ´laisëns]
jahimees hunter [´hantë]
jahipüss sporting gun [´spooting gan]
jahmatus dismay [dis´mei]
jahmuma be dismayed [bi dis´meid]
jaht I (küttimine) hunt(ing) [´hant(ing)]
jaht II *mer.* yacht [jot]
jahu flour [flauë]
jahukaste flour sauce [flauë soos]
jahutama cool [kuul]
jahvatama grind [graind]
jakk (kuub) jacket [´džäkit]
jaks strength [strenth]
jaksama be able [bi eibl] (to do *smth.*)
jala = **jalgsi**
jalakäija pedestrian [pe´destriën]
jalatsid footwear [´futweë]
jalg foot [fut] (*pl.* feet) [fiit]
jalgpall football [´futbool]; **~iväljak** football ground [´futbool graund]
jalgratas bicycle [´baisikl], *kõnek.* bike [baik]
jalgsi walking [´wooking]
jalutama walk [wook]; **~ minema** go for a walk [gou for ë wook]

jalutuskäik walk [wook]

janu thirst [thööst]; **mul on ~** I am thirsty [ai äm 'thöösti]

jaoks *postp.* for [fo]

jaoskond department [di'paatmënt]

jaotama (jagama) distribute [dis'tribjut]

jaotus (jagamine) distribution [distri'bjuušën]; **ala~** subdivision ['sabdivižën]

jard yard [jaad]

Jeesus Kristus Jesus Christ ['džiizës 'kraist]

jogurt jogurt ['jogët]

jonnima be obstinate [bi 'obstinit]

joobnud drunk [drank]

joodik drunkard ['drankëd]

joogivesi drinking-water ['drinking wootë]

jook drink

jooksev running ['raning]; current ['karënt]; **~ arve** current account ['karënt ë'kaunt]; **~ remont** running repairs ['raning ri'peëz]; **jooksvad asjad** current business ['karënt 'biznis]

jooksja runner ['ranë]

jooksma run [ran]; (võidu ~) race [reis]

jooksul (kestel) during ['djuëring]; **selle kuu ~** within this month [widh'in dhis manth]

jooksupoiss errand-boy ['erënd boi]

jooksurada (running-)track [('raning) träk]

jooma drink

joon line [lain]; (triip) stripe [straip]; **~de ajama** put (things) straight [put (thingz) streit]

jooneline ruled [ruuld]

joonestama draw [droo]

joonestamine technical drawing ['teknikël 'drooing]

joonis drawing ['drooing]

joonistama draw [droo]

joonistus drawing ['drooing]

joonlaud ruler [ruulë]

jootraha tip

joovastus intoxication [intoksi'keišën]; (tunde~) rapture ['räptšë]

jopp jacket ['džäkit]; short overcoat [šoot 'ouvëkout]

juba already [ool'redi]; (küsilauseis) yet [jet]; **~ ammu(gi)** a long time ago [ë long taim ë'gou]; **kas olete ~ lõpetanud?** have you finished yet? [häv ju 'finišt jet]

jube terrible ['teribl]

juga waterfall ['wotëfool]

julm — 57

juhataja manager ['mänidžë], director [di'rektë]; (koosoleku ~) chairman ['tšeëmän] (*pl.* -men)

juhatama direct [di'rekt], manage ['mänidž]; *muus.* conduct [kën'dakt]; (koosolekut) preside ['pri'zaid] (at, over); (teed ~) tell the way [tel dhë wei]

juhatus board of directors [bood ëv di'rektëz], management board ['mänidžmënt bood]

juhend instruction [ins'trakšën]

juhendaja adviser [ëd'vaizë], supervisor ['sjuupëvaizë]

juhendama advise [ëd'vaizë], supervise ['sjuupëvaiz]

juhiluba driver´s licence ['draivëz 'laisëns]

juhm stupid [stjuupid]

juht /juhi/ leader [liidë]; manager ['mänidžë]; (sõiduki~) driver ['draivë]

juht /juhu/ case [keis]; **igal juhul** in any case [in eni keis]; **sel juhul** in that case [in dhät keis]; **ei mingil juhul** in no case [in nou keis]; **igaks juhuks** just in case [džast in keis]

juhtima lead [liid]; manage ['mänidž]; (riiki) govern ['gavën]; (sõidukit) drive [draiv]; **tähelepanu** ~ draw attention [droo ë'tenšën] (to); **firmat** ~ run a firm [ran ë fööm]

juhtimine leadership ['liidëšip], management ['mänidžmënt]; (riigi ~) government ['gavënmënt]; (sõiduki ~) driving ['draiving]

juhtiv leading ['liiding]

juhtkond leadership ['liidëšip]; management ['mänidžmënt]

juhtum case [keis], (õnnetus~) accident ['äksidënt]

juhtuma happen ['häpën]

juhus (soodus olukord) chance [tšaans]; (juhuslikult toimunu) accident ['äksidënt]

juhuslik occasional [ë'keižënël]

juhuslikult accidentally [äksi'dentëli]; occasionally [ë'keižënëli]

juhutöö odd job [ood džob]

julge brave [breiv]

julgema dare [deë]

julgeolek security [së'kjuriti]

julgus courage ['karidž]

julgustama encourage [in'karidž]

julm cruel ['kruuël]

julmus cruelty [ˈkruuëlti]

jultumus arrogance [ˈärëgëns]

jultunud arrogant [ˈärëgënt]

jumal god [god]

jumalaga! good-bye! [gud-ˈbai]

jumalateenistus *kirikl.* service [ˈsöövis]

jumaldama adore [ëˈdoo]

jumalik divine [diˈvain]

jume complexion [këmˈplek-šën]

juriidiline legal [ˈliigël]; ~ **isik** legal person [ˈliigël ˈpöösën]; ~ **nõustaja** legal adviser [ˈliigël ëdˈvaizë]

jurist lawyer [loojë]

just just [džast]; ~ **nagu** as if [äz if]; ~ **nii** just so [džast sou]; ~ **praegu** just now [džast nau]

jutlus sermon [ˈsöömën]

jutlustama preach [priitš]

jutt /jutu/ (kõnelus) talk [took]; (jutustus) story [ˈstoori]; ~**u ajama** talk [took]

jutuajamine conversation [konvëˈseišën]

jutukas talkative [ˈtookëtiv]

jutumärgid quotation marks [kwouˈteišën maaks]

juturaamat story-book [ˈstoori buk]

jutustama tell

jutustus story [ˈstoori]

juubel jubilee [ˈdžuubili]; (aastapäev) anniversary [äniˈvöösëri]

juubeldama triumph [ˈtraiëmf], jubilate [ˈdžuubileit]

juuksed hair [heë]; **juukseid lõikama** cut the hair [kat dhi heë]; **juukseid lõigata laskma** have one's hair cut [häv wanz heë kat]

juukseklamber (hair-)clip [(ˈheë)klip]

juuksur hairdresser [ˈheëdresë]; (meeste~) barber [ˈbaabë]

juur root [ruut]

juura (õigusteadus) law [loo]

juurde 1. *postp.* to [tu]; **minu** ~ to me [tu mi]; **2.** *adv.* up, on; (lisaks) some more [sam moo]; ~ **lisama** add [ääd]; ~ **pääsema** have access [häv ˈäksës]; ~ **võtma** (kaalus) put on weight [put on weit]

juurdeehitus annex [ˈäneks]

juurdekasv increase [ˈinkriis]

juurdepääs access [ˈäksës]

juurdlus investigation [investiˈgeišën]

juures at [ät], by [bai], near [nië]; **ma elan oma vane-mate** ~ I live with my parents

59   **järel**

[ai liv widh mai ´peërents]; ~
olema be present (at) [bi
´preznt]
juuresolek presence [´prezëns]
juurvili vegetable [´vedžitëbl]
juurviljakauplus greengro-
cery [´griingrousëri]
juust cheese [tšiiz]
juveel jewel [´džuuël]
jõehobu hippopotamus [hipë-
´potëmës]
jõgi river [´rivë]
jõhker brutal [´bruutël]
jõhvikas cranberry [´kränbëri]
jõud strength [strenth], force
[foos]; **~u kasutama** use
force [juuz foos]; **üle jõu**
beyond one´s powers [´biond
wanz ´pauëz]; **kõigest jõust**
with all one´s strength [widh
ool wanz strenth]; **jõuga** by
force [bai foos]
jõudma (suutma) be able [bi
eibl]; (saabuma) arrive
[ë´raiv] (at, in); (saavutama)
achieve [ë´tšiiv]; **rongile ~**
catch the train [kätš dhë
trein]; **rongile mitte ~** miss
the train; **kokkuleppele ~**
reach an agreement [riitš ën
ë´griimënt]
jõuetu powerless [´pauëlis]
jõuk gang [gäng]

jõukas wealthy [´welthi]
jõukohane feasible [´fiizëbl];
(rahaliselt) within one´s
means [widh´in wanz miinz]
jõukus wealth [welth]
jõuline powerful [´pauëful]
jõulud Christmas [´krismës]
jõulupuu Christmas tree
[´krismës trii]
jõuluvana Santa Claus [´säntë
´klooz]
jõupingutus effort [´efët]
jõupoliitika power politics
[´pauë ´politiks]
jõustuma take effect [teik i´fekt]
jõusööt concentrated fodder
[´konsëntreitid ´fodë]
jäik stiff
jäine icy [´aisi]
jälg track [träk], trace [treis]
jälgima observe [ob´zööv]
jälitama (taga ajama) chase
[tšeis]
jäljendama imitate [´imiteit]
jälk disgusting [dis´gasting]
jälle again [ë´gen]
jällenägemiseni! (hope to) see
you soon! [sii ju suun], so
long! [sou long]
jäme (paks) thick [thik]
jänes hare [heë]
järel after [aaftë], behind
[bi´haind]; **minu ~** after me;

järeldama   **60**

see **kell on** ~ this clock is late [leit]; **mul on veel raha** ~ I have still some money left

järeldama conclude [kën-´kluud]

järeldus conclusion [kën-´kluužën]

järele after [aaftë], behind [bi´haind]; see **tuba lõhnab tubaka** ~ this room smells of tobacco; ~ **andma** give in [giv in]; ~ **jõudma** catch up [kätš ap] (with); ~ **jätma** stop; ~ **jääma** remain [ri´mein]; ~ **mõtlema** think over [think ouvë]; ~ **proovima** try out [trai aut]

järeleandlik yielding [´jiilding]; (vastutulelik) compliant [këm´plaiënt]

järeleandmatu inflexible [in-´fleksëbl]

järelemõtlematu thoughtless [´thootlis]

järelepärimine inquiry [in-´kwaiëri]

järelikult consequently [´kon-sikwëntli]

järelkäru trailer [´treilë]

järelmaks payment by instalments [´peimënt bai in´stoolmënts]; ~**uga ostma** buy on installment credit

järg /järje/ (kord) turn [töön]; (elujärg) condition [kën-´dišën]; (jätk) follow-up [´folouap]; **ta on heal järjel** he is well off [wel of]

järgemööda in turns [in töönz]

järgi according to [ë´kooding të]; by [bai]; **kaalu** ~ by the weight [bai dhë weit]; **oma maitse** ~ (according) to one's taste [ë´kooding të wanz teist]

järglane successor [sëk´sesë]

järgmine next [nekst]

järgnema (järel minema v. tulema) follow [´folou]; **järgneb** to be continued [tu bi kën´tinjud]

järgnev following [´folouing]

järjekindel consistent [kën-´sistënt]

järjekord *Br.* queue [kjuu], *US.* line [lain]

järjepidevus continuity [konti-´njuuiti]

järjest (üha, aina) ever [´evë], ever more [´evë moo]; (järjestikku) running [´raning]

järjestama put in order [put in oodë]; **tähtsuse järgi** ~ rank in order of importance [ränk in oodër ëv im´pootëns]

järkjärguline gradual [´grädjuël]

järsk abrupt [ëb´rapt]
järsku suddenly [´sadënli]
järv lake [leik]
jätkama continue [kën´tinju]
jätkuma (edasi kestma) continue [kën´tinju]; (piisama) suffice [së´fais], be enough [bi i´nath]; **sellest jätkub** that will do [dhät wil du]
jätma leave [liiv]; let; **maha ~** abandon [ë´bändën]; **rahule ~** leave alone [liiv ë´loun]; **jäta järele!** stop that!; **võta või jäta!** take it or leave it! [teik it oo liiv it]
jää ice [ais]
jäädav permanent [´pöömënënt]
jäädavalt for ever [for´evë]
jäädvustama record [ri´kood]
jäähoki ice-hockey [´ais´hoki]
jääk remainder [ri´maindë], rest; (laenu v. arve) balance [´bälens]
jääkapp refrigerator [ri´fridžireitë], *kõnek.* fridge [fridž]
jääkaru polar bear [´poulë beë]
jääkülm stone-cold [stoun kould], as cold as ice [äz kould äz ais]
jääma (püsima) remain [ri´mein]; **maha ~** (rongist *jms.*) miss; **haigeks ~** fall ill [fool

il]; **hiljaks ~** be late [bi leit]; **ära ~** (ürituse kohta) be cancelled [bi ´känsëld]
jääpurjekas ice-boat [ais bout] (*or* -yacht) [jot], *US.* ice scooter [skuutë]
jäätis ice-cream [´aiskriim]
jäätmed waste [weist]
jäätuma freeze [friizë]

K

ka 1. (samuti) also [´oolsou], too [tuu]; **2.** (iganes) ever [´evë]; **mis ~ ei juhtuks** whatever happens [wot´evë ´häpënz]
kaabel cable [keibl]; **~tele visioon** cable TV [keibl ´tii´vii]
kaabu hat [hät]
kaader I (isikuline koosseis) personnel [pöösë´nel], staff [staaf]
kaader II *fot.* exposure [iks-´použë]
kaadriosakond personnel department [pöösë´nel di´paatmënt]
kaal (raskus) weight [weit]; (mõõteriist) scales [´skeilz]; **~ul** at stake [ät steik]

kaalikas 62

kaalikas turnip ['töönip]

kaaluma weigh [wei]; (arutama) consider [kën´sidë]

kaalutlus consideration [kënsidë´reišën]

kaame pale [peil]

kaamel camel [käml]

kaamera camera ['kämerë]

kaaperdama hijack ['haidžäk]

kaart (mängu~, post~ *jms.*) card [kaad]; (maa~) map [mäp]; **~e mängima** play cards [plei kaadz]

kaas (nõul) lid; (raamatul) cover ['kavë]

kaasa with [widh], along [ë´long]; **tulge ~!** come with me! [kam widh mi]; **~ arvama** include [in´kluud]; **~ lööma** join in [džoin in]

kaasaegne modern ['modën]

kaasas with [widh], along [ë´long] (with); **mul ei ole dokumente ~** I have no documents on me; **~ kandma** carry along ['käri ë´long]

kaasaskantav portable ['pootëbl]

kaasasündinud inherent [in´hiërënt]

kaasautor co-author ['kou´oothë]

kaasavara dowry ['dauri]

kaaslane companion [këm´pänjën]

kaasomanik co-owner ['kou´ounë], partner ['paatnë]

kaastundeavaldus condolences [kën´doulënsiz]

kaastunne sympathy ['simpëthi]; (surma puhul) condolence [kën´doulëns]; **avaldan ~t** I´m sorry [aim ´sori], my condolences [mai kën´doulënsiz]

kaastöö collaboration [këläbë´reišën]; (ajalehes) contribution [kontri´bjuušën]

kaasõpilane fellow-student ['felou ´stjuudënt]

kaater (laev) launch [loontš]

kabaree cabaret [käbë´rei]

kabe (mäng) draughts [droots], *US.* checkers ['tšekëz]

kabel /kabeli/ chapel ['tšäpël]

kabiin booth [buudh]

kabinet office ['ofis]

kadakas juniper ['džuunipë]

kade envious ['enviës]

kadedus envy ['envi]

kadestama envy ['envi]

kadu (kaotsiminek) loss; (raiskuminek) waste [weist]

kaduma (kaotsi minema) get lost; (haihtuma) disappear [disë´pië]; **aeg kaob kiiresti**

kahtlema

time passes quickly [taim paasiz ´kwikli]; **mu kell on kadunud** I have lost my watch [ai häv lost mai wotš]

kadunu the deceased [dhë di´siisd]; **mu ~d onu** my late uncle [mai leit ankl]

kaebama complain [këm-´plein]; (kohtusse) sue [sjuu]; **edasi** ~ appeal [ë´piil]; **kellegi peale** ~ tell on *smb.*

kaebealune (tsiviilasjas) defendant [di´fendënt], (kriminaalasjas) the accused [dhë ë´kjuuzd]

kaebus complaint [këm´pleint]

kael neck [nek]

kaelakee necklace [´neklis]

kaelarätik neckerchief [´nekë-tšiif]

kaelkirjak giraffe [dži´raaf]

kaelus (kuuel) collar [´kolë]; (särgil, kampsunil) neckline [nek lain]

kaer oats [outs]; **~ahelbed** oatflakes [´outfleiks], corn flakes [´koonfleiks]; **~apuder** oatmeal [´outmiil]

kaetud covered [´kavëd]

kaev well [wel]

kaevama dig

kaevandama mine [main]

kaevandus mine [main]

kaevur miner [´mainë]

kagu south-east [sauthiist]

kahandama decrease [di-´kriis]

kahanema decrease [di´kriis]

kahekordistama double [dabl]

kahekõne dialogue [´daiëlog]

kahemõtteline ambiguous [äm´bigjuës]

kahetsema regret [ri´gret]

kahetsus regret [ri´gret]

kahetsusväärne regrettable [ri´gretëbl]

kahevahel: ~ **olema** hesitate [´hesiteit]

kahju damage [´dämidž]; (aineline ~) loss; **kui ~!** what a pity! [wot ë ´piti]; **mul on** ~ I am sorry [ai äm ´sori]

kahjuks unfortunately [an´footšënëtli]

kahjulik harmful [´haamful]

kahjum loss

kahjustama damage [´dämidž]

kahjutasu reparation [repë-´reišën]

kahjutu harmless [´haamlis]

kahtlane (küsitav) doubtful [´dautful]; (kahtlustäratav) suspicious [sës´pišës]

kahtlema doubt [daut]; (kõhklema) hesitate [´heziteit]

kahtlemata no doubt [nou daut]

kahtlus doubt [daut]

kahtlustama suspect [sës´pekt]

kahur cannon [´känën]

kahvatu pale [peil]

kahvel fork [fook]

kai pier [pië]

kaine sober [´soubë]; ~ **mõistus** common sense [´komën sens]

kaisutama hug [hag]

kaitse (tõrje) defence [di´fens]; (varjav kaitsmine) protection [prë´teksën]

kaitseala reservation [rezë-´veišën]

kaitsealune (soosik) protege [proutë´žei]; *jur.* client [´klaiënt]

kaitsekork fuse [fjuuz]

kaitseteenistus military service [´militëri ´söövis]

kaitsetööstus defence industry [di´fens ´indastri]

kaitsevägi armed forces [aamd ´foosiz]

kaitsja defender [di´fendë]

kaitsma defend [di´fend], protect [prë´tekt]

kaja echo [´ekou]

kajakas sea-gull [´siigal]

kajastama (väljendama) express [iks´pres]; (käsitlema) cover [´kavë]

kajut cabin [´käbin]

kakao cocoa [´koukou]

kaklema fight [fait]

kaksik twin [twin]; ~**vend** twin brother [´twin ´bradhë]; ~**võim** dual power [djuuël pauë]; ~**õde** twin sister [´twin ´sistë]

kakskeelne bilingual [bai-´lingwël]

kakskeelsus bilingualism [bai´lingwëlizm]

kaktus cactus [´käktës] (*pl.* -ti)

kala fish [fiš]; ~ **püüdma** catch fish [käts fiš], fish [fiš]; ~**le minema** go fishing [gou ´fišing]

kalakonserv canned fish [känd fiš]

kalamari caviar [´käviaa]

kalamees fisherman [´fišëmän] (*pl.* -men)

kalandus fishing industry [´fišing ´indëstri]

kalapulgad (frozen) fish-fingers [(´frouzën) ´fišfingëz]

kalapüük fishing [´fišing]

kalduvus tendency [´tendënsi]

kalender calendar [´kälindë]

kalendermärkmik diary [´daiëri]

kaliiber calibre [´kälibë]

kalju rock [rok]

kalkulaator calculator ['kälkjuleitë]

kalkulatsioon calculation [kälkju'leišën], estimate ['estimit]

kalkun turkey [tööki]

kallak slope [sloup]; (kalduvus) inclination [inkli'neišën], trend; **keelekallakuga kool** language immersion school ['längwidž i'mööžën skuul]

kallale: ~ **tungima** attack [ë'täk]

kallaletung attack [ë'täk]

kallama pour [poo]

kallas shore [šoo]; (merel) coast [koust]; (jõel) bank [bänk]

kallim subst. darling ['daaling]

kallis dear [diё]; (hinnalt) expensive [iks'pensiv]

kalliskivi gem [džem]

kallistama hug [hag]

kallistus hug [hag]

kalmistu cemetery ['semëtri]

kalor calory ['kälëri]

kalts rag [räg]

kalur fisherman ['fišëmän] (pl. -men)

kamandama order (smb.) about [oodë ë'baut]

kamin fireplace ['faiëpleis]

kamm comb [koum]

kammermuusika chamber music ['tšeimbë 'mjuuzik]

kammima comb [koum]

kamp gang [gäng]

kampaania campaign [këm'pein]

kampsun jersey ['džöözi]; (pullover) sweater ['swetë], (naistel) jumper ['džampë]

kana hen, US. ka chicken ['tšikën]

kanal canal [kë'näl]; raad. channel ['tšänl]

kanaliha chicken(-meat) ['tšikën miit], fowl [foul]

kanalisatsioon sewer system [sjuë 'sistëm]; ~**itoru** sewer [sjuë]

kanapraad roast chicken [roust 'tšikën]

kand heel [hiil]

kanderaam (inimeste jaoks) stretcher ['stretšё]; (mulla jms. jaoks) barrow ['bärou]

kandidaat candidate ['kändideit]; (valimiseks esitatud isik) nominee [nomi'nii]; (mingi koha taotleja) applicant ['äplikënt]

kandideerima (valimistel) run (for) [ran]; (kohta taotlema) apply [ë'plai] (for)

kandik tray [trei]

kandma

kandma carry ['käri]; (rõivastusesemeid, ehteid *jms.*) wear [weë]; **protsente** ~ bear interest [beë 'intrëst]; **viha** ~ bear malice [beë 'mälis]; **üle** ~ transfer ['tränsfë]

kaneel cinnamon ['sinëmën]

kanep hemp

kang I (tööriist) crow-bar ['kroubaa]; (latt) bar [baa]

kang II (võlv) archway ['aatšwei]

kangas cloth [kloth]

kange (jäik) stiff; (joogi kohta) strong

kangekaelne stubborn ['stabën]

kangelane hero ['hiërou] (*pl.* -oes)

kangelastegu heroic deed [hi-'rouik diid]

kangur (kangakuduja) weaver [wiivë]

kangus (jäikus) stiffness ['stifnis]; (joogi *v.* lahuse kohta) strength ['strenth]

kanister canister ['känistë]

kann /kanni/ toy [toi]

kann /kannu/ jug [džag], pitcher ['pitšë]

kannatama suffer ['safë]; (taluma) stand [ständ]; **ma ei suuda seda välja kannatada** I cannot stand this

kannatamatu impatient [im-'peišënt]

kannatlik patient ['peišënt]

kannatus (piin) suffering ['safëring]; (talumisvõime) patience ['peišëns]; **mu** ~ **katkes** I lost my patience

kannel (Estonian) zither ['zithë], "table harp" [teibl haap]

kannike(ne) violet ['vaiëlit]

kantaat cantata [kën'taatë]

kantsel pulpit ['palpit]

kantselei (secretarial) office [sekri'teëriël 'ofis]

kantseleitarbed office supplies ['ofis së'plaiz]; (kirjutustarbed) stationery ['steišënëri]

kantsler chancellor ['tšaansëlë]

kantud: ~ **riided** worn clothes [woon kloudhz], (kantult ostetud) secondhand clothes ['sekëndhänd 'kloudhz]

kaos chaos ['keiës]

kaotama lose [luuz]

kaotus loss

kapitaalremont capital repairs ['käpitël ri'peëz]

kapital capital ['käpitël]

kapitalimahutus investment [in'vestmënt]

kapitalism capitalism ['käpitëlizm]

kapott hood [huud]

kapp /kapi/ (sööginõude *jms.* jaoks) cupboard ['kabëd]; (raamatu~) bookcase [buk-keis]; (rõiva~) wardrobe ['woodroub] *vt. ka* **sekt-sioonkapp**

kapriis caprice [kë'priis]

kapriisne capricious [kë'pri-šës]

kapron kapron ['käprën]

kapsas cabbage ['käbidž]

kapsel capsule ['käpsjul]; (taskukellal *jms.*) case [keis]

kapten captain ['käptin]

kapuuts hood [huud]

karahvin (vee jaoks) carafe [kë'raaf]

karakter character ['käriktë]

karamell caramel ['kärëmel]

karastama harden ['haadën]; (värskendama) refresh [ri'-freš]

karbonaad (praad) chop [tšop]; carbonado [kaabë'naadou]

karburaator carburettor ['kaabjuretë]

kardaan cardan ['kaadën]; ~võll cardan shaft ['kaadën šaft]

kardemon cardamom ['kaa-dëmëm]

kardin curtain [köötin]

kardinapuu curtain-rod ['köö-tin rod]

kare rough [rath]; (hääle kohta) harsh [haaš]

kari /kari/ reef [riif]

kari /karja/ herd [hööd], cattle [kätl]

karikakar daisy ['deizi]

karikas cup [kap], bowl [boul]

karikatuur caricature [kä-rikë'tjuë], cartoon [ka'tuun]

karistama punish ['paniš]

karistus punishment ['paniš-mënt]; *sport.* penalty ['penëlti]

karjakasvatus cattle-breeding ['kätl 'briiding]

karjamaa pasture ['paastšë]

karjatama scream [skriim]

karjatus (karje) scream [skriim]

karjerist careerist [kë'riërist], place-hunter ['pleis 'hantë]

karjuma cry [krai]

karjäär I (teenistuslik tõus) career [kë'rië]

karjäär II (kaevandus) open-cast pit ['oupënkaast pit]

kark crutch [kratš]

karm hard [haad]; (abinõu kohta) drastic ['drästik]

karneval carnival ['kaanivël], fancy dress ball [fänsi dres bool]

karp box [boks]; (kast) case [keis]; (konservi~) tin, *US.* can [kän]

karske 68

karske abstinent ['äbstinënt]
karsklane abstainer [ëb´steinë]
karskus abstinence ['äbsti-nëns]; ~**selts** temperance society ['tempërëns së´saiëti]
karter casing ['keising]
kartlik shy [šai]
kartma be afraid (of) [bi ë´freid]
kartoteek card index [kaad ´in-dëks], file(s) [fail]
kartul potato [pë´teitou] (*pl.* -oes)
kartulipuder mashed potatoes [mäšt pë´teitouz]
kartus fear [fië]
karu bear [beë]
karusmari gooseberry ['guus-bëri]
karusnahk fur [föö]
karussell merry-go-round ['merigou´raund]
karv hair [heë]
karvane hairy ['heëri]
kasarm (army) barracks [aami ´bärëks]
kasiino casino [kë´siinou]
kask birch [böötš]
kass cat [kät]
kassa (poes) cash desk [käš desk]; (pileti~) ticket office ['tikit ´ofis]
kasseerima (raha sisse nõud-ma) cash (in) [käš (in)]

kassett cassette [kë´set]; (lint) cassette tape [kë´set teip]
kassettmagnetofon cassette-tape recorder [kë´set teip ri´koodë]
kast box [boks], case [keis]
kastan chestnut ['tšesnat]
kaste /kaste/ dew [djuu]
kaste /kastme/ sauce [soos]
kastma water ['wootë]
kastoorõli castor oil ['kaastë oil]
kastrul saucepan ['soospän]
kasu (tulu) use [juus]; (kasum) profit ['profit]; **mis on sellest** ~? what is the use of this?
kasuema foster-mother ['fostë ´madhë]
kasuisa foster-father ['fostë ´faadhë]
kasukas fur coat [föö kout]
kasulaps foster-child ['fostë ´tšaild]
kasulik useful ['juusful]; (tulus) profitable ['profitëbl]
kasum profit; ~**it mittetaotlev** non-profit
kasutama use [juuz]; **ära** ~ (võimalust) take advantage (of) [teik ëd´vaantidž]
kasutamisõpetus user´s manual ['juuzëz ´mänjuël]
kasutu useless ['juuslis]

kasv (kehapikkus) height [hait]; (juurde~) increase ['inkriis]

kasvaja *med.* tumour ['tjuumë]

kasvama grow [grou]; (suurenema) increase [in'kriis]; **üles** ~ grow up [grou ap]

kasvataja tutor ['tjuutë], nurse [nöös]

kasvatama (taimi) raise [reiz]; (loomi) breed [briid]; (lapsi) bring up

kasvatamatu ill-bred

kasvatus upbringing ['ap-'bringing]

kasvuhoone greenhouse ['griin-haus]

kataloog catalogue ['kätëlog]

katastroof catastrophe [kë-'tästrofi]

katastroofiline catastrophic [kätës'trofik]

kate cover ['kavë]

katedraal cathedral [kë-'thiidrël]

kateeder chair [tšeë], department [di'paatmënt]

kategooria category ['kätëgori]

katel kettle [ketl]

katk plague [pleig]

katkema break (off) [breik (of)]

katkend fragment ['frägmënt]; (raamatust) passage ['päsidž]

katkestama break off [breik of]; (ühendust) disconnect [diskë'nekt]; **vabandage, et katkestan** I'm sorry to interrupt [intë'rapt]

katkestus interruption [intë-'rapšën]; **voolu**~ power failure ['pauë 'feiljë]

katki broken ['broukën]; **pole midagi** ~ it's quite all right [its kwait 'oolrait]; ~ **minema,** ~ **tegema** break [breik]

katlamaja boilerhouse ['boilë-haus]

katma cover ['kavë]; **lauda** ~ lay the table [lei dhë teibl]; **kulusid** ~ cover the expences ['kavë dhi iks'pensiz]

katoliiklane Catholic ['käthëlik]

katoliiklik, katoliku Catholic ['käthëlik]

katse (püüe) attempt [ë'temt]; (teaduslik ~) experiment [iks'perimënt]; (proov) test

katseaeg probation [prou'beišën]

katsetama experiment [iks-'perimënt], test

katsetehas experimental plant [eksperi'mentël plaant]

katsuma (üritama) try [trai]; (puudutama) touch [tatš]; (maitsma) taste [teist]

katsumus ordeal [oo'diil]

katus 70

katus roof [ruuf]

kaua long

kauakestev long-lasting
[ˈlongˈlaasting]

kauamängiv (heliplaat) LP [el
ˈpii]

kaubaartikkel commodity
item [këˈmoditi ˈaitëm]

kaubalaev cargo boat [ˈkaa-
gou bout]

kaubamaja department store
[diˈpaatmënt stoo]

kaubamärk trade mark
[ˈtreidmaak]

kaubandus trade [treid];
~**koda** Chamber of Com-
merce [ˈtšeimbër ëv
koˈmöös]; ~**keskus** shop-
ping centre [ˈšoping ˈsentë]

kaubanäidis sample [ˈsämpl]

kaubavahetus trade [treid];
(vahetuskauba alusel) barter
[ˈbaatë]

kaudne indirect [indiˈrekt]

kaudu by [bai], via [vaië];
through [truu]; **ma sõitsin
Moskvasse Leningradi** ~ I
went to Moscow via Lenin-
grad; **ma kuulsin sellest teie
venna** ~ I heard about it
through your brother

kauge distant [ˈdistënt]

kaugekõne long-distance call
[ˈlong ˈdistëns kool]

kaugel far (away) [faar ëˈwei]

kaugjuhitav remote-controlled
[riˈmout kënˈtrould]

kaugus distance [ˈdistëns];
~**hüpe** long jump [long
džamp]

kaugõpe: correspondence
study [korisˈpondëns ˈstadi],
extra-mural study [ˈekstrë
ˈmjurël ˈstadi]

kaunis 1. *adj.* beautiful
[ˈbjuutiful]; **2.** *adv.* (üsna)
pretty [ˈpriti], rather [raadhë]

kaunistama decorate [ˈdekëreit]

kaup goods [guudz]; (tehing)
deal [diil]

kaupa *postp.* in, by [bai]; **osade**
~ in parts [in paats]; **tundide**
~ for hours [for ˈauëz]

kauplema trade [treid]; (tin-
gima) bargain [ˈbaagin]

kauplus shop [šop], store [stoo]

kaupmees (väike~) dealer
[diilë]; (poodnik) shop-
keeper [ˈšopˈkiipë]; (suur~)
merchant [ˈmöötsënt]

kauss bowl [boul]

kaust file [fail]

kaustik note-book [ˈnoutbuk]

kautsjon bail [beil]

kava schedule [ˈskedjul]; (teat-
ris) programme [ˈprougräm]

kaval sly [slai]

kavalus slyness ['slainis]

kavand project ['prodžëkt]; (visand) sketch [sketš]

kavatsema intend [in'tend]

kavatsus intention [in'tenšën]

kee necklace ['neklis]

keedis jam [džäm]

keegel bowling ['bouling]

keeks (pound) cake [(paund) keik]

keel (kehaosa) tongue [tang]; (suhtlemisvahend) language ['längwidž]; (pillil) string; ~t peksma gossip ['gosip]

keelama forbid [fë'bid]; **suitsetamine keelatud!** no smoking! [nou 'smouking]

keeld prohibition [prohi'bišën]; ban [bän]

keelduma refuse [ri'fjuuz]

keelekursus language course ['längwidž koos]

keelemurre dialect ['daiëlëkt]

keeleteadlane linguist ['lingwist]

keeleteadus linguistics [lin-'gwistiks]

keeleõpe language training ['längwidž 'treining]

keelkond family of languages ['fämili ëv 'längwidžiz]

keelpill string instrument ['string 'instrëmënt]

keeluseadus prohibition [pro-hi'bišën]

keema boil; (toidu kohta) cook [kuk]

keemia chemistry ['kemistri]

keemik chemist ['kemist]

keemiline chemical ['kemikël]; ~ puhastus dry cleaning [drai 'kliining]; **keemilised lokid** permanent wave ['pöömënënt weiv]

keerama turn [töön]; **kella üles** ~ wind up a watch [wain ap ë wotš]

keeruline complicated ['komp-likeitid]

keetja cooker ['kukë]

keetma boil; (toitu) cook [kuk]

keevitaja welder ['weldë]

keevitama weld [weld]

keha body [bodi]

kehakultuur athletics [äth'letiks]

kehaline physical ['fizikël]; ~ kasvatus physical education ['fizikël edju'keišën]

kehaosa part of the body [paat ëv dhë bodi]

kehastama embody [im'bodi]

kehtestama establish [is'täb-liš]; (seadusaktiga) enact [in'äkt]

kehtetu invalid [in'välid]

kehtiv valid ['välid]

kehv poor [puë]

keiser emperor ['empërë]

keisrinna empress ['empris]

kelder cellar ['selë]

keldrikorrus basement ['beismënt]

kelgutama sledge [sledž]

kelk sledge [sledž]

kelkima boast [boust]

kell (kõlisti) bell; clock [klok]; (käe~) watch [wotš]

kellaaeg the time [dhë taim]

kellassepp watchmaker ['wotšmeikë]

kellukas bell-flower [bel flauë]

kelm swindler ['swindlë], *kõnek.* crook [kruk]

kelner waiter ['weitë]

kena nice [nais]

kentsakas strange ['streindž]; (naljakas) funny ['fani]

kepp stick [stik]; (jalutus~) cane [kein]

keraamika ceramics [si'rämiks]

kere (keha) body [bodi]

kerge (kaalult) light [lait]; (hõlpus) easy [iizi]

kergejõustik track and field [träk änd fiild]

kergelt lightly ['laitli]; (hõlpsasti) easily ['iizili]

kergemeelne light-minded ['laitmaindid], careless ['keëlis]

kergendama lighten ['laitën]; (hõlbustama) make easier [meik 'iizië]

kergendus relief [ri'liif]

kergesti easily ['iizili]

kergetööstus light industry [lait 'indastri]

kergeusklik credulous ['kredjulës]

kerjama beg

kerjus beggar ['begë]

kerkima rise [raiz]; (esile ~) crop up [krop ap]

kes who [hu]; **kelle** whose [huuz]; **keda** whom [huum]

kese centre ['sentë]

keskaeg the Middle Ages [dhë 'midl 'eidžiz]

keskaegne medieval [medi'ivël]

keskealine middle-aged [midl eidžd]

keskenduma concentrate ['konsëntreit], focus ['foukës]

keskeriharidus secondary vocational education ['sekëndëri ve'keišënël edju'keišën]

keskharidus secondary education ['sekëndëri edju'keišën]

keskkond environment [in-'vairënmënt]

keskkool *Br.* secondary school ['sekëndëri skuul]; *US.* high school [hai skuul]

keskküte central heating ['sentrël 'hiiting]

kesklinn downtown ['dauntaun]

keskmine medium ['miidiëm]; (läbistikune, keskpärane) average ['ävëridž]; (keskne) central ['sentrël]

keskmiselt on the average [on dhi 'ävëridž]

keskne central ['sentrël]

keskpank central bank ['sentrël bänk]

keskpäev noon [nuun]

keskpärane average ['ävëridž]

keskus centre ['sentë]

keskvalitsus central government ['sentrël 'gavënmënt]

kesköö midnight ['midnait]

kest shell [šel]

kestel during ['djüring]

kestev lasting ['laasting], durable ['djuurëbl]

kestma (vältama) last [laast]; (vastu pidama) endure [in-'djuë]

kestus duration [dju'reišën]

kestvus durability [djurë'biliti]

ketas disk (*or* disc) [disk]; (telefonil) dial [daiël]

ketrama spin

ketsid gaiters ['geitëz]

ketšup ketchup ['ketšap]

kett chain [tšein]

kevad spring

kibe bitter ['bitë]

kibuvits brier ['braië]; ~amari hip

kidakeelne tongue-tied ['tang-taid]

kihelema itch [itš]

kihelkond parish ['päriš]

kihiline in layers [in leiëz]

kihluma become engaged (to smb.) [bi'kam in'geidžd]

kihlus engagement [in'geidž-mënt]

kihlvedu, kihla vedama bet

kiht layer [leië]; (ühiskonna~) social group ['soušël gruup]

kihutama (ässitama) agitate ['ädžiteit]; (tormama) rush [raš]

kiigutama swing [swing], rock [rok]

kiik swing

kiiktool rocking-chair ['ro-kingtšeë]

kiikuma swing; rock [rok]

kiindumus affection [ë'fekšën] (for)

kiir /kiire/ ray [rei], beam [biim]

kiirabi first aid [fööst eid]; ~auto ambulance (car) ['ämbjulëns kaa]

kiire quick [kwik], fast [faast]; (kiireloomuline) urgent

kiirendama 74

['öödžënt]; **mul on** ~ I am in a hurry [ai äm in ë 'hari]; **pole** ~**t** there is no hurry [nou hari]

kiirendama accelerate [äk'se-lëreit]

kiirendus acceleration [äkselë-'reišën]

kiiresti quickly ['kwikli]

kiirgus radiation [reidi'eišën]

kiirkiri shorthand ['šoothänd]

kiirkursus intensive course [in'tensiv koos]

kiirpost express mail [iks'pres meil]

kiirrong express train [iks-'pres trein]

kiirtee speedway ['spiidwei]

kiirtelegramm urgent ['öödžënt] (*or* express) tel-egram [iks'pres 'teligräm]

kiirtoit(lustus) fast food [faast fuud]

kiirus speed [spiid]; ~**emõõtja** speedometer [spi'domitë]; ~**epiirang** speed limit [spiid 'limit]

kiirustama hurry ['hari]

kiitlema boast [boust]

kiitma praise [preiz]; **heaks** ~ approve [ë'pruuv] (of smth.)

kiiver helmet ['helmit]

kile plastic ['plästik]

kilejope blazer ['bleizë], wind-breaker ['windbreikë]

kilekott plastic bag ['plästik bäg]

kilo(gramm) kilogram(me) ['kilëgräm]

kilomeeter kilometre ['kilëmiitë]

kilp shield [šiild]

kilpkonn turtle [töötl]

kilu (Baltic) sprat [booltik sprät]

kimp bunch [bantš]

kindel firm [fööm]; (kindlasti veendunud) sure [šuë]; (ohutu) safe [seif]; ~ **olema** be sure [bi šuë]; **kindlaks määrama** fix [fiks]

kindlasti surely ['šuëli]

kindlus 1. (kindelolek) cer-tainty ['söötënti]; (enese~) confidence ['konfidëns]; **2.** (kindlustatud koht) fortress ['footris]

kindlustama (tugevdama) strengthen ['strenthën]; (ta-gama) guarantee [gärën'tii]; (elu, vara) insure [in'šuë]

kindlustus (elu~, vara~) insur-ance [in'šuëröns]; ~**poliis** insurance policy [in'šuëröns 'polisi]

kindlustusselts insurance company [in'šuëröns 'kam-pëni]

kindral general [´dženërël]

king shoe [šuu]; **~akonts** heel [hiil]; **~akreem** shoe-polish [´šuu ´poliš]; **~apael** shoe-lace [šuu leis]

kingitus gift

kingsepp shoemaker [´šuu-´meikë]

kinkima make a present [meik ë ´prezënt]

kinni (suletud) closed [klouzd]; (hõivatud) busy [´bizi]; **mu nina on** ~ my nose is clogged up [mai nouz iz klogd ap]; ~ **hoidma** hold on [hould on] (to); **number on** ~ the line is busy [lain iz ´bizi]

kinnine closed [klouzd]; ~ **koosolek** closed meeting [´klouzd ´miiting]; **kinniste uste taga** behind closed doors [bi´haind klouzd dooz]

kinnisidee fixed idea [fikst ai´dië], idee fixe [i´dee fiks]

kinnistu real estate (unit) [riël is´teit (juunit)]

kinnisvara real estate; **~büroo** real estate agency [riël is´teit ´eidžënsi]

kinnitama *ka jur.* confirm [kën´fööm]; (kinnistama) attach [ë´tätš]; (väitma) affirm [ë´fööm]; (heaks kiitma) approve [ë´pruuv]

kinnitus confirmation [kon-fë´meišën]; (kinnistus) fastening [´faasëning]

kino cinema [´sinimë], *US.* the movies [muuviz]

kints thigh [thai]; (praetükina) leg

kiosk booth [buudh], kiosk [ki´osk]

kipitama burn [böön]

kips gyps(um) [džips]; (kipsi-segu) plaster [´plaastë]; **~kuju** plaster figure [´plaastë ´figë]; **~lahas** *med.* plaster cast [´plaastë kaast]

kirev variegated [´veërigeitid]

kirg passion [´päšën]

kirglik passionate [´päšënët]

kiri letter [´letë]

kirik church [tšöötš]

kiriklik clerical [´klerikël]

kirikuõpetaja clergyman [´klöödžimän] (*pl.* -men), (church) minister [tšöötš ´ministë]

kirjakandja postman [´poust-män] (*pl.* -men), *US.* mail-man [´meilmän]

kirjakeel written language [´ritën ´längwidž]

kirjaklamber paper clip [´peipë klip]

kirjalik

kirjalik written ['ritën]
kirjand essay ['esei]
kirjandus literature ['litritšë]
kirjanik writer ['raitë]
kirjaoskaja literate ['litërit]
kirjaoskamatu illiterate [i'litërit]
kirjaoskamatus illiteracy [i'litërësi]
kirjaoskus literacy ['litërësi]
kirjaplokk writing-pad ['raitingpäd]
kirjastaja publisher ['pablišë]
kirjastama publish ['pabliš]
kirjastus publishing house ['pablišing haus]
kirjavahetus correspondence [koris'pondëns]
kirjaümbrik envelope ['enviloup]
kirjeldama describe [dis'kraib]
kirjeldus description [dis'kripšën]
kirju multicoloured ['maltikalëd]
kirjutama write [rait]; **kuidas te seda kirjutate?** how do you spell it?; **alla ~ sign** [sain] (one's name); **ümber ~ copy** [kopi]
kirjutus: ~**masin** typewriter ['taipraitë]; ~**tarbed** writing-supplies ['raiting së'plaiz]
kirp flea [flii]

kirre north-east [noothiist]
kirsipunane cherry(-red) ['tšeri (red)]
kirss cherry ['tšeri]
kirst chest [tšest]; (puusärk) coffin ['kofin]
kiruma curse [köös]
kirurg surgeon ['söödžën]
kirurgia surgery ['söödžëri]
kirves axe [äks]
kisa cry [krai]
kisama cry (out) [krai (aut)]
kiskuma tear [tië]
kissell (liquid) fruit-jelly ['fruut 'dželi]
kitarr guitar [gi'taa]
kits goat [gout]
kitsas narrow ['närou]; (rõiva kohta) tight [tait]
kitsendama narrow ['närou]; (piirama) restrict [ris'trikt]
kitsi stingy ['stindži]
kittel smock [smok]
kiud fibre ['faibë]
kiusama tease [tiiz]; **taga ~** persecute ['pöösikjuut]
kiusatus temptation [tem'teišën]
kivi stone [stoun]
kivine stony [stouni], rocky ['roki]
kivisüsi coal [koul]
kiviõli mineral oil ['minerël oil]

klaarima (selgitama) clarify ['klärifai]

klaas glass [glaas]

klaasipuhastaja wind-screen wiper ['windskriin 'waipë]

klaasuks glass door [glaas doo]

klahv key [kii]

klamber (kinnitus~) clamp [klämp]; (kirja~) clip; (juukse~) (hair) clipper [heë 'klipë]

klapp (rõival *jms.*) flap [fläp]; *tehn.* valve [välv]

klappima (sobima) fit (in)

klarnet clarinet [kläri'net]

klass class [klaas]; (õpiaasta) form [foom], *US.* grade [greid]

klassifitseerima classify ['kläsifai]

klassik classic ['kläsik]

klassikaaslane classmate ['klaasmeit]

klassikaline classical ['kläsikël]

klatš gossip ['gosip]

klausel clause [klooz]

klaver piano ['piaanou] (*pl.* -os)

klaviatuur keyboard ['kiibood]

kleebis, kleeps sticker ['stikë]

kleepima stick [stik]

kleeplint Scotch tape [skotš teip]

kleepplaaster sticking ['stiking] (*or* adhesive) tape [ëd'hiisiv teip]

kleit dress

klient client ['klaiënt]; (alatine ostja) customer ['kastëmë]

klientuur customers ['kastëmëz]

kliima climate ['klaimit]

kliinik clinic ['klinik]

kliiring clearing ['kliiring]

klooster (munga~) monastery ['monëstëri]; (nunna~) convent ['konvënt]

kloppima beat [biit]; **mune vahule** ~ beat (up) eggs [biit ap egz]

klosett toilet ['toilët]

klubi club [klab]

knopka = rõhknael

koalitsioon coalition [kouë-'lišën]

kobar bunch [bantš]

kobra cobra ['koubrë]

koda (ees~) hall [hool]; (parlamendis) chamber ['tšeimbë]

kodakondsus citizenship ['sitizënšip]

kodanik citizen ['sitizën]

kodanikuõigused civic rights ['sivik raits]

kodanlik 78

kodanlik bourgeois [´buëž-waa]

kodu home [houm]; **~kord** regulations [regju´leišënz]; **~loom** domestic animal [do´mestik ´änimël]; **~maa** native country [´neitiv ´kantri]

koduigatsus home-sickness [´houmsiknis]

kodune domestic [dë´mestik]; (õdus) homy [houmi]; (koduspüsiv) home-keeping [´houmkiiping]

koduperenaine housewife [´hauswaif] (*pl.* -wives) [waivz]

kodusõda civil war [´sivil woo]

kodutu homeless [´houmlis]

koefitsient coefficient [koui-´fišënt], index [´indeks]

koer dog

kogelema stammer [´stämë]

kogema experience [iks´pië-riëns]

kogemata accidentally [äksi-´dentëli]

kogemus experience [iks´pië-riëns]

kogenematu inexperienced [iniks´pieriënst]

kogenud experienced [iks´pië-riënst]

kogu (esemeid) collection [kë-´lekšën]; (isikuid) assembly [ë´sembli]

kogu (terve) (the) whole [houl]; (täis-) total [´toutël]; ~ **maa-ilm** the whole world

kogudus congregation [kon-gri´geišën]

kogukaal total (*or* gross) weight [´toutël weit]

kogukäive total sales [seilz]

koguma collect [kë´lekt], gather [´gädhë]; **end** ~ pull oneself together [pul wan´self të-´gedhë]

kogumik collection [kë´lekšën]

kogunema assemble [ë´sembl]

koguni (täiesti) quite [kwait]; (isegi) even [iivën]

koguprodukt: rahvuslik ~ gross national product [´grous ´näšënël prodakt], *kõnek.* G.N.P. [džii en pii]

kogus amount [ë´maunt]

kogutoodang total output [toutël ´autput]

koha pike-perch [´paikpöötš]

kohal 1. *adv.* present [´preznt]; ~ **olema** be present [bi ´preznt]; **2.** *postp.* over [ouvë], above [ë´bav]; **laua** ~ above the table

kohaldama (rakendama) apply [ë´plai]

kohale: ~ **ilmuma** turn up [töön ap]; ~ **jõudma** arrive [ë´raiv]; ~ **kutsuma** summon [´samën]; ~ **toimetama** transport [trans´poot], deliver [di´livë]

kohalejõudmine arrival [ë´raivël]

kohalik local [´loukël]

kohalolek presence [´prezëns]

kohandama adapt [ë´däpt]

kohane appropriate [ë´propriët]; (vastav) adequate [´ädikwit]; (sobiv) suitable [´sjuutëbl]

kohanema adapt [ë´däpt]

kohapeal on the spot

kohasoovija applicant [´äplikënt]

kohati occasionally [ë´keižënëli]

kohatu (ebakohane) inappropriate [inë´propriët]; (sobimatu) unsuitable [an´sjuutëbl]

kohe at once [ät wans]

kohene immediate [i´miidiët]

kohev fluffy [´flafi]

kohin rustle [rasl]

kohkuma be frightened [bi ´fraitënd]

kohkunud frightened [´fraitënd]

kohmakas clumsy [´klamzi]

kohmetu (külmast kange) numb(ed) [nam]; (jahmunud) perplexed [pë´plekst]

kohmetus (külma tagajärjel) numbness [´namnis]; (ebamugavus) embarrasment [im´bärësmënt]

koht place [pleis]; (ehituseks *jms.*) site [sait]; (asu~) location [lou´keišën]; (teenistus~) job [džob]; **vaba** ~ vacant place [´veikënt pleis] (*or* seat) [siit]; (vaba ameti~) vacancy [´veikënsi]

kohta *postp.* about [ë´baut]; per [pë]; **ma ei tea selle** ~ **midagi** I know nothing about that; **see ei käi teie** ~ this does not apply to you [dhis daz not ë´plai të ju]; **ühe elaniku** ~ per capita [pë ´käpitë]

kohting *kõnek.* date [deit]

kohtlema treat [triit]

kohtualune (kriminaalprotsessis) the accused [dhë ë´kjuuzd]; (tsiviilprotsessis) defendant [di´fendënt]

kohtuasi lawsuit [´loosjuut], (kriminaal~) trial [´traiël]

kohtuistung sitting [´siting] (*or* session) of the court [(´sešën) ëv dhë koot]

kohtulik judicial [džu´dišël]

kohtuma

kohtuma meet [miit]
kohtumine meeting [´miiting]
kohtunik judge [džadž]; *sport.* referee [refë´rii]
kohtuotsus court decision [koot di´sizën], (tsiviilasjas) judg(e)ment [´džadžmënt]; (kriminaalasjas) sentence [´sentëns]
kohtuprotsess (kriminaalasjas) trial [traiël], (tsiviilasjas) lawsuit [´loosjuut]
kohupiim cottage cheese [´kotidž tšiiz]; **~akook** cheese-cake [´tšiizkeik]
kohus /kohtu/ court [koot]; **kohut mõistma** judge [džadž]; **kohtusse kaebama** sue [sjuu]
kohus /kohuse/ duty [djuuti]
kohusetruu dutiful [´djuutiful], conscientious [konši´enšës]
kohusetunne sense of duty [sens ëv djuuti]
kohusetäitja acting [´äkting]; **direktori ~** acting director [´äkting di´rektë]
kohustama oblige [ë´blaidž]; **kohustatud olema** be obliged [bi ë´blaidžd]
kohustus obligation [obli´geišën]

kohustuslik obligatory [ë´bligëtëri]
kohutama frighten [´fraitën]
kohutav terrible [´teribl]
kohv coffee [´kofi]
kohver suit-case [´sjuutkeis]
kohvik cafe [´käfei], coffee-house [´kofihaus]
kohvimasin coffee machine [´kofi më´šiin]
kohviuba coffee-bean [´kofi-biin]
kohviveski coffee-grinder [´kofi ´graindë]
koi (clothes-)moth [moth]
koit dawn [doon]
kokaiin cocaine [kou´kein]
kokaraamat cook-book [kuk buk]
kokk cook [kuk]
kokku together [të´gedhë]; in all [in ool]; **kõik ~** all together [ool të´gedhë]; **~ hoidma** (säästma) save [seiv]; (ühte hoidma) hold together [hould të´gedhë]; **~ kutsuma** call together [kool të´gedhë]; **~ leppima** agree [ë´grii]; **~ minema** (riide kohta) shrink [šrink]; **~ ostma** buy up [bai ap]; **~ rääkima** arrange (beforehand) [ë´reindž bi´foohänd];

kolmandik

~ **saama** meet [miit]; ~ **sattuma** coincide [kouin´said]; ~ **varisema** collapse [kë´läps]; ~ **võtma** (summeerima) sum up [sam ap]; **ennast** ~ **võtma** pull oneself together [pul wan´self të´gedhë]

kokkuhoid saving [´seiving], economy [i´konëmi]

kokkuhoidlik economical [ikë´nomikël]

kokkulepe agreement [ë´griimënt]; (riikidevaheline ~) convention [kën´venšën]

kokkupandav prefabricated [´pri´fäbrikeitid]

kokkupuude contact [´kontäkt]

kokkupõrge collision [kë´ližën]; (tüli) conflict [´konflikt]

kokkusattumus coincidence [kou´insidëns]

kokkutulek reunion [ri´juuniën], convention [kën´venšën]

kokkuvõte summary [´samëri]

kokkuvõtteks in brief [in briif]

kokteil cocktail [´kokteil], (jäätise~) milk shake [´milkšeik]

kokutama stutter [´statë]

kole *adj.* horrible [´horibl]; (inetu) hideous [´hidiës]

kolhoos collective farm [kë´lektiv faam]

kolhoosnik collective farmer [kë´lektiv ´faamë]

koli lumber [´lambë]

kolima move [muuv] (to a new place); **sisse** ~ move in [muuv in]

kolimine move [muuv]

kolin rumble [rambl]

kolisema rumble [rambl]

kolju skull [skal]

kollane yellow [´jelou]; ~ **ajakirjandus** yellow press

kollatõbi jaundice [´džoondis]

kolle fireplace [´faiëpleis]

kolledž college [´kolidž]

kolleeg colleague [´koliig]

kollektiiv staff [staaf]; ~**leping** collective agreement [kë´lektiv ë´griimënt]

kollektiivne collective [kë´lektiv]

kollektiviseerima collectivize [kë´lektivaiz]

kollektsionäär collector [kë´lektë]

kollektsioon collection [kë´lekšën]

kollokvium colloquium [kë´lokwiëm]

kolmandik third [thööd]

kolmekuningapäev the Epiphany [i´pifëni]

kolmik triplet [´triplit]

kolmnurk triangle [´traiängl]

kolmveerand three quarters [thrii ´kwootëz]; **kell on ~ kaheksa** it is a quarter to eight [ë ´kwootë të eit]

kolonisaator colonizer [´kolënaizë]

koloniseerima colonize [´kolënaiz]

kolonn column [´kolëm]

koloonia colony [´kolëni]

koloriit colouring [´kalëring]

kolossaalne huge [hjuudž]

komandanditund curfew [´kööfjuu]

komandant commandant [komën´dänt]; (valvur) warden [´woodën]

komandeering business trip [´biznis trip]; **~uraha** travel allowance [´trävël ë´lauëns]

kombain combine [´kombain] (harvester)

kombetalitus ceremony [´serimëni]; (usuline ~) ritual [´ritjuël]

kombinaat (integrated) plant [´intëgreitid plaant]

kombinatsioon combination [kombi´neišën]

kombinee slip

kombineerima combine [këm-´bain]

kombinesoon overall [´ouvërool]

komisjon commission [kë-´mišën]; **~ikauplus** second-hand shop [´sekëndhänd šop]; **~itasu** commission (fee) [kë´mišën (fii)]

komistama stumble [stambl]

komitee committee [kë´miti], board [bood]

komme custom [´kastëm]; **head kombed** good manners [guud ´mänëz]; **sel kombel** this way [dhis wei]

kommentaar comment(ary) [´komëntëri]

kommentaator commentator [´komënteitë]

kommenteerima comment [´komënt] (on, upon)

kommerts commerce [´komöös]; *adj.* commercial [ko´mööšël]; **~direktor** sales manager [´seilz ´mänidžë]

kommertspank commercial bank [ko´mööšël bänk]

kommunaalteenused municipal services [mju´nisipël ´söövisiz]

kommunism communism [´komjunizm]

kommunist communist [ˈkom-junist]

kommutaator (kodukesk-jaam) switchboard [ˈswitš-bood]

kommünikee communique [keˈmjuunikei]

kompaktne compact [ˈkom-päkt]

kompanii company [ˈkam-pëni]

kompanjon (kaaslane) com-panion [këmˈpänjën]; (äri-osanik) partner [ˈpaatnë]

kompensatsioon compensa-tion [kompenˈseišën]

kompenseerima compensate [ˈkompenseit]

kompetentne competent [ˈkompitënt]

kompetents competence [ˈkom-pitëns]

kompleks complex [ˈkomp-leks]

komplekt set

komplekteerima complete [këmˈpliit]

komplikatsioon complication [kompliˈkeišën]

kompliment compliment [ˈkomplimënt]

komplitseeritud complicated [ˈkomplikeitid]

komponent component [këm-ˈpounënt]

kompositsioon composition [kompëˈzišën]

komposteerima (piletit) punch [pantš]

kompott stewed fruit [stjuud fruut]

kompress compress [ˈkom-pres]

kompressor compressor [këm-ˈpresë]

kompromiss compromise [ˈkomprëmaiz]

kompromiteerima compro-mise [ˈkomprëmaiz]

kompvek *Br.* sweets [swiits], *US.* candy [ˈkändi]

komöödia comedy [ˈkomëdi]

kondiiter confectioner [kën-ˈfeksënë]

kondiitritooted pastry [ˈpeistri]

kondiitriäri pastry shop [ˈpeistri šop]

kondine bony [bouni]

konditsioneer air conditioner [eë kënˈdišënë]

konduktor conductor [kën-ˈdaktë]

konfidentsiaalne confidential [konfiˈdenšël]

konfiskeerima confiscate [ˈkonfiskeit]

konflikt 84

konflikt conflict [´konflikt]
konföderatsioon confederation [konfedé´reišën]
kongress congress [´kongrës]
koni *kõnek.* (cigarette) butt [bat]
konjak cognac [´konjäk], brandy [´brändi]
konjunktuur market situation [´maakit sitju´eišën]
konkreetne concrete [´konkriit]
konks hook [huk]
konkureerima compete [këm´piit]
konkurent competitor [këm´petitë]
konkurents competition [kompë´tišën]
konkurss contest [´kontëst]
konn frog
konserv canned (*or* tinned [tind]) food [känd fuud]
konservant preservative [pri´zöövëtiv]
konservatiivne conservative [kon´söövëtiv]
konservatoorium conservatoire [kon´söövëtwaa], *US.* conservatory [-tëri]
konserveerima preserve [pri´zööv]
konservikarp (preserve) tin, *US.* can [pri´zööv kän]

konsistoorium consistory [kën´sistëri]
konspekt (study) notes [nouts]
konspekteerima take notes [teik nouts]
konstaabel constable [´konstëbl]
konstitutsioon constitution [konsti´tjuušën]
konstitutsiooniline constitutional [konsti´tjuušënël]
konstrueerima construct [këns´trakt]
konstruktiivne constructive [këns´traktiv]
konstruktor constructor [këns´traktë]
konsul consul [´konsël]
konsulaat consulate [´konsjulit]
konsultant consultant [kën´saltënt]
konsultatsioon consultation [kënsal´teišën], advice [ëd´vais]
konsulteerima consult [kën´salt]
kont bone [boun]
kontakt contact [´kontäkt]; ~**is olema** be in touch with smb. [bi in tatš]; ~**läätsed** contact lenses [´kontäkt ´lensiz]
konteiner container [kën´teinë]

kontekst context ['kontekst]

kontinent continent ['kontinënt]

kontinentaalne continental [konti'nentël]

konto account [ë'kaunt]

kontor office ['ofis]; **~ihoone** = **büroohoone**

kontrabass double bass [dabl baas]

kontrast contrast ['kontraast]

kontroll (kontrollimine) control [kën'troul], inspection [ins'pekšën]; (kontrollija) controller [kën'troulë]

kontrollima check [tšek], control [kën'troul]

kontrolltöö test

kontrolör inspector [ins'pektë]; (pileti~) ticket-collector ['tikit kë'lektë]

konts heel [hiil]

kontsaplekk heel-piece ['hiilpiis]

kontsentratsioon concentration [konsën'treišën]

kontseptsioon conception [kon'sepšën], concept ['konsept]

kontserdisaal concert hall ['konsët hool]

kontsern (business) concern [kën'söön]

kontsert concert ['konsët]; (soolo ~) recital [ri'saitl]

konveier conveyer [kën'veië]; **~liin** assembly line [ë'sembli lain]

konverents conference ['konfërëns]

konverteeritav convertible [kon'vöötëbl]

konverter converter [kon'vöötë]

koobas cave [keiv]

kood code [koud]

koodeks code [koud]

kook cake [keik]

kookospähkel coco-nut ['koukounat]

kool school [skuul]

kooliaasta school-year ['skuuljeë]

koolikohustus compulsory education [këm'palsëri edju'keišën]

koolilaps schoolchild ['skuultšaild] (*pl.* children) ['tšildrën]

koolitama train [trein]

koolitus training ['treining]

koolivaheaeg vacation [vë'keišën], *US.* recess [ri'ses], break [breik]

koolivend, -õde school-mate ['skuulmeit]

kooliõpilane schoolboy ['skuul-boi], schoolgirl ['skuulgööl]

koolkond school [skuul]

koomiline comic(al) ['komikël]; funny ['fani]

koondama (keskendama) concentrate ['konsëntreit]; (kärpima) reduce [ri'djuus]; (töötajat) lay off [lei of]

koondis association [ësousi-'eišën]; *sport.* team [tiim]

koonduma (kogunema) assemble [ë'sembl]; (keskenduma) focus ['foukës]

koonduslaager concetration camp [konsën'treišën kämp]

kooperatiiv co-operative [kou'opërëtiv]

kooperatiivkorter co-operative flat [kou'opërëtiv flät], *US.* condominium [kondë'minjëm]

koopia copy ['kopi]; *fot.* reprint ['rii'print]

koor /koore/ (puuviljal, kartulil) peel [piil]; (puul) bark [baak]; (munal, pähklil) shell [šel]; (piimal) cream [kriim]

koor /koori/ (laulu~) choir ['kwaië]

koordineerima co-ordinate [kou'oodineit]

koorekohv coffee with cream ['kofi widh 'kriim]

koorem load [loud]

koorijuht conductor [kën'daktë]

koorilaul choral song ['korël song] (*or* singing)

koorima (puuvilja, kartulit jms.) peel [piil]

koormus load [loud]; **täie ~ega õppejõud** full-time teacher [ful taim tiitšë]

koos together [të'gedhë]; (with)

kooskõla harmony ['haamëni]; **~s** in accordance (with) [in ë'koodëns]

kooskõlastama coordinate [kou'oodineit]

koosnema consist [kën'sist] (of)

koosolek meeting ['miiting]; **~u juhataja** chairman ['tšeëmän]

koosseis (isikuline ~) personnel [pöösë'nel], staff [staaf]

koostama make up [meik ap], compile [këm'pail]

koostis composition [kompë'zišën]; **~osa** component [këm'pounënt]

koostöö co-operation [kouopë-'reišën]

koosviibimine party [paati]

kopeerima copy [kopi]

kopeerimismasin copy machine [kopi më'šiin]

kopeerpaber carbon paper ['kaabën peipë]

korras

kops lung [lang]

kopsupõletik pneumonia [nju´mounië]

koputama knock [nok]

kord /korra/ **1.** order [oodë]; (riigi~) system [´sistëm]; **2.** (järje~) turn [töön]; (puhk) occasion [ë´keižën]; **teie ~** your turn [joo töön]; **esimest ~a** for the first time [fööst taim]; **üks ~** once [wans]; **mitmel korral** on several occasions

kordama repeat [ri´piit];

kordaminek success [sëk´ses]

kordamööda in turns [in töönz]

korduma repeat [ri´piit]

kordumatu unique [ju´niik]

kordusõppus military training for reserve [´militëri ´treining fo ri´zööv]

korduvalt repeatedly [ri´piitidli]

koreograafia choreography [kori´ogrëfi]

korgitser corkscrew [´kookskruu]

koridor corridor [´koridoo]

koristaja cleaner [kliinë]

koristama (tuba) clean up [kliin ap]; (saaki) harvest [´haavist]

korjama gather [´gädhë]; (noppima) pick [pik]; (koguma) collect [kë´lekt]

korjandus money raising [´mani ´reizing]

kork cork [kook]; (õnge~) float [flout]; (kaitse~) fuse [fjuuz]; (pudeli~) cap [käp]

korporatsioon corporation [koopë´reišën], (students´) corps [(´stjuudënts) koo] (*pl.* corps) [kooz]

korraga together [të´gedhë]; (samal ajal) at the same time [ät dhë seim taim]; (äkki) suddenly [´sadënli]

korraks for a moment [for ë ´moumënt]

korral *postp.* in (the) case of [in keis ëv]

korralagedus disorder [dis´oodë]

korraldama organize [´oogënaiz], arrange [ë´reindž]

korraldus order [oodë]

korralik orderly [´oodëli]

korrapärane regular [´regjulë]

korrapäratu irregular [i´regjulë]

korras in order [in oodë]; **kas kõik on ~ ?** is everything OK? [iz ´evrithing ou´kei]; **~t ära** out of order [aut ëv oodë]

korrastama put in order [put in oodë]

korrektne correct [kë´rekt]

korrektor proof-reader [pruuf riidë]

korrespondent correspondent [koris´pondënt]

korrigeerima correct [kë´rekt], adjust [ë´džast]

korruptsioon corruption [kë-´rapšën]

korrus floor [floo]

korrutama multiply [´malti-plai]

korsten chimney [´tšimni]

korstnapühkija chimney-sweep [´tšimniswiip], (*or* cleaner) [´tšimni ´kliinë]

korter flat [flät], *US.* apartment [ë´paatmënt]

korteriüür rent

korts wrinkle [rinkl]; (riidel) crease [kriis]

kortsus wrinkled [´rinkld]

korv basket [´baaskit]

korvama (hüvitama) compensate [´kompënseit]

korvmööbel wicker furniture [´wikë ´föönitšë]

korvpall basketball [´baaskët-bool]

kosjad match-making [´mätš-meiking]

kosk waterfall [´wotëfool]

kosmeetika cosmetics [koz-´metiks]; **~tarbed** cosmetics

kosmeetiline cosmetic [koz-´metik]

kosmonaut astronaut [´ästrë-noot]

kosmopoliit cosmopolitan [kozmë´politën]

kosmopolitism cosmopol-itanism [kozmë´politënizm]

kosmos universe [´junivöös]; **~elaev** space-ship [speis šip]; **~elend** space-flight [speis flait]

kostitama treat [triit]

kostja defendent [di´fendënt]

kostma 1. (vastama) answer [´aansë]; 2. (kuulduma) sound [saund]

kostüüm costume [´kostjuum]; (naiste~) suit dress [sjuut dres]

kosuma recover [ri´kavë]

kosutav refreshing [ri´frešing]

kotkas eagle [iigl]

kotlet chop [tšop]

kott bag [bäg]

kraad degree [di´grii]; **~iklaas** thermometer [thë´momitë]

kraadima take the temperature [teik dhë ´tempritšë]

kraan tap [täp]

kraana crane [krein]

89   **kruus**

kraanikauss (köögis) sink; (vannitoas) wash basin [woš ´beisën]

krabi crab [kräb]

krae collar [´kolë]

krahh crash [kräš], collapse [kë´läps]

kramp (lihaste kokkutõmbus) spasm [späzm]

krediit credit [´kredit]; **~kaart** credit card [´kredit kaad]

krediteerima credit [´kredit]

kreeditor creditor [´kreditë]

kreek damson [´dämzën]

kreem cream [kriim]

krigin crunch(ing) [´krantšing]

kriimustama, kriimustus scratch [skrätš]

kriips line [lain]

kriis crisis [´kraisiz] (pl. -ses)

kriit chalk [tšook]; (joonistus ~) crayon [´kreiën]

kriitik critic [´kritik]

kriitika criticism [´kritisizm]

kriitiline critical [´kritikël]

kriminaalne criminal [´kriminël]

kriminaalromaan detective novel [di´tektiv ´novël]

kringel knot-shaped cracknel [not šeipt ´kräknël] (or pastry) [´peistri], US. pretzel [´pretsël]

kristall crystal [´kristël]

kristlane Christian [´kristjën]

kristlik Christian [´kristjën]

kristlus Christianity [kristi-´äniti]

Kristus Christ [´kraist]

kriteerium criterion [krai-´tiëriën] (pl. -ia)

kritiseerima criticize [´kritisaiz]

krohv, krohvima plaster [´plaastë]

krokodill crocodile [´krokë-dail]

kronoloogia chronology [krë-´nolëdži]

kronoloogiline chronological [kronë´lodžikël]

krookus crocus [´kroukës]

kroomnahk box-calf [boks kaaf], crome leather [´kroum ´ledhë]

kroon crown [kraun], **Eesti ~** Estonian Kroon [es´touniën kroon]

kroonika chronicle [´kronikl]

kroonima crown [kraun]

kroonlühter chandelier [šän-dë´lië], lustre [´lastë]

krunt (maatükk) plot (of land), (ehitus~) building site [´bil-ding sait]

kruus /kruusa/ gravel [´grei-vël]

kruus /kruusi/ mug [mag], cup [kap]

kruvi screw [skruu]

kruvikeeraja screw-driver ['skruudraivë]

kubatuur cubic capacity ['kjubik kë'päsiti]

kude tissue ['tisjuu]; (kangal) weft

kuduma (kangast) weave [wiiv]; (varrastel) knit [nit]

kudumismasin knitting-machine ['niting më'šiin]

kudumisteljed (weaver's) loom [luum]

kudumisvarras knitting-needle ['niting niidl]

kuhi heap [hiip], pile [pail]

kuhjama pile (up) [pail ap]

kuhu where [weë]

kuhugi somewhere ['samweë], anywhere ['eniweë]; **ei ~** nowhere ['nouweë]

kui 1. (ajaliselt) when [wen]; **2.** (tingivalt) if; **3.** (võrdlevalt) than [dhän]; **ma olen vanem ~ teie** I am older than you (are); **4.** (võrdlevalt) as [äz]; **niipea ~** as soon as [äz suun äz]; **5.** (küsivalt) how [hau]; **~ palju** how much [hau matš], how many [hau meni]; **6.** (~ mitte) unless [an'les]

kuid but [bat]

kuidas how [hau]; **~ elate?**, **~ käsi käib?** how are you? [hau aa ju]

kuigi altough [ool'dhou]

kuiv dry [drai]

kuivama dry [drai]

kuivatama dry [drai]

kuivati dryer [draië]; (puidu~) dry kiln

kuivendama drain [drein]

kuivik cracker ['kräkë]

kuju shape [šeip]; (raid~) statue ['stätjuu]; (tegelane) character ['käriktë]

kujundama shape [šeip]

kujunema form [foom], develop [di'velëp]

kujutama (pildil) depict [di'pikt]; (kujutlema) imagine [i'mädžin]; **kujutav kunst** fine art(s) [fain aats]

kujutlema imagine [i'mädžin]

kujutlusvõime imagination [imädži'neišën]

kukal back of the head [bäk ëv dhë hed]

kukk cock [kok]

kukkel bun [ban]

kukkuma fall [fool]; **läbi ~** fail [feil]; **sisse ~** fall in [fool in]

kukutama overthrow [ouvë'throu]

kuld gold [gould]

kuldpulmad golden wedding ['goulden 'weding]

kuldnokk starling ['staaling]

kulg process ['prousës]; **sündmuste** ~ course of events [koos ov i'vents]

kull hawk [hook]

kullassepp goldsmith ['goldsmith]

kullerkupp globe-flower [gloub flauë]

kulm (eye-)brow ['aibrau]

kulminatsioon culmination [kalmi'neišën]

kulmupliiats eyebrow pencil ['aibrau 'pensël]

kulp ladle [leidl]

kultiveerima cultivate ['kaltiveit]

kultus cult [kalt]

kultuur culture ['kaltšë], (põll. ka) crop

kultuuriline cultural ['kaltšërël]

kultuurilugu history of culture ['histëri ëv 'kaltšë]

kultuurimaja community centre [kë'mjuniti sentë]

kultuuripärand cultural heritage ['kaltšërël 'heritidž]

kulu (kulutus) expense(s) [iks'pensiz]; ~**sid kandma** bear the costs [beë dhë kosts] (*or* expenses) [iks'pensiz]; **omal** ~**l** at one's own expense [ät wanz oun iks'pens]

kuluaarid lobby ['lobi]

kulukas expensive [iks'pensiv]

kuluma (riide kohta) wear out [weë aut]; **kulub aega** it takes time [it teiks taim]

kulunud worn out [woon aut]

kulutama spend; (tarbima) consume [kën'sjuum]; (raiskama) waste [weist]

kulutus expenditure [iks'penditšë]

kuma glow [glou]

kumb which [witš] (one)

kumbki either ['aidhë]; **mitte** ~ neither ['naidhë]

kumer convex ['konvëks]

kumm (materjal) rubber ['rabë]; (auto~) tire (*or* tyre) [taië]

kummaline strange ['streindž]

kummardama bow [bou]; (austama) worship ['wööšip]

kummel camomile ['kämëmail]

kummik rubber boot ['rabë buut]

kummitama haunt [hoont]

kummitus ghost [goust]

kummuli upside-down ['apsaid daun]; ~ **minema** overturn [ouvë'töön]

kummut

kummut chest of drawers [tšest ëv drooëz], *US. ka* bureau ['bjuërou]

kuna since [sins]

kunagi once [wans]; **mitte ~** never ['nevë]

kunagine former [foomë]

kuni (ajaliselt) until [an'til]; (ruumiliselt) as far as [äz faar äz]

kuninganna queen [kwiin]

kuningas king

kuninglik royal ['rojël]

kuningriik kingdom ['kingdëm]

kunst art [aat]

kunstikool art school [aat skuul]

kunstiline artistic [aa'tistik]

kunstinäitus art exhibition [aat eksi'bišën]

kunstiteos work of art [wöök ëv aat]

kunstlik artificial [aati'fišël]

kunstnahk imitation leather [imi'teišën 'ledhë]

kunstnik artist ['aatist]

kunstsiid artificial silk [aati-'fišël silk]

kupee compartment [këm'paatmënt]

kupong coupon ['kuupon]

kuppel (hoonel) dome [doum]; (lambi~) lamp-globe [lämp gloub]

kurat devil [devl]

kurb sad [säd]

kurbus sadness ['sädnis]

kurdistama deafen ['defën]

kurg crane [krein]

kuri (paha) evil [iivl], (tige) angry ['ängri]

kurikuulus notorious [nou-'tooriës]

kuristik abyss [ë'bis]

kuritahtlik malicious [mä'lišës]

kuritarvitama abuse [ë'bjuuz]

kuritarvitus abuse [ë'bjuus]

kuritegelik criminal ['kriminël]

kuritegevus crime [kraim]

kuritegu crime [kraim]

kurjategija criminal ['kriminël]

kurjus evil [iivl], (tigedus) anger ['ängë]

kurk /kurgi/ (värske ~) cucumber ['kjuukambë], (hapu~) pickle [pikl]

kurk /kurgu/ throat [throut]

kurnama 1. (läbi kurna laskma) filter ['filtë]; **2.** (väsitama) exhaust [ig'zoost]

kurnatud exhausted [ig'zoostid]

kurss 1. *maj.* rate (of exchange) [reit ëv iks'tšeindž]; **2.** (suund) direction [di'reksën]; **asjaga kursis olema**

93   **kuulma**

be well informed [bi wel in´foomd]

kursus course [koos]

kurt *adj.* deaf [def]

kurtma complain [këm´plein]

kurttumm deaf-mute [def mjuut]

kurv curve [kööv]

kurvastama grieve [griiv]; (kurb olema) be sad [bi säd]

kurvastus grief [griif]

kus where [weë]

kuskil, kuskile somewhere [´samweë]; **mitte ~** nowhere [´nouweë]

kuss! hush! [haš]

kust where from [weë from]

kustuma go out [gou aut]

kustutama put out [put aut]; (kirjutatut) erase [i´reiz]; (laenu) redeem [ri´diim]

kustuti (fire-)extinguisher [(faië) iks´tingwišë]

kušett couch [kautš]

kutse call [kool]; (külla~) invitation [invi´teišën]; (üles~) appeal [ë´piil]

kutsealune *sõj.* draftee [draaf-´tii], conscript [´konskript]

kutseharidus vocational education [vë´keišënël edju´keišën]

kutsekaart invitation card [invi´teišën kaad]

kutse(kesk)kool vocational school [vë´keišënël skuul]

kutseline professional [pro-´fešënël]

kutsikas puppy [´papi]

kutsuma call [kool]; (külla ~) invite [in´vait]

kutsumus mission [´mišën]

kuu 1. (taevakeha) moon [muun]; **2.** (1/12 aastast) month [manth]

kuub coat [kout], jacket [´džäkit]

kuul bullet [´bulit]

kuulaja listener [´lisënë]

kuulajaskond audience [´oodiëns]

kuulama listen [´lisën]

kuuldavasti as they say [äz dhei sei]

kuuldavus audibility [oodi-´biliti]

kuuldus ruomour [ruumë]

kuulekas obedient [ë´biidjënt]

kuuletuma obey [ë´bei]

kuulikindel bullet-proof [´bulitpruuf]

kuulipilduja machine-gun [më´šiin gan]

kuulma hear [hië], **kuulge!** look here! [luk hië]; **sõna ~** obey [ë´bei]; **pealt ~** (juhuslikult) overhear [ouvë´hië]

kuulmine 94

kuulmine hearing ['hiëring]

kuulsus fame [feim]

kuulujutt rumour [ruumë]

kuuluma belong (to) [bi'long]

kuulus famous ['feimës]

kuulutus (teadustus) announcement [ë'naunsmënt]; (ajalehes) advertisement [äd'vöötismënt], *kõnek.* ad [äd]; ~**tahvel** notice-board ['noutisbood]

kuuluvus belonging [bi'longing], (mingisse ühingusse) membership ['membëšip]

kuum hot

kuumakindel heat-proof [hiit pruuf]

kuumavereline hot-blooded ['hotbladid]

kuumus heat [hiit]

kuumutama heat [hiit]

kuup cube [kjuub]

kuupalk monthly wage ['manthli weidž]

kuupilet (season-)ticket [('siizën) 'tikit], *US.* commutation-ticket [komju'teišën 'tikit]

kuupäev date [deit]

kuur I (hoone) shed [šed]

kuur II (ravi) (medical) treatment ['triitmënt]

kuurort health resort [helth ri'zoot]

kuurortlinn holiday resort ['holidei ri'zoot]

kuusk fir(-tree) ['föö(trii)]

kuut (koera~) kennel ['kenël]

kuuvalgus moonlight ['muunlait]

kuvar display [dis'plei]

kvalifikatsioon qualification [kwolifi'keišën]

kvalifitseerima qualify ['kwolifai]

kvalifitseeritud skilled ['skild]

kvaliteet quality ['kwoliti]

kvaliteetne high-quality ['hai 'kwoliti]

kvantiteet quantity ['kwontiti]

kvartal (veerandaasta) quarter ['kwootë]; (linnaosa) *US.* block [blok], *Br.* district ['distrikt]

kvarts quartz ['kwoots]

kviitung receipt [ri'siit]

kvoorum quorum ['kwoorëm]

kvoot quota ['kwoutë]

kõdi tickle [tikl]

kõdi(s)tama tickle [tikl]

kõhklema hesitate ['heziteit]

kõhklemata without hesitation [widh'aut hezi'teišën]

kõhklus hesitation [hezi'teišën]

kõhn thin [thin]

kõht stomach ['stamëk]; **mu ~ on tühi** I am hungry [ai äm

kõrgepinge

'hangri]; **mu ~ on täis** I have eaten enough [ai häv iitën i´nath]

kõhuvalu pain(s) in the stomach [pein in dhë ´stamëk]

kõigepealt first of all [fööst ëv ool]

kõigiti in every (possible) way [in evri wei]

kõigutama shake [šeik]

kõik all [ool]; everything [´evrithing]; everybody [´evribodi]; **meie ~** all of us [ool ëv as]; **~ on kohal** everybody is present [´evribodi iz ´preznt]

kõikjal, kõikjale everywhere [´evriweë]

kõikuma sway [swei], fluctuate [´flaktjueit]

kõla sound [saund]

kõlama sound [saund]

kõlar loudspeaker [´laudspiikë]

kõlav ringing

kõlbama be good enough [bi guud i´nath]; **see ei kõlba kuhugi** this is no good [nou guud]; **kas see kõlbab?** will this do? [wil dhis du]

kõlbeline moral [´morël]

kõlblik suitable [´sjuutëbl]

kõlblus ethics [´ethiks]

kõlbmatu unsuitable [an´sjuutëbl]

kõlvatu immoral [i´morël], unethical [an´ethikël]

kõmu rumour [ruumë]

kõmuline sensational [sen´seišënël]

kõndima walk [wook]

kõne speech [spiitš], (lühike tervitus~) address [ë´dres]; **ei tule ~ allagi** that´s out of the question [aut ëv dhë ´kwestšën]; **~ t pidama** deliver a speech [di´livë ë spiitš]

kõneaine topic [´topik]

kõnealune in question [in ´kwestšën]

kõnekeel spoken language [´spoukën ´längwidž]

kõneleja speaker [spiikë]

kõnelema speak [spiik]

kõnelus talk [took]

kõnetama address [ë´dres]

kõnnitee pavement [´peivmënt], *US.* sidewalk [´saidwook]

kõrb desert [´dezët]

kõrbema burn [böön]

kõrge high [hai]; (pikk) tall [tool]

kõrgendik elevation [eli´veišën]

kõrgepinge high voltage [hai ´voultidž]

kõrgetasemeline

kõrgetasemeline high-level ['hai'levël]

kõrgharidus higher education ['haië edju'keišën]

kõrghoone tower building [tauë 'bilding], office tower ['ofis 'tauë]

kõrgkool university [juni'vöösiti]

kõrgrõhk high pressure [hai 'prešë]

kõrgsagedus high frequency [hai 'friikwënsi]

kõrgus height [hait]; (tiitlina) Highness ['hainis]

kõrgustik heights [haits]

kõri throat [throut]; **~ni** up to the neck [ap të dhë nek]

kõrk arrogant ['ärëgënt]

kõrs straw [stroo]

kõrts pub [pab]

kõrv ear [ië]; (tassil *jms.*) handle [händl]

kõrvaarst ear specialist [ië 'spešëlist]

kõrvakiil slap [släp]

kõrvaklapid headphones ['hedfounz]

kõrval by [bai]; (lähedal) near by [nië bai]

kõrvaldama remove [ri'muuv]

kõrvale aside [ë'said]; **~ hoiduma** keep aside [kiip ë'said]; **~ juhtima** (tähelepanu) distract [dis'träkt]

kõrvalekaldumine deviation [diivi'eišën]

kõrvaline (teisejärguline) secondary ['sekëndëri]; **~ isik** outsider ['autsaidë]

kõrvalmõju side-effect ['said i'fekt]

kõrvaltänav side-street ['saidstriit]

kõrvarõngas ear-ring [ië ring]

kõrvavalu ear-ache [ië eik]

kõrvetama burn [böön]

kõrvits pumpkin ['pampkin]

kõrvulukustav deafening ['defëning]

kõrvutama compare [këm'peë]

kõrvuti side by side [said bai said]

kõva hard [haad]; (tugev) strong; (hääle kohta) loud [laud]

kõvaketas hard disk [haad disk]

kõvasti hard [haad]; (valjusti) loud [laud]

kõõm dandruff ['dändrëf]

käbi cone [koun]

käekell wrist-watch [rist wotš]

käekiri handwriting ['händraiting]

käekott handbag [ˈhändbäg]
käendaja guarantor [ˈqärëntë]
käendus warranty [ˈworënti]
käepide handle [händl]
käepigistus handshake [ˈhänd-šeik]
käepärast at hand [ät händ]
käesolev (the) present [ˈpre-zënt]
käevõru bracelet [ˈbreislit]
kägistama strangle [ˈsträngl]
kägu cuckoo [ˈkukuu]
kähisev hoarse [hoos]
käi grindstone [ˈgraindstoun]
käibekapital working capital [ˈwööking ˈkäpitël]
käibel in circulation [in söökjuˈleišën]
käibemaks sales tax [seilz täks]; (lisaväärtusmaks) value added tax [ˈvälju ˈädid täx], *kõnek.* VAT [ˈvii ei ˈtii]
käigukang gear lever [geë ˈlevë]
käigukast gear-box [geë boks]
käik 1. (kulg) course [koos]; ~**u laskma** launch [loontš], put into operation [put intë opëˈreišën]; **2.** (males) move [muuv]; **3.** (läbi~) passage [ˈpäsidž]; **4.** *tehn.* gear [geë]
käima go [gou]; (kõndima) walk [wook]; **kas te olete**

kunagi Tallinnas käinud? have you ever been to Tallinn?; **koolis** ~ go to school; **alla** ~ degenerate [diˈdženëreit]; **peale** ~ insist [inˈsist]; **käib küll!** that will do! [dhät wil du]
käimla toilet [ˈtoilët]
käis sleeve [sliiv]
käituma behave [biˈheiv]
käitumine behaviour [biˈheivjë]
käive (ringlus) circulation [söökjuˈleišën]; (müügi~) sales [seilz], turnover [ˈtöönouvë]
käivitama start (up) [staat]
kämping camping (site) [ˈkämping (sait)]
känguru kangaroo [kängëˈruu]
käpik(kinnas) mitten [ˈmitën]
käpp paw [poo]
kära noise [noiz]
kärarikas noisy [ˈnoizi]
käratama shout [šaut] (at smb.)
kärbes fly [flai]
kärestik rapids [ˈräpidž]
kärisema tear [tië]
käristama tear [tië]
kärpima curtail [këˈteil], cut [kat]

kärsitu impatient [im´peišënt]

kärsitus impatience [im´peišëns]

käru wheelbarrow [´wiilbärou], (poes, jaamas) trolley [´troli]

käsi hand [händ]; (~vars) arm [aam]; **kuidas ~ käib**? how are you? [hau aa ju]

käsikiri manuscript [´mänjuskript]

käsipakk hand-luggage [händ ´lagidž]

käsipuu handrail [´händreil]

käsiraamat manual [´mänjuël], handbook [´händbuk]

käsitlema (arutama) discuss [dis´kas], (töötlema) process [´prousës]

käsitsema handle [´händl], operate [´opëreit]

käsitsi: ~ **tehtud** hand-made [händ meid]

käsitöö handicraft [´händikraaft]

käsitööline handicraftsman [´händikraaftsmän] (*pl.*-men)

käsivars arm [aam]

käsk order [oodë]

käskima order [oodë]

käskjalg messenger [´mesindžё]

käsn sponge [spondž]

käsutus disposal [dis´pouzël], **minu ~es** at my disposal [ät mai dis´pouzël]

käterätik (hand) towel [händ ´tauël]

kätte: ~ **jõudma** arrive [ë´raiv]; ~ **maksma** revenge [ri´venž]; ~ **saama** receive [ri´siiv]; (kinni püüdma) catch [kätš]

kättemaks revenge [ri´venž]

kättesaadav available [ë´veilëbl]

kättesaamatu inaccessible [inëk´sesëbl]

käänak turn [töön]

käärid scissors [´sizëz]

köha cough [kof]; ~**rohi** cough remedy [´remëdi]

köhima cough [kof]

köide (teose osa) volume [´voljum]

köis rope [roup]

kölni: ~**vesi** Cologne (water) [kё´loun]

köögivili vegetable(s) [´vedži-tёbl(z)]

köök kitchen [´kitšën]

köömen caraway [´kärёwei]

kübar hat [hät]

küberneetika cybernetics [saibё´netiks]

kühvel shovel [´šavёl]

kükitama squat [skwot]

küla village [´vilidž]

külaline guest [gest]

külalisetendus guest perfomance [gest pë´foomëns]

külalislahkus hospitality [hospi´täliti]

külas on a visit [on ë ´vizit]

külaskäik visit [´vizit]

külastaja visitor [´vizitë]

külastama visit [´vizit]

külg side [said]

külgetõmbav attractive [ë´träktiv], magnetic [mäg´netik]

külgetõmbejõud gravitation [grävi´teišën]

küll 1. (küllalt) enough [i´nath]; **2.** (tõesti) indeed [in´diid]

külla: ~ **minema** go on a visit [gou on ë ´vizit]; ~ **kutsuma** invite [in´vait]

küllakutse invitation [invi´teišën]

küllaldane sufficient [së´fišënt]

küllalt enough [i´nath]

küllaltki rather [raadhë]

küllap probably [´probëbli]

küllastunud satiated [´seišieitid]

küllus (ohtrus) abundance [ë´bandëns]

külluslik abundant [ë´bandënt]

külm cold [kould]; **mul on** ~ **I am cold**; ~ **sõda** the cold war [kould woo]

külmakindel frost resistant [frost ri´zistënt]

külmavereline cold-blooded [´kouldbladid], (kindel) composed [këm´pouzd]

külmetama freeze [friiz]

külmetuma catch cold [kätš kould]

külmetus cold [kould]

külmuma, külmutama freeze [friiz]

külmutatud frozen [´frouzn]

külmutuskapp refrigerator [ri´fridžireitë], *kõnek.* fridge [fridž]

külvama sow [sou]

külvimasin seed-drill [siid dril]

kümnevõistlus *sport.* decathlon [di´käthlën]

kündma plough [plau]

küngas hill

künklik hilly [´hili]; ~ **tee** bumpy road [bampi roud]

küps (valminud) ripe [raip]; (liha kohta) (well-)done [(wel) dan]

küpsema (valmima) ripen [´raipën]; (liha kohta) roast [roust]

küpsetama (leiba, kartuleid jms.) bake [beik]; (liha) roast [roust]

küpsetusahi oven [´avën]

küpsetuspulber baking-soda [´beiking ´soudë]

küpsis biscuit ['biskit] *US.* cookie ['kuki]

küpsus maturity [më'tjuëti]

küsima ask [aask]

küsimus question ['kwestšën]; **~tik** questionnaire [kwestšë-'neë]

küsitav questionable ['kwest-šënëbl]

küsitlema question ['kwestšën]

küte heating ['hiiting]

kütja stoker ['stoukë]

kütma heat [hiit]

kütt hunter ['hantë]

kütteõli fuel oil [fjuuël oil]

küttima hunt [hant]

kütus fuel [fjuuël]

küüditama deport [di'poot]

küün barn [baan]

küünal candle ['kändl]; (süüte~) plug [plag]

küünelakk nail polish [neil 'poliš]

küünik cynic ['sinik]

küüniline cynical ['sinikël]

küünistama scratch [skrätš]

küünlajalg candlestick ['kändlstik]

küürakas hunch-back ['hantšbäk]

küürus stooped [stuupt]

küüs nail [neil]

küüslauk garlic ['gaalik]

L

laad (viis) manner ['mänë], sort [soot], kind [kaind]; **seda ~i** of this kind

laadima (veokit) load [loud], (elektriga) charge [tšaadž]

laadung load [loud], (last) cargo [kaagou] (*pl.* -oes)

laager camp [kämp]

laastama devastate ['devësteit]

laat fair [feë]

labasus banality [bë'näliti]

labidas spade [speid]

laborant lab assistant [ë'sistënt]

laboratoorium laboratory [lë'borëtëri], *kõnek.* lab [läb]

lade layer [leië]

ladina Latin ['lätin]; **~ keel** Latin ['lätin]; **~ tähed** Roman letters ['roumën 'letëz]

ladu warehouse ['weëhaus]

ladus (sujuv) smooth [smuudh]; (sorav) fluent [fluuënt]

ladustama store [stoo]

laekur cashier ['käšië], treasurer ['trežërë]

laelamp ceiling lamp ['siiling lämp]

laen loan [loun], credit ['kredit]

lahutus

laenama (laenuks võtma) borrow ['borou]; (laenuks andma) lend, *US.* loan [loun]

laenutama (välja üürima) lend out [lend aut], (üürima) rent, hire [haië]

laev ship [šip]

laevaliin shipping line ['šiping lain]

laevandus navigation [nävi-'geišën], shipping ['šiping]

laevastik fleet [fliit], *sõj.* navy [neivi]

laevatatav navigable ['nävigëbl]

laevatehas shipyard ['šipjaad]

lage (tasane) plain [plein], (tühi) bare [beë]

lagendik plain [plein]

lagi ceiling ['siiling]

lagrits licorice ['likëris]

lagunema fall to pieces [fool të piisiz]; (hoone kohta) dilapidate [di'läpideit]

lahendama solve [solv]

lahendus solution [së'luušën]

lahing battle [bätl]

lahja (toidu kohta) watery ['wootëri]; (joogi kohta) weak [wiik]

lahkarvamus disagreement [disë'griimënt]

lahke kind [kaind]

lahku apart [ë'paat]; ~ **lööma** break off [breik of]; secede [së'siid]; ~ **minema** separate ['sepërit]

lahkulöömine secession [së-'sešën]

lahkuma leave [liiv], depart [di'paat]

lahkumine departure [di-'paatšë]

lahkus kindness ['kaindnis]

lahkusk sect [sekt]

laht gulf [galf]

lahti open ['oupën]; **mis on** ~? what's up? [wots ap]; ~ **laskma** (töölt *jms.*) dismiss [dis'mis]

lahtikäiv (avamist võimaldav) openable ['oupënëbl]; (osadeks eralduv) separable ['sepërëbl]

lahtine open ['oupën]

lahtisti laxative ['läksëtiv]

lahustuv soluble ['soljubl]; ~ **kohv** instant coffee ['instënt 'kofi]

lahutama separate ['sepëreit]; (abielu) divorce [di'voos]; *mat.* subtract [sab'träkt]

lahutamatu inseparable [in'sepërëbl]

lahutus (abielu~) divorce [di'voos]

lai   **102**

lai wide [waid]
laialdane extensive [iks´tensiv]
laid /laiu/ islet [´ailit]
laiekraan wide (vision) screen [´waid (´vižën) skriin]
laiendama, laienema expand [iks´pänd]
laim slander [´slaandë]
laine wave [weiv]
laineala *el.* wave band [weiv bänd]
lainepikkus wave-length [weiv lenth]
laip dead body [ded bodi]
laisk lazy [leizi]
laiskus laziness [´leizinis]
laitma blame [bleim], reprove [ri´pruuv]
laius width [width]
lakk /laki/ varnish [´vaaniš]
lakkama stop
lakkima varnish [´vaaniš]
lakk-king patent-leather shoe [´peitënt ´ledhë šuu]
lakooniline laconic [lä´konik]
lamama lie [lai]
lambaliha mutton [´matën]
lame flat [flät]
lammas sheep [šiip] (*pl.* sheep)
lammutama demolish [di´moliš]; dismantle [dis´mäntl]
lamp lamp [lämp]

langema fall [fool], drop
langetama lower [louë]
langus (allakäik) decline [di´klain]
laostama ruin [ruuin]
laostuma be ruined [bi´ruuind]
lapik flat [flät]
lapp (paik) patch [pätš], (nõude~) dish cloth [´diškloth], (põranda~) mop
laps child [tšaild] (*pl.* children) [´tšildrën]; (väike ~) infant [´infënt]
lapsehoidja baby-sitter [´beibisitë], au pair [ou ´peë]
lapselaps grandchild [´grändtšaild]
lapsepuhkus maternity leave [më´tööniti liiv]
lapsepõlv childhood [´tšaildhuud]
lapsetoetus child allowance [tšaild ë´lauëns]
lapsevanem parent [´peërënt]
lapsevanker pram [präm], *US.* baby carriage [beibi ´käridž]
lapsik childish [´tšaildiš]
laristama (raha raiskama) squander [´skwondë]
laser laser [´leizë]; ~**plaat** compact disc [´kompäkt disk], *kõnek.* CD [´sii´dii]; ~**plaadimängija** CD player

103   **laviin**

['sii'dii 'pleië]; ~**printer** laser printer ['leizë 'printë]

lask shot [šot]

laskma (lubama) let; (relvast) shoot [šuut]

last cargo [kaagou] (*pl.* -oes)

lasteaed kindergarten ['kindëgaatn], nursery school ['nöösëri skuul]

lastekodu orphanage ['oofënidž]

lastesõim day nursery [dei nöösëri]

latern lantern ['läntën]; ~**apost** lamp-post ['lämppoust]

latt rod

latv top

lauakõne toast [toust]

laualamp desk(top)-lamp ['desktop lämp]

lauamäng board-game [bood geim]

lauatennis ping-pong

laud 1. (puitmaterjal) board [bood]; 2. (mööbliese) table [teibl]; (kirjutus~) desk; ~**a katma** lay the table [lei dhë teibl]; ~**a koristama** clear the table [klië dhë teibl]; ~**a istuma** sit down to table; **palun** ~**a!** please take your seats! [pliiz teik jo siits]

laudlina table-cloth ['teiblkloth]

laug eye-lid [ai lid]

laul song

laulatama wed [wed]

laulatus wedding ['weding]; ~**sõrmus** wedding-ring ['we-_ding ring]

laulja singer ['singë]

laulma sing

laulukoor choir ['kwaië]

laululava choir stand ['kwaië ständ]

laulupidu song festival ['song 'festivël]

lauluraamat *kirikl.* hymnal ['himnël]

lauluväljak song festival field ['song 'festivël fiild]

laup forehead ['forid]

laureaat prize-winner ['praiz 'winë]

lause sentence ['sentëns]

laut cattle-shed [kätl šed]; (sea~) pigsty ['pigstai]

lava stage [steidž]

lavakujundus set (*or* sets)

lavakunst stagecraft ['steidžkraaft]

lavastaja (stage-)producer [('steidž) prë'djuusë]

lavastama stage [steidž]

lavastus (stage-)production [prë'dakšën]

laviin avalanche ['ävëlaanš]

lebama 104

lebama lie [lai]
leebe mild [maild]
leedi lady [leidi]
leegitsema blaze [bleiz]
leek flame [fleim]
leer I (laager) camp [kämp]
leer II *kirikl.* confirmation [konfë´meišën]; **~ilaps** confirmee [konfë´mii]
leeritama confirm [kën´fööm]
leetrid measles [´miizlz]
leevendama soothe [suudh]
legaalne legal [´liigël]
legaliseerima legalize [´liigë-laiz]
legend legend [´ledžënd]
legendaarne legendary [´ledžë-dëri]
lehekülg page [peidž]
lehm cow [kau]
leht leaf [liif] (*pl.* leaves) [liivz]; (aja~) (news)paper [´njuuzpeipë]; (paberi~) sheet (of paper) [šiit (of peipë)]
lehter funnel [´fanël]
lehtpuu broad-leaved tree [´broodliivd trii]
lehtsalat lettuce [´letës]
lehvik fan [fän]
leib bread [bred]
leidlik inventive [in´ventiv]
leidma find [faind]; **aset ~** take place [teik pleis]

leiduma be found [bi faund]
leidur inventor [in´ventë]
leige lukewarm [´luukwoom]
lein mourning [´mooning]
leinama mourn [moon]
leiubüroo lost property office [´lost ´propëti ´ofis]; lost and found desk [lost änd faund desk]
leiutaja = leidur
leiutama invent [in´vent]
leiutasu finder's reward [´faindëz ri´wood]
leiutis invention [in´venšën]
lekkima leak [liik]
leksikon lexicon [´leksikën]
lektor lecturer [´lektšërë]
lemmik favourite [´feivërit]
lend flight [flait]; (koolis) **1991. a. ~** class (of) 1991 [klaas (ëv)]
lendama fly [flai]
lendleht leaflet [´liiflit]
lendur pilot [´pailët]
lennujaam airport [´eëpoot]
lennuk plane [plein]
lennukompanii air company [eë ´kampëni]
lennuliin air line [´eëlain]
lennupost air-mail [eë meil]
lennuväli airfield [´eëfiild]
leping agreement [ë´griimënt], contract [´konträkt], (rii-

105   liialdus

kidevaheline ~) treaty [triiti]; ~**uline** contractual [kën-ˈträktjuël]

lepinguosaline contractor [kënˈträktë]

lepitama conciliate [kënˈsilieit]

lepp alder(-tree) [ˈooldë (trii)]

leppima be conciliated (to) [bi kënˈsilieitid]; (läbi ajama) put up (with) [put ap]; **ära ~** make it up [meik it ap] (with *sb.*); **kokku ~** agree [ëˈgrii]

lesk (mees) widower [ˈwidouë]; (naine) widow [ˈwidou]

lest (kala) flatfish [ˈflätfiš]

lett counter [ˈkauntë]

leukoplast adhesive tape [ëdˈhiisiv teip]

levik distribution [distriˈbjuušën]

levinud widespread [ˈwaidspred], common [ˈkomën]

levitama distribute [disˈtribjut]

libe slippery [ˈslipëri]

libedalt smoothly [ˈsmuudhli]

liberaalne liberal [ˈliberël]

libisema slide [slaid]

liblikas butterfly [ˈbatëflai]

lift lift, *US.* elevator [ˈeliveitë]

ligidal, ligidale near (by) [nië bai]

ligikaudne approximate [ëˈproksimit]

ligikaudu approximately [ëˈproksimëtli]

ligipääs access [ˈäksës]

ligipääsmatu inaccessible [inëkˈsesëbl]

liha flesh [fleš]; (toiduna) meat [miit]

lihakaste gravy [greivi]

lihakauplus butcher's (shop) [ˈbatšëz šop]

lihakonserv canned maet [känd miit]

lihapirukas meat-pie [ˈmiitpai]

lihas muscle [masl]

lihatooted meat products [miit ˈprodakts]

lihavõttepühad Easter [ˈiistë]

lihtne simple [simpl]

lihtsalt simply [ˈsimpli]

lihtsameelne simple-minded [ˈsimplmaindid]

lihtsurelik ordinary mortal [ˈoodinëri ˈmootl]

lihtsus simplicity [simˈplisiti]

lihtsustama simplify [ˈsimplifai]

lihttööline common worker [ˈkomën ˈwöökë]

lihvima polish [poliš]

liialdama exaggerate [igˈzädžëreit]

liialdus exaggeration [igzädžëˈreišën]

liiale

liiale: ~ **minema** go too far [gou tuu faa]

liialt too much [tuu matš]

liibuma cling (to) [kling]

liider leader [liidë]

liides interface ['intëfeis]

liig excess [ik'ses]; **see on juba** ~! this is (far) too much! [dhis iz (faa) tuu matš]

liiga *adv.* too [tuu]

liiga (liit) league [liig]

liige member ['membë]

liiges joint [džoint]

liigitama classify ['kläsifai]

liigitus classification [kläsifi-'keišën]

liigne (ülemäärane) excessive [ik'sesiv]

liigutama move [muuv]

liigutav touching ['tatšing]

liigutus movement ['muuv-mënt]; (žest) gesture ['džestšë]; (tunde~) emotion [i'moušën]

liik /liigi/ kind [kaind]; **mis liiki?** what kind of [wot kaind ëv]

liiklus traffic ['träfik]; ~**kind-lustus** traffic insurance [in'šuërëns]; ~**märk** traffic sign ['träfik sain]; ~**ummik** traffic jam ['träfik džäm];

~**õnnetus** traffic accident ['äksidënt]

liikmekaart membership card ['membëšip kaad]

liikmemaks membership fee ['membëšip fii] (*or* dues) [djuuz]

liikmesriik member state ['membë steit]

liikuma move [muuv]

liikumatu motionless ['mou-šënlis]

liilia lily ['lili]

liim glue [gluu]

liimima glue [gluu]

liin line [lain]

liisima lease [liiz]

liising leasing ['liizing]

liisk lot

liit union ['juunjën]; (koalit-sioon) coalition [kouë'lišën]

liiter litre [liitë]

liitlane ally ['älai]

liitma (ühendama) unite [ju'nait]; *mat.* add [äd]

liitriik federation [fedë'reišën]

liituma join [džoin], (teise firmaga) merge [möödž]

liiv sand [sänd]

liivi Livonian [li'vounjën]

likvideerima liquidate ['likwi-deit]; eliminate [i'limineit]

107   **loeng**

liköör liqueur [liˈkjuë]

lill flower [ˈflauë]

lilla (hele~) lilac [ˈlailëk]; (tume~) violet [ˈvaiëlit]; (punakas~) purple [pööpl]

lillekauplus florist's shop [ˈflorists šop]

lillekimp bouquet [ˈbukei]

lillkapsas cauliflower [ˈkaliflauë]

limiit limit [ˈlimit]

limonaad lemonade [lemëˈneid]

lina (taim) flax [fläks]; (voodi~) (bed-)sheet [(ˈbed)šiit]

linastama screen [skriin], show [šou]

lind bird [bööd]

lindistama record [riˈkood]

lingvistika linguistics [linˈgwistiks]

link latch [lätš]

linn town [taun], (suur~) city [ˈsiti]; **~avalitsus** city government [ˈsiti ˈgavënmënt] **~avolikogu** city council [ˈsiti ˈkaunsël]

linnalähedane suburban [sëˈbööbën]

linnaosa municipal district [mjuˈnisipël ˈdistrikt]

linnapea mayor [meë]

linnaplaan city map [ˈsiti mäp]

linnufarm poultry-farm [ˈpoultri faam]

linnulennuline: ~ **vaade** bird's-eye view [böödz ai vjuu]

linnuliha fowl [faul]

linnus castle [kaasl]

lint band [bänd]; **heli~** tape [teip]

lintmagnetofon reel-to-reel tape recorder [riil të riil teip riˈkoodë]

lipp flag [fläg]

lips (neck-)tie [(ˈnek)tai]

lipsunõel tie-pin [tai pin]

lisa addition [ëˈdišën]; supplement [ˈsaplimënt]; (teose, dokumendi lõpul) appendix [ëˈpendiks]; **~ks** in addition [in ëˈdišën] to *smth.*

lisama add [äd]

lisatasu extra pay [ˈekstrë pei]

litsents licence [ˈlaisëns]

liuväli skating-rink [ˈskeiting rink]

lobisema chat [tšät]

loendama count [kaunt]

loeng lecture [ˈlektšë]; **~uid pidama** deliver lectures [diˈlivë ˈlektšëz]

loengusaal lecture-hall ['lektšë-hool]

loetav (lugemisväärne) readable ['riidëbl]; (selgekirjaline) legible ['ledžibl]

loetlema enumerate [i'njuumëreit]

logisema shake [šeik], be loose [bi luus]

lohakas careless ['keëlis]

lohakil neglected [nig'lektid]

lohakus negligence ['neglidžëns]

lohutama comfort ['kamfët]

lohutus comfort ['kamfët]

loid inert [i'nööt]

lokaal pub [pab]

lokaalne local ['loukël]

lokitangid curling-irons ['kööling 'aiënz]

lokk curl [kööl]

lokkima curl [kööl], (laineliselt) wave [weiv]

lokkis curled [kööld]; curly [kööli]

loksutama shake [šeik]

loll stupid ['stjuupid]

lollus stupidity [stju'piditi]; (mõttetus) nonsense ['nonsens]

lomp (rain)pool [('rein)puul]

lonkama limp

lonkima stroll

lonks gulp [galp]

loobuma give up [giv ap]

looder loafer [loufë]

loodetavasti hopefully ['houpfuli]

loodotška (king) pump [pamp]

loodus nature ['neitšë]

looduskaitse nature (or wildlife) protection ['neitšë prë'tekšën]; ~**ala** wild-life preserve ['waildlaif pri'zööv]

looduslik natural ['nätšërël]

loodusvarad natural resources ['nätšërël ri'soosiz]

loodusõnnetus natural disaster ['nätšërël di'zaastë]

loogika logic ['lodžik]; ~**vastane** illogical [i'lodžikël]

loogiline logical ['lodžikël]

looja creator [kri'eitë]

loojang sunset ['sanset]

loojuma go down [gou daun]

loom animal ['änimël]

looma create [kri'eit]

loomaaed zoo [zuu]

loomaarst veterinary (surgeon) ['vetërinëri 'söödžën]; *kõnek.* vet

loomakasvatus cattle-breeding [kätl 'briiding]

loomaliha beef [biif]

loomasööt fodder ['fodë]

loominguline creative [kri'eitiv]

loomulik natural ['nätšërël]

loomulikult naturally ['nätšëreli], of course [ëv'koos]

loomuvastane unnatural [an-'nätšërël]

loorber laurel ['lorël]

loos (liisk) lot; (loteriipilet) lottery-ticket ['lotëri 'tikit]

loosima draw lots [droo lots]; (loteriil) raffle [räfl]

loosung slogan ['slougën]

loož box [boks]

lootma hope [houp]

lootus hope [houp]

lootusetu hopeless ['houplis]

lootustandev, lootustäratav promising ['promising]

loov creative [kri'eitiv]

loovutama give up [giv ap]

loputama rinse [rinz]

loss castle [kaasl]; (palee) palace ['pälis]

loterii lottery ['lotëri]

loto lotto ['lotou]

luba permission [pë'mišën]; (kirjalik) permit ['pöömit]; **juhiluba** driver's licence ['draivëz 'laisëns]

lubadus promise ['promis]

lubama (luba andma) allow [ë'lau]; (tõotama) promise ['promis]; (võimaldama) afford [ë'food]

lubamatu unacceptable ['anëk-'septëbl]

lubatud allowed [ë'laud]

lubi lime [laim]

lugeja reader ['riidë]

lugejakaart reader's card ['riidëz kaad]

lugema read [riid]; **see ei loe** that does not count [dhät daz not kaunt]

lugemine reading ['riiding]

lugemissaal reading-room ['riidingrum]

lugu (jutt) story ['stoori]; (asi, olukord) case [keis]; **kuidas lood on?** how's everything? [hauz 'evrithing]; ~ **pidama** respect [ris'pekt]

lugupeetav, lugupeetud respected [ris'pektid], honourable ['onërëbl]; ~ **kuulajad!** honourable audience! ['onërëbl 'oodiëns]

lugupidamine respect [ris-'pekt]

luhtuma fail [feil]

luik swan [swon]

lukk lock [lok]

lukksepp locksmith ['loksmith]

luksuma hiccup ['hikap]

luksus luxury ['lakšëri]; ~**ese** luxury item ['lakšëri 'aitëm]

luksuslik luxurious [lag-'zjuëriës]

lukustama lock [lok]

lumehang snow-drift ['snou-drift]

lumehelves snow-flake ['snou-fleik]

lumemees snowman ['snou-män] (*pl.* -men)

lumesadu snow-fall ['snou-fool]

lumi snow [snou]; **sajab lund** it's snowing [its 'snouing]

lumikelluke snowdrop ['snou-drop]

lumine snowy [snoui]; **lume-ga kaetud** snow-covered ['snou 'kavëd]

luminestsents luminescence [luumi'nesëns]

lunastama redeem [ri'diim]

lusikas spoon [spuun]

luteri, luterlane Lutheran ['luudhërën]

luterlus Lutheranism ['luudhë-rënizm]

lutikas (bed)bug [bag]

lutt baby's dummy ['beibiz 'dami]

luu bone [boun]

luud broom [bruum]

luuk shutter ['šatë]; (kassa~) window ['windou]

luukpära (auto) station wagon ['steišën 'wägën]

luule poetry ['pouëtri]

luuletaja poet ['pouit]

luuletama write poetry [rait 'pouitri]

luuletus poem ['pouim]

luup (suurendusklaas) magni-fying glass ['mägnifaing glaas]

luuraja spy [spai]

luurama spy [spai]

luure espionage [espië'naaž], intelligence [in'telidžëns]; **vastu~** counter-intelligence ['kauntër in'telidžëns]; **majandus~** economic espio-nage [ikë'nomik espië'naaž]

lõbu pleasure ['pležë], fun [fan]; **oma ~ks** for fun [fo fan]

lõbumaja brothel ['brothël]

lõbus merry ['meri], **oli ~ we** had fun [wi häd fan]

lõbustama amuse [ë'mjuuz], entertain [entë'tein]

lõbustus entertainment [entë-'teinmënt]

lõdisema shiver ['šivë]

lõdvendama slacken ['släkën], loosen ['luusën]; **pinevust ~** ease the tension [iiz dhë 'tenšën]

lõdvestuma relax [ri'läks]

lõhe I (pragu, lahknevus) split

lõhe II (kala) salmon ['sämën]

lõhenema split
lõhik slit
lõhkeaine explosive [iks´plou-
  siv]
lõhkema explode [iks´ploud]
lõhkuma break [breik]
lõhn smell; (hea ~) aroma
  [ë´roumë]
lõhnama smell (of *smth.*)
lõhnaseep scented soap [´sen-
  tid soup]
lõhnatu odourless [´oudëlis]
lõhnaõli perfume [´pööfjum]
lõige cut [kat]; (õmblusmudel)
  pattern [´pätën]
lõik (lõigatud tükk) cut [kat];
  (viil) slice [slais]; (teksti osa)
  paragraph [´pärëgraaf]
lõikaja cutter [´katë]
lõikama cut [kat]
lõikeleht (rätsepatöös) pattern
  sheet [´pätën šiit]
lõikuma (viiludeks) slice [slais]
lõikus (vilja~) harvest [´haa-
  vist]
lõiv duty [´djuuti]
lõke fire [faië]
lõks trap [träp]
lõng yarn [jaan]
lõoke(ne) lark [laak]
lõpetama finish [´finiš]; **kooli**
  ~ graduate [´grädjueit] (from
  school)

lõpetamata unfinished [an-
  ´finišt]; (mittetäielik) incom-
  plete [inkëm´pliit]
lõplik final [´fainël]
lõpmatu endless [´endlis]
lõpmatus infinity [in´finiti];
  ~eni forever [for´evë]
lõpp end; **lõpetuseks** in con-
  clusion [in kën´kluužën];
  lõppude lõpuks after all
  [aaftë ool]
lõppema end; (tähtaja kohta)
  expire [iks´paië]
lõppjaam terminal [´tööminël]
lõpptulemus final result
  [´fainël ri´zalt]
lõpuaktus commencement
  [kë´mensmënt]
lõpueksam final examination
  [´fainël igzämi´neišën]; **~id**
  finals [´fainëlz]
lõpuks finally [´fainëli]
lõputu endless [´endlis]
lõputunnistus diploma [di-
  ´ploumë]
lõtv loose [luus]
lõuend canvas [´känvës]
lõug chin [tšin]
lõuna 1. (ilmakaar) south
  [sauth]; **2.** (keskpäev) noon
  [nuun]; **pärast~** afternoon
  [aaftë´nuun]; **3.** (söök) lunch
  [lantš]

lõunamaine

lõunamaine southern ['saudhën]

lõunastama dine [dain], have lunch [häv lantš]

lõunasöök lunch [lantš]

lõvi lion ['laiën]

lõõgastuma relax [ri'läks]

läbi through [thruu]; ~ **ajama** make do [meik du] (with(out) smth.), manage ['mänidž]; ~ **elama** experience [iks'piëriëns];~ **kukkuma** fail [feil]; ~ **lööma** (edukas olema) succeed [sëk'siid]; ~ **mõtlema** think over [think ouvë]; ~ **otsima** search [söötš]; ~ **rääkima** (läbirääkimisi pidama) negotiate [ni'goušieit]; ~ **saama** get along (with) [get ë'long]; ~ **vaatama** look through [luk thruu]; ~ **valgustama** x-ray ['eks 'rei]; ~ **viima** carry out ['käri aut]

läbikukkumine failure ['feiljë]

läbikäik passage ['päsidž]; (istmete vahel) aisle [ail]

läbilõige (cross) section ['kros 'sekšën]

läbima pass (through) [paas thruu]

läbimurre break-through ['breikthruu]

läbimõõt diameter [dai'ämitë]

läbimüük sales (turnover) [seilz ('töönouvë)]

läbipaistev transparent [trans-'peërënt]

läbipääs passage ['päsidž]

läbipääsematu impassable [im'paasëbl]

läbirääkimine negotation [nigouši'eišën]

läbisõiduviisa transit visa ['tränzit viizë]

läbisõit (kilometraaž) milage ['mailidž]; (läbipääs) thoroughfare ['tharëfeë]; ~ **keelatud**! no thoroughfare!

läbivaatus examination [igzämi'neišën] (tehniline ~) overhaul ['ouvëhool]

lähedal near [nië], close [klous]

lähem nearer ['niërë]; ~**al ajal** in the near future [in dhë nië 'fjuutšë]; ~**ail päevil** in the next few days [in dhë nekst fjuu deiz]

lähenema, lähenemine approach [ë'proutš]

lähetama send

lähim nearest ['niërist]

lähteandmed initial data [i'nišël deitë]

lähtuma proceed [prë'siid] (millestki – from *smth.*)

läige, läik, läikima shine [šain]

läikiv shiny [′šaini], *fot.* glossy [′glosi]

läikpaber glossy paper [′glosi ′peipë]

läkitus (written) address [ë′dres]

lämbe sultry [′saltri]

lämbuma suffocate [′safëkeit]

lämmatama suffocate [′safëkeit]

lämmatav sultry [′saltri]; **~alt kuum** stifling hot [′staifling hot]

lärm noise [noiz]

lärmakas noisy [′noizi]

läänemeresoome: ~ **keeled** the Balto-Finnic languages [dhë ′booltë ′finik ′längwidžiz]

Läänemeri the Baltic Sea [′booltik sii]

lääs west [west]

lääts (klaas) lens [lenz]

lörts (lume~) sleet [sliit]

löök blow [blou], kick [kik]

lööklaul hit

lööma hit; (võistluses, võitluses) beat [biit]; **kaasa ~** take part (in) [teik paat]; **kokku ~** (klaase) clink; **risti ~** crucify [′kruusifai]

lööming fight [fait]

lööve *med.* rash [räš]

lühend abbreviation [ëbriivi-′eišën]

lühendama shorten [′šootën]

lühiajaline short-term [šoot tööm]; **~ laen** short-term loan [šoot tööm loun]

lühidalt shortly [′šootli], in brief [in briif]

lühijutt short story [šoot stoori]

lühike(ne) short [šoot], brief [briif]

lühikursus short course [šoot koos]

lühilaine short wave [šoot weiv]

lühinägelik short-sighted [′šoot ′saitid]

lühiühendus short circuit [šoot ′söökit]

lühter chandelier [šändi′lië]

lükkama (tõukama) push [puš]; **edasi ~** (mingit tegevust) postpone [pëst′poun]; (koosolekut) adjourn [ë′džöön]; **tagasi ~** (ettepanekut *jms.*) reject [ri′džekt]; **ümber ~** overthrow [ouvë′throu]

lüli link

lülitama switch [switš], turn [töön] (on/off)

lüliti switch [switš]

lünk gap [gäp]

lüpsimasin milking machine [′milking më′šiin]

lüpsja

lüpsja milker ['milkë]
lüpsma milk
lüüasaamine defeat [di'fiit]

M

maa (maakera) earth [ööth];
(maismaa) land [länd]; (riik)
country ['kantri]; (pinnas)
soil
maa-ala territory ['teritëri]
maa-alune underground
['andëgraund]
maadeuurija explorer [iks-
'ploorë]
maadlema wrestle [resl]
maadlus wrestling ['resling]
maagia magic ['mädžik]
maailm (the) world [wööld]
maailmajagu part of the world
[paat ëv dhë wööld]
maailmakuulus world-fa-
mous ['wööld 'feimës]
maailmameister world cham-
pion ['wööld 'tšämpiën]
maailmanäitus world exhibi-
tion ['wööld egzi'bišën]
maailmasõda world war
[wööld woo]; **Esimene** ~
World War I [wööld woo
wan]

maailmaturg world market
['wööld 'maakit]
maak ore [oo]
maakaart map [mäp]
maakera globe [gloub]
maakler broker ['broukë];
(börsi~) stockbroker ['stok
'broukë]
maaklerifirma brokerage
['broukëridž]
maakond county ['kaunti]
maal painting ['peinting]
maaler (house-)painter
[('haus) 'peintë]
maaletooja importer [im'poo-
të]
maalikunst painting ['pein-
ting]
maaliline picturesque [piktšë-
'resk]
maalima paint [peint]
maamaks land tax [länd täks]
maanduma land [länd]
maania mania ['meinië]
maantee road [roud], (kiirtee)
highway ['haiwei]
maaomanik landowner ['länd-
ounë]
maapagu exile ['eksail]
maaparandus amelioration
[ëmiiljë'reišën]
maapind surface ['sööfis],
ground [graund]

maardla (mineral) deposit [('minerël) di'pozit]

maareform land reform [länd ri'foom]

maasikas strawberry ['strooběri]

maastik landscape ['ländskeip]

maastur jeep [džiip]

maatriksprinter (dot-)matrix printer ['meitriks 'printë]

maavanem county governor [kaunti 'gavernë]

maavarad mineral resources ['minerël ri'soosiz]

maavärin earthquake ['ööthkweik]

madal low [lou]

madalakvaliteediline of low quality [ëv lou 'kwoliti]

madalrõhk low pressure [lou 'prešë]

madalsagedus low frequency [lou 'friikwënsi]

madrats mattress ['mätris]

madrus sailor ['seilë]

madu snake [sneik]

magama sleep [sliip]; ~ **minema** go to bed [gou të bed]; ~ **jääma** fall asleep [fool ë'sliip]

magamiskott sleeping-bag ['sliipingbäg]

magamistuba bedroom ['bedrum]

magamisvagun sleeping-car ['sliiping kaa]

mage (vee kohta) fresh [freš]; (toidu kohta) insipid [in'sipid]

magister (kraad) Master (of Arts) ['maastër ëv 'aats]; **magistrant** postgraduate student ['post'grädjuit 'stjuudënt]

magistraal main [mein], (tee) highway ['haiwei]

magnet magnet ['mägnit]

magnetofon tape recorder ['teip ri'koodë]

magu stomach ['stamëk]

magus sweet [swiit]

magustoit dessert [di'zööt]

maha down [daun]; off [of]; ~ **arvama** deduct [di'dakt]; ~ **jätma** (hülgama) abandon [ë'bändën]; ~ **jääma** (rongist) miss, (ajast) lag behind [läg bi'haind]; ~ **kirjutama** copy ['kopi], (koolis ka) crib; ~ **kukkuma** fall down [fool daun]; ~ **laadima** unload [an'loud]; ~ **magama** miss; ~ **minema** (bussist) get off; ~ **müüma** sell out [sel aut]; ~ **suruma** suppress [së'pres]; ~ **võtma** (kaalus) lose weight [luuz weit]

mahajäetud abandoned [ë´bändënd]

mahajäämus backwardness [´bäkwëdnis]

mahajäänud backward [´bäkwëd]; (unustatud) forgotten [fë´gotn]

mahe mild [maild]

mahepõllundus soft-style agriculture [soft stail ´ägrikaltšë]

mahhinatsioon machination [mäki´neišën]

mahl juice [džuus]

mahlane juicy [´džuusi]

maht volume [´voljum], capacity [kë´päsiti]; (ulatus) extent [iks´tent]

mahukas capacious [kë´peišës]; (töö- *v.* aja~) work- [wöök] *or* (time)-consuming [(taim) kën´sjuuming]

mahutama contain [kën´tein]; (ruumilt) hold [hould]; (inimesi) accomodate [ë´komëdeit]; (toolide arvu kohta) seat [siit]; (kapitali) invest [in´vest]

maias (millegi peale) fond (of); **~mokk** sweettooth [swiit tuuth]

maika singlet [´singlit]

maikelluke(ne) lily of the valley [´lili ëv dhë ´väli]

maine 1. (maapealne, realistlik) earthly [´ööthli], (ilmalik) worldly [´wöödli], **2.** (reputatsioon) reputation [repju-´teišën]

mainima mention [´menšën]

mais maize [meiz]; *US.* corn [koon]

maisihelbed cornflakes [´koonfleiks]

maismaa (dry) land [länd]

maitse taste [teist];

maitseaine spice [spais]

maitsekas tasteful [´teistful]

maitsetu tasteless [´teistlis]

maitsev tasty [´teisti]

maitsma taste [teist]; **see vein maitseb mulle** I like this wine [ai laik dhis wain]

maiustused sweets [swiits]; *US.* candy [´kändi]

majakas lighthouse [´laithaus]

majand (collective) farm [kë´lektiv faam]

majandama manage [´mänidž]

majandus economy [i´konëmi]; **~ kriis** economic crisis [ikë´nëmik ´kraisis] (*pl.* crises)

majanduslik economic [ikë-´nomik]

majanduspoliitika economic policy [ikë´nomik ´polisi]

117   **mandel**

majandusraskus (ajutine) recession [ri´sešën]

majandusteadlane economist [i´konëmist]

majandusteadus economics [ikë´nomiks]

majaperemees (üürniku suhtes) landlord [´ländlood]

majapidamine housekeeping [´hauskiiping]; (koos perega) household [´haushould]

majapidamistarbed household appliances [´haushould ë´plaiënsiz]

majesteet majesty [´mädžësti]

majesteetlik majestic [më-´džestik]

majonees mayo(nnaise) [´meiou]

majutama accomodate [ë´komëdeit]

majutus accomodation [ëkomë´deišën]

makaron macaroni [mäkë-´rouni]

makett model [modl]

makra crabs [kräbz]

maks /maksa/ liver [´livë]

maks /maksu/ (makse) payment [´peimënt]; (koormis, lõiv) tax [täks]

maksapasteet liver pie [´livë pai]

maksavorst liver-sausage [´livë ´sosidž]

maksekorraldus money order [´mani ´oodë]

maksev (kehtiv) valid [´välid]

maksevõime solvency [´solvënsi]

maksimaalne maximum [´mäksimëm]

maksma 1. (tasuma) pay [pei]; **2.** (hinnalt väärt olema) cost [kost]

maksuamet tax department [täks di´paatmënt], tax authorities

maksuinspektor tax collector [täks kë´lektë]

maksuline paid [peid]

maksumaksja taxpayer [´täkspeië]

maksumus cost [kost]

maksusoodustus tax allowance [täks ë´lauëns]

maksustama tax [täks]

maksustatav taxable [´täksëbl]

maksuvaba tax-free [´täksfrii]

makulatuur waste paper [weist peipë]

male chess [tšes]

mandaat mandate [´mändeit]; **~komisjon** credentials committee [kri´denšëlz kë´miti]

mandariin tangerine [´tändžërin], mandarin [´mändërin]

mandel almond [´aamënd]

manduma degenerate [di´dže-nëreit]

maneer manner [´mänë]

manifest manifesto [mäni-´festou] (*pl.* -oes)

maniküür manicure [´mani-kjuuë]; ~**käärid** cuticle scissors [´kjuutikl ´sizëz]

manna semolina [semë´liinë]; ~**puder** semolina pudding [semë´liinë ´puding]

mannekeen model [´modl]

manner continent [´kontinënt]

mansetinööp cuff-link [kaf link]

mansett cuff [kaf]

mantel (kerge) top coat [top kout], (paks) overcoat [´ouvëkout]

manööver manoeuvre [më-´nuuvë]

mapp brief-case [´briifkeis]

maraton marathon [´märäthën]

margariin margarine [´maadžerin]

mari berry [´beri]

marinaad pickle [pikl]

marineerima pickle [pikl]

mark /marga/ mark [maak]

mark /margi/ **1.** (kirja~; tempel~) stamp [stämp]; **2.** (sort) brand [bränd]; (auto *jms.* ~) make [meik]

marketing marketing [´maakiting]

marli (surgical) gauze [gooz]

marmelaad candied fruit jelly [´kändid ´fruut ´dželi]; (vedel) marmalade [´maamëleid]

marmor marble [maabl]

marsruut route [ruut]

marssima march [maatš]

martsipan marzipan [´maarzëpën]

masendav depressing [di´presing]

masendus depression [di´prešën]

masin machine [më´šiin]

masinakiri typewriting [´taipraiting]

masinakirjutaja typist [´taipist]

mask mask [maask]

maskiball fancy-dress ball [´fänsi ´dress bool]

mass mass [maas]

massaaž massage [më´saaž]

masseerima massage [më-´saaž]

massiivne massive [´mäsiv]

massitoodang mass production [maas prë´dakšën]

matemaatika mathematics [mäthë´mätiks]

materiaalne material [më´tiëriël]

materjal material(s) [më´tiëriël(z)]

119   **mees**

matk hike [haik]

matkama hike [haik]

matkima imitate ['imiteit]

matma bury ['bëri]

matš match [mätš]

matt I (jalgade pühkimiseks) mat [mät]

matt II (läiketu) mat [mät]; **~klaas** frosted glass ['frostid glaas]

matus funeral ['fjunërël]

medal medal ['medël]

medaljon medallion [mi'däljën]

meditsiin medicine ['medsin]

meditsiiniõde (hospital) nurse [nöös]

meel 1. (tunde~, taju) sense [sens]; **2.** (mõte, arvamus) mind [maind]; **~t muutma** change one's mind ['tšeindž wanz 'maind]; **~de tuletama** remind [ri'maind] (kellelegi midagi – *smb.* of *smth.*); **~es pidama** remember [ri'membë]; **minu ~est** to my mind [të mai maind]; **3.** (meelelaad) spirits ['spirits]; **mul on hea ~** I am glad [ai äm gläd]; **~t lahutama** entertain [entë'tein]

meeldima like [laik], (kellegi meele järgi olema) please [pliiz] *smb.*; **mulle meeldib** I like [ai laik]

meeldiv pleasant ['plezënt]

meeleavaldus demonstration [demëns'treišën]

meelega (tahtlikult) on purpose [on 'pööpës]

meelelahutus entertainment [entë'teinmënt]

meeleldi = meelsasti

meelemärkus consciousness ['konšësnis]; **~t kaotama** lose consciousness [luuz 'konšësnis]; **~ele tulema** come to [kam tu]

meeleolu mood [muud]; (tuju) spirits ['spirits]; **heas ~s** in good spirits [in guud 'spirits]

meeletu insane [in'sein]

meeletus madness ['mädnis]

meelitama (meelitusi rääkima) flatter ['flätë]; (ahvatlema) entice [in'tais], tempt [temt]

meelitus flattery ['flätëri]

meelsasti with pleasure [widh 'pležë]

meenuma come (in)to one's mind [kam intë wanz maind]

meenutama recall [ri'kool]

mees man [män] (*pl.* men); (~sugu) male [meil]; (abikaasa) husband ['hazbënd]

meeskond 120

meeskond team [tiim]; (eki-
paaž) crew [kruu]

meeskoor male choir [meil
ˊkwaië]

meessugu male [meil]

meeter metre [ˊmiitë]; **~mõõ-
dustik** metric system [ˊme-
trik ˊsistëm]

meetod method [ˊmethëd]

mehelik manly [ˊmänli]

mehhaanik (insener) mechani-
cal engineer [meˊkänikël
endžiˊnië]; (tööline) me-
chanic [meˊkänik]

mehhaaniline mechanical [me-
ˊkänikël]

mehhanism mechanism [ˊme-
kënizm], device [diˊvais]

mehine manly [ˊmänli]

mehisus (julgus) courage [ˊka-
ridž]

meierei dairy(-farm) [ˊdeëri
faam]

meisel chisel [tšizl]

meister master [ˊmaastë]; (teha-
ses) foreman [ˊfoomën] (*pl.*
men); *sport.* champion
[ˊtšämpiën]

meisterlik skilful [ˊskilful]

meistriteos masterpiece [ˊmaastë-
piis]

meistrivõistlused champion-
ships [ˊtšämpiënšips]

melanhoolia melancholy
[ˊmelänkëli]

melon melon [ˊmelën]

meloodia melody [ˊmelëdi],
tune [tjuun]

memorandum memorandum
[memëˊrändëm] (*pl.* -da),
memo

memuaarid memoirs [ˊmem-
waaz]

menstruatsioon menstruation
[menstruˊeišën], period
[ˊpiëriëd]

mentaliteet mentality [menˊtäliti]

menu success [sëkˊses]

menukas successful [sëkˊses-
ful]

menüü menu [ˊmenju]

merehaige seasick [ˊsiisik]

merejalavägi the marines [dhë
mëˊriinz]

merekool naval school [ˊneivël
skuul] (*or* college [ˊkolidž])

merelaevastik fleet [fliit]

meremees sailor [ˊseilë]

merereis (sea-)voyage [(sii)
ˊvojidž]

merevaik amber [ˊämbë]

meri sea [sii]

mesi honey [ˊhani]

mesilane (honey-)bee [bii]

mesinädalad honeymoon
[ˊhanimuun]

mess fair [feë]
metall metal ['metël]
metallraha coin [koin]
meteoroloogia meteorology [miitië'rolëdži]; **~jaam** meteorological station [miitiërië-'lodžikël 'steišën]
metodism Methodism ['methë-dizm]
metodist Methodist ['methë-dist]
metoodika method(s) ['me-thëd(z)]
metroo underground ['andë-graund]
mets forest ['forist]
metsamaterjal timber ['timbë], *US.* lumber ['lambë]
metsavaht gamekeeper ['geim-'kiipë]
metsavend "forest brother" ['forist 'bradhë], guerilla [gë'rilë]
metseen patron ['peitrën] (of arts)
metsik wild [waild]
metskits roe (deer) [rou dië]
metsloom wild animal [waild 'änimël]
metssiga wild boar [waild boo]
midagi something ['samthing], anything ['enithing]; **ei ~, mitte ~** nothing ['nathing]

migratsioon migration [mai-'greišën]
migreen (severe) headache [(së'vië) 'hedeik]
miil mile [mail]
miilits militia [mi'lišë]
miinimum minimum ['mini-mëm] (*pl.* -ima), **~palk** minimum wage [weidž]
miiting (massi~) rally ['räli]
mikrobuss mini-van [mini vän]
mikrofon microphone ['maik-rëfoun], *kõnek.* mike [maik]
mikrolaineahi microwave (oven) ['maikrëweiv ('avën)]
mikroskoop microscope ['maikrëskoup]
miljard billion ['biljën]
miljardär multimillionaire ['malti miljë'neë]
miljon million ['miljën]
miljonär millionaire [miljë-'neë]
minema 1. go [gou], (ära ~) leave [liiv]; (muutuma) turn [töön], become [bi'kam]; **kokku ~** (riide kohta) shrink [šrink]; **2.** (ära) *adv.* off [of], away [ë'wei]
mineraalvesi mineral water ['minerël 'wootë]
minestama faint [feint]

minevik

minevik (the) past [paast]

mingi some [sam]

minia daughter-in-law ['dootë in 'loo]

minimaalne minimum ['minimëm] (*pl.* -ma)

ministeerium ministry ['ministri], *Br.* office ['ofis], *US.* department [di'paatmënt]

minister minister ['ministë], (Inglismaal ja USAs ka) secretary ['sekritëri]

mink (näovärv) rouge [ruuz]; (koos puudriga) make-up ['meikap]

minkima make (up) [meik (ap)]

minupoolest as far as I am concerned [äz far äz ai äm kën'söönd]

minut minute ['minit]

misjonär missionary ['mišënëri]

missa mass [maas]

missioon mission ['mišën]

mitmed several ['severël]

mitmejärguline multi-stage ['malti steidž]

mitmekesine various ['veëriës], varied ['veërid]

mitmekordistama multiply ['maltiplai]

mitmekordne multiple ['maltipl]

mitmekülgne many-sided

['mani 'saidid]; (igakülgne) allround [ool raund]

mitmesugune various ['veëriës]

mitmesüsteemne multi-system ['malti 'sistëm]

mitmeti differently ['difrëntli]; (mitmes suhtes) in many respects [in 'meni ris'pekts]

mitmevärviline multicolour(ed) ['maltikalëd]

mitmus plural ['pluërël]

mitteametlik unofficial [anë'fišël]

mittekallaletungileping non-agression pact ['nonë'grešën päkt]

mitteloetav illegible [i'ledžibl]

mitterahuldav unsatisfactory [ansätis'fäktëri]

mittesuitsetaja non-smoker ['non'smoukë]

mittetulundusühing non-profit association ['non'profit ësousi'eišën]

mittetäielik incomplete [inkëm'pliit]

mitu many ['meni]; (mõned) several ['severël]

mobiiltelefon mobile phone ['moubail foun]

mobilisatsioon mobilization [moubilai'zeišën]

mobiliseerima mobilize ['moubilaiz]

modell model [modl]

moderniseerima modernize ['modënaiz]

modernne modern ['modën]

modifikatsioon modification [modifi'keišën]

moeajakiri fashion magazine ['fäšën mägä'ziin]

moeateljee fashion shop ['fäšën šop]

moedemonstratsioon fashion show ['fäšën šou]

moekaup fancy goods ['fänsi guudz]

moekunstnik fashion designer ['fäšën di'zainë]

moka (kohv) mocha ['moukë]; (tass) mocha-cup ['moukë kap]

moment moment ['moumënt]

monarhia monarchy ['monëki]

monitor monitor ['monitë]

monopol monopoly [më'nopëli]

monotoonne monotonous [më'notënës]

montaaž assembly [ë'sembli], (filmi~) editing ['editing]

monteerima assemble [ë'sembl], (filmi) edit ['edit]

monument monument ['monjumënt]

mood fashion ['fäšën]; **moes olema** in fashion [in 'fäšën]; **viimase moe järgi** in the latest fashion ['leitist 'fäšën]

moodne fashionable ['fäšënëbl]

moodustama form [foom]

moon poppy ['popi]

moonutama deform [di'foom]; (tõde ~) distort [dis'toot]

moorpraad meat stew [miit stjuu]

moos jam [džäm]

mootor engine ['endžin]

moraal (kõlblus) morals ['morëlz]; (teatavast loost tuletatav õpetus) moral ['morël]

moratoorium moratorium [morë'tooriëm] (*pl.* -iums)

morn gloomy ['gluumi]

morss fruit drink [fruut drink]

motell motel [mou'tel]

motiiv motive ['moutiv]

motivatsioon motivation [mouti'veišën]

motiveerima (ajendama) motivate ['moutiveit]; (põhjendama) reason ['riizën]

muda mud [mad]

mudaravi mud cure [mad kjuë]

mudel model [modl]; (auto, lennuki *jms.* tüüp) make [meik]

mugandama adapt [ë´däpt]

mugav comfortable [´kamfë-tëbl]

mugavus comfort [´kamfët]; **kõik ~ed** all conveniences [ool kën´viinjënsiz]

muhv muff [maf]

muide by the way [bai dhë wei]

muidu 1. (vastasel korral) otherwise [´adhëwaiz]; **2.** (tasuta) free (of charge) [frii ëv tšaadž]

muidugi of course [ëv´koos]

muinasjutt fairy-tale [´feëriteil]

muinsus antiquity [än´tikwiti]; **~kaitse** protection of antiquities [prë´tekšën ëv än´tikwitiz]

muistend folk-tale [fouk teil]

muistne ancient [´einšënt]

muld (pinnas) soil

mulgikapsad Estonian sauerkraut [es´tounjën ´sauëkraut] (with pork and groats)

mulgustama (piletit) punch [pantš]

mulje impression [im´prešën]; **~t avaldama** impress [im´pres]

multifilm cartoon [kaa´tuun]

multimiljonär multimillionaire [´malti miljë´neë]

muna egg [eg]

munakaste egg sauce [eg soos]

munapuder scrambled eggs [´skrämbld egz]

munder uniform [´juunifoom]

munitsipaal- municipal [mju-´nisipël]

munk monk [mank]

murd 1. (luu~) fracture [´fräk-tšë]; **2.** (rahva~) crowd [kraud]; *mat.* fraction [´fräk-šën]

murdma break [breik]; (paberilehte kokku ~) fold [fould]

murduma break [breik]

murdvaras burglar [´bööglë]

mure (kurbus) sorrow [´sorou]; (hoolitsus) concern [kon-´söön]; (rahutus) worry [´wari]; (~küsimus) hard problem [haad ´problëm]; *kõnek.* headache [´hedeik]; **olge ~ta** don`t worry [dount ´wari]

murelik worried [´warid]

muretsema 1. (mures olema) worry [´wari] (about smth.); (hoolitsema) take care [teik keë] (of *smb.*); **2.** (hankima) get

muretu carefree [´keëfrii]

murrak (local) dialect [´daiëlëkt]

murrang break [breik], sudden change [´sadn ´tšeindž]

murranguline critical [´kritikël]; (otsustav) decisive [di´saisiv]

muru grass [graas]; (ilu~, mängu~) lawn [loon]

muruniitja lawn mower [loon ´mouë]

muskaat muscat [´maskët]

muskaatpähkel nutmeg [´natmeg]

muskaatvein muscatel [maskë´tel]

muskel muscle [masl]

must 1. (värvuselt) black [bläk]; ~ **leib** rye bread [rai bred]; ~ **turg** black market [bläk ´maakit] **2.** (määrdunud) dirty [dööti]

mustama (laimama) slander [´slaandë]; (väljapressimise eesmärgil) blackmail [´bläkmeil]

mustand draft [draaft] (copy)

muster pattern [´pätën]

mustikas blueberry [´bluubëri]

mustmuld black soil [bläk soil]

mustriline patterned [´pätënd]

mustsõstar (black) currant [(bläk) ´karënt]

mustus (kasimatus) dirt [dööt]

mutrivõti spanner [´spänë], *US.* monkey wrench [´manki ´rentš]

muu other [´adhë]

muudatus change [tšeindž]

muukima pick open [pik ´oupën]; **lukku lahti** ~ pick a lock [pik ë lok]

muul /muula/ mule [mjuul]

muul /muuli/ pier [pië]

muulane alien [´eiliën]

muundaja converter [kon´vöötë]

muuseum museum [mju´ziiëm]

muusik musician [mju´zišën]

muusika music [´mjuuzik]

muusikal musical (comedy) [´mjuuzikël (´komidi)]

muusikariist musical instrument [´mjuuzikël ´instrëmënt]

muutlik changeable [tšeindžëbl]

muutma change [tšeindž]

muutuma change [tšeindž]

muutumatu unchangeable [an´tšeindžëbl]

muutus change [tšeindž]

mõis manor [´mänë]

mõisnik squire ['skwaië]

mõistatama guess [ges]

mõistatus riddle [ridl]; (peadmurdev asi) puzzle [pazl]

mõiste notion ['noušën]

mõistlik reasonable ['riizënëbl]

mõistma 1. (aru saama) understand [andë'ständ]; 2. (otsusega määrama) sentence ['sentëns]

mõistus reason ['riizën]; (terve ~) common sense ['komën sens]

mõju influence ['influëns], (toime) effekt [i'fekt]

mõjukas influential [influ'enšël]

mõjuma have an effect [häv ën i'fekt], affect [ë'fekt]

mõjutama influence ['influëns]

mõlemapoolne bilateral [bai'lätërël]

mõni some [sam]

mõnikord sometimes ['samtaimz]

mõnu (nauding) pleasure ['pležë]

mõnus pleasant ['plezënt]

mõra crack [kräk]

mõrsja fiancee [fi'aansei]

mõru bitter ['bitë]

mõrv murder ['möödë]

mõrvama murder ['möödë]

mõrvar murderer ['möödërë]

mõte thought [thoot], idea [ai'dië]; (tähendus) meaning ['miining]; **mõttes** in one`s mind [in wanz maind]; **sel pole ~t** this is of no use [dhis iz ëv nou juus]

mõtlema think [think], (kavatsema) mean [miin], intend [in'tend] (to do); **järele ~** think over [think 'ouvë]; **välja ~** invent [in'vent]

mõtlematu thoughtless ['thootlis]

mõtteline (kujuteldav) imaginary [i'mädžinëri]

mõttetu senseless ['senslis]

mõttetus nonsense ['nonsens]

mõõde measurement ['mežëmënt]; **mõõtmed** measurements, size [saiz]

mõõdukas moderate ['modërit]

mõõdulint measuring tape ['mežëring teip]

mõõk sword [sood]

mõõn low tide [low taid]

mõõtma measure ['mežë]

mõõtühik unit of measure ['juunit ëv 'mežë]

mäda pus [pas]

mädarõigas horse-radish ['hoos 'rädiš]

mägi mountain [´mauntin]

mägine mountainous [´mauntinës]

mägironija mountaineer [maunti´nië]

mähe diaper [´daiëpë]

mähkima wrap [räp] (up, round, in); (last ~) swaddle [swodl]

mälestama commemorate [kë-´memëreit]

mälestus memory [´memëri]

mälestusese souvenir [´suuvë-nië]

mälestussammas monument [´monjumënt]

mäletama remember [ri´mem-bë]

mälu memory [´memëri]

mänd pine(-tree) [pain (trii)]

mäng play [plei]; (reeglikohane ~, sportlik ~) game [geim]

mängija player [´pleië]

mängima play [plei]; (hasart-mänge) gamble [gämbl]

mänguasi toy [toi]

mänguautomaat gambling machine [´gämbling mëšiin]

mängukaardid (playing) cards [´pleing kaadz]

mängur gambler [´gämblë]

märg wet [wet]

märgatav noticeable [´nouti-

sëbl]; (tähtis, suur) considerable [kën´sidërëbl]

märguanne sign [sain], signal [signël]; (vihje) hint

märgukiri memo [´memou]

märk /märgi/ sign [sain]; (tunnus~, rinna~) badge [bädž]

märkama notice [´noutis]

märkamatu unnoticeable [an-´noutisëbl]

märkima mark [maak]; (ütlema) note [nout]

märklaud target [´taagit]

märkmik notebook [´noutbuk]

märkus remark [ri´maak]; (tähelepanek) observation [obzë´veišën]; (seletav ~) comment [´komënt]

mäss revolt [ri´voult]

mässama revolt [ri´voult]

määr (ulatus) extent [iks´tent], rate [reit]; (norm) norm [noom]

määrama (kindlaks ~) determine [di´töömin]; (käskima, nimetama) appoint [ë´point]; (tasu, auhinda) award [ë´wood]; **ette** ~ predetermine [pridi´töömin]

määrav decisive [di´saisiv]

määrdeõli lubricating oil [´luubrikeiting oil]

määrduma become dirty [bi´kam ´dööti]

määrdunud dirty [dööti]

määre (määrdeaine) lubricant [´luubrikënt], (õli) oil; (võie) ointment [´ointmënt]; (suusa~) wax [wäks]

määrima lubricate [´luubrikeit]; (suuski) wax [wäks]; (mustaks tegema) soil

määrus regulation [regju-´leišën]; decree [di´krii]; (eeskiri) rule [ruul]

määrustik regulations [regju-´leišënz]

möbleerima furnish [´fööniš]

mölder miller [´milë]

mööbel furniture [´föönitšë]

mööda 1. (piki) by [bai]; along [ë´long]; (vastavalt) according to [ë´kooding të]; 2. *määrs.* by [bai]; **minust** ~ past me [paast mi]; ~ **minema** go by [gou bai]

möödas over [´ouvë]

mööduma pass (by) [paas (bai)]

möödunud past [paast]; ~ **aastal** last year [laast jeë]

münt coin [koin]

müra noise [noiz]

mürgine (loom *v.* taim) poisonous [´poizënës]; (aine) toxic [´toksik]

mürgitama poison [´poizën]

mürgitus poisoning [´poizëning]

mürin (kõu) thunder [´thandë]; (kolin) rumble [rambl]

mürisema thunder [´thandë]; (kolisema) rumble [rambl]

mürk poison [´poizën]; (mao *jms.* ~) venom [´venëm]

müstika mysticism [´mistisizm]

müstiline mystical [´mistikël]

mütoloogia mythology [mi-´tholëdži]

müts cap [käp]

müügiagent sales agent [´seilz ´eidžënt]

müügiautomaat vending machine [´vending më´šiin]

müügihind selling-price [´seling ´prais]

müügijuht sales manager [seilz ´mänidžë]

müüja (poes) sales person [seilz ´pöösën]

müük sale [seil]; **müügil olema** be in the market [bi in dhë ´maakit]; **müügile laskma** put on the market [put on dhë ´maakit]

müüma sell

müür wall [wool]

müürsepp mason ['meisën], (müüriladuja) brick-layer [brik leië]

müüt myth [mith]

müütiline mythical ['mithikël]

N

naaber neighbour ['neibë]

naabrus neighbourhood ['neibëhuud]

naarits weasel ['wiizël]

naba 1. *anat.* navel [neivl]; 2. *geogr.* pole [poul]

nael I (kinnitusvahend) nail [neil]

nael II (kaalu- *v.* rahaühik) pound [paund]

naelsterling pound [paund]

naer laugh [laath]

naeratama smile [smail]

naeratus smile [smail]

naerma laugh [laath] (kellegi üle at *smb.*)

naeruväärne ridiculous [ri-'dikjulës]

nafta oil; (toor~) crude oil [kruud oil]

nagi coat rack [kout räk]

nagu as [äz]; like [laik]

nahatooted leather goods ['ledhë guudz]

nahk skin; (toor~) hide [haid]; (pargitud ~) leather ['ledhë]; (karus~) fur [föö]

nahkehistöö (ornamental) leather-work [(oonë'mentël) 'ledhëwöök]

nahkjakk leather jacket ['ledhë 'džäkit]

nahkkinnas leather glove ['ledhë glav]; (naiste ~) gauntlet ['goontlit]

naiivne naive [na'iiv]

nailon nylon ['nailën]

naine woman ['wumën] (*pl.* women) ['wimin]; (abikaasa) wife [waif] (*pl.* wives) [waivz]; (naissoost) female ['fiimeil]

naiselik feminine ['feminin]

naiskond female team ['fiimeil tiim]

naiskoor female choir ['fiimeil 'kwaië]

naisliikumine feminist movement ['feminist 'muuvmënt], feminism ['feminizm]

naissugu (the) female sex ['fiimeil seks]

nakatama infect [in'fekt] (*smb.* with *smth.*)

nakkav infectious [in´fekšës]; catching [´kätšing]

nakkus infection [in´fekšën]; ~**haigus** infectious disease [in´fekšës di´ziiz]

nali joke [džouk]

naljakas funny [´fani]

naljatama joke [džouk]

napilt (kasinalt) scantily [´skäntili]; (vaevalt) barely [´beëli]

naps (viin) spirits [´spirits]; (klaas viina) a shot [ë šot]

nari (lavats) plank-bed [´plänk bed]; (kahekordne voodi) bunk-bed [´bankbed]

narkomaan drug addict [´drag ´ädikt]

narkomaania drug addiction [´drag ë´dikšën]

narkoos narcosis [naa´kousis]

narkootikum narcotic(s) [naa-´kotiks], drug(s) [dragz]

narmendav shabby [´šäbi]

nartsiss narcissus [naa´sisës] (kollane ~) daffodil [´däfëdil]

natsionaliseerima nationalize [´näšënëlaiz]

natsionalism nationalism [´näšënëlizm]

natsionalist(lik) nationalist [´näšënëlist]

natuke a little [ë litl]

naturaalne natural [´nätšërël]

natuuras *maj.* in kind [in kaind]

natüürmort still life [stil laif] (*pl.* lives) [laivz]

nauding pleasure [´pležë]

nautima enjoy [in´džoi]

needma curse [köös]

needus curse [köös]

neeger black (person) [bläk (pöösën)]

neelama swallow [´swolou]

neem cape [keip]

neer kidney [´kidni]

neet rivet [´rivit]

negatiiv *fot.* negative [´negëtiv]

negatiivne negative [´negëtiv]

neitsi virgin [´vöödžin]

neiu young lady [jang leidi]

neiupõlvenimi maiden name [´meidën neim]

nekroloog obituary [o´bitjuëri]

nelinurkne square [skweë]

nelipühad *kirikl.* Whitsunday [´wit´sandi]

neljandik fourth [footh]; (veerand) quarter [´kwootë]

nelk 1. *bot.* pink; (punane aed~) carnation [kaa´neišën]; **2.** (vürts) clove [klav]

neoon neon [´niiën]; ~**lamp** neon lamp [´niiën lämp]

neto *maj.* net; ~**kaal** net weight [net weit]

131   **nisu**

neutraalne neutral ['njuutrël]

neutraliteet neutrality [njuu-'träliti]

nihe shift [šift]

nihkuma shift [šift]

nihutama shift [šift]

nii so [sou]

niidirull reel of thread [riil ëv thred]

niidumasin mowing machine ['mouing më'šiin]

niikuinii anyway ['eniwei]

niinimetatud so-called ['sou-'koold]

niipea: ~ **kui** as soon as [äz suun äz]

niisiis thus [thas]

niiske (vesine) moist; (õhu kohta) humid ['hjuumid]

niiskus moisture ['moistšë]; (õhu~) humidity [hju'miditi]

niisugune such (a) [satš (ë)]

niisutama moisten ['moistën]; *põll.* irrigate ['irigeit]

niit /niidi/ thread [thred]

niitma mow [mou]

niiviisi in this way [in dhis wei]

nii-öelda so to speak [sou të spiik]

nikerdama carve [kaav]

nikerdus carving ['kaaving]

nikotiin nicotine ['nikëtin]

nimekaart business card ['biznis kaad], visiting card ['viziting kaad]

nimekaim namesake ['neimseik]

nimekiri list

nimel *postp.* (kellegi asemel) on behalf of [on bi'haaf ëv]; (millegi pärast) for the sake of [fo dhë seik ëv]

nimeline nominal ['nominël]; (... järgi nimetatud) named after... [neimd aaftë]; ~ **hääletus** rollcall vote ['roulkool vout]

nimelt namely ['neimli]; (just) exactly [ik'zäktli]

nimepäev name-day ['neimdei], (one's) saint's day [saints dei]

nimekiri list

nimetama name [neim]; (ametisse) nominate ['nomineit]; (mainima) mention ['menšën]

nimetus (nimi) name [neim]; (nimetamine, määramine) nomination [nomi'neišën]; (artikkel) item ['aitëm]

nimi name [neim]

nina nose [nouz]; (kingal, sukal *jms.*) toe [tou]

ning and [änd]

nisu wheat [wiit]; ~**leib** wheat bread [wiit bred]

nitraat 132

nitraat nitrate ['naitreit];
~**väetis** nitrogenous fertilizer
[nai'trodžënës 'föötilaizë]
nohu cold [kould] (in the head);
mul on ~ I have a cold
nokk bill; (mütsil) peak [piik]
nokkmüts peaked cap [piikt
käp]
nominaal nominal ['nominël];
~**väärtus** nominal value
['väljuu]
noodipaber music paper
['mjuuzik peipë]
noodiraamat music-book
['mjuuzik buk]
noogutama nod
nool arrow ['ärou]
noomima reprimand [ripri-
'maand]
noomitus reproof [ri'pruuf]
noor young [jang]; ~**ed** young
people [jang piipl]
noorem younger, (nime *v.*
ameti järel) junior ['džuunjë]
noormees young man [jang
män] (*pl.* men)
noorpaar the newly-wed [dhë
'njuuli wed]
nooruk youth [juuth]
noorus youth [juuth]
nooruslik youthful ['juuthful]
noot note [nout]
noppima pick [pik]

norima nag [näg], (kellegagi)
pick [pik] (on *sb.*)
norm norm [noom]; (töö~)
quota ['kwoutë]; (tarbimis~)
ration ['räšën]
normaalne normal ['noomël]
normaliseerima normalize
['noomëlaiz]
norskama snore [snoo]
notar notary (public) ['noutëri]
notariaalselt: ~ tõestatud at-
tested notarially [ë'testid
nou'teëriëli]
noteerima *maj.* quote [kwout],
list
noteering *maj.* quotation
[kwou'teišën], listing
novell short story [šoot stoori]
nuga knife [naif] (*pl.* knives)
[naivz]
nugis marten ['maatën]
nuhk spy [spai]
nuhkima spy [spai]
nuhtlus punishment ['paniš-
mënt]; (tüütu asi) nuisance
['njuusëns]
nui club [klab]
nukk doll
nukker sad [säd]
nukrus sadness ['sädnis]
nukuteater puppet theatre
['papit 'thiëtë]
null zero ['ziërou]; (arve luge-

133   **nõu**

des, eriti telefonil) o [ou]

number number ['nambë], (arvmärk) digit ['didžit]; (riietusesemel) size [saiz]; (ajalehe *jms.* ~) issue ['isjuu]

numbrimärk (sõidukil) license-plate ['laisënspleit]

nunn nun [nan]; **~aklooster** convent ['konvënt]

nupp button ['batën]

nupukas bright [brait], clever ['klevë]

nurgakivi corner-stone ['koonëstoun]

nurgeline angular ['ängjulë]

nurisema complain [këm'plein]

nurjama foil

nurjuma fail [feil]

nurk corner ['koonë]

nurm meadow ['medou]; **~enukk** cowslip ['kauslip]

nutma cry [krai], weep [wiip]

nutria nutria ['nuutrië]

nutt /nutu/ crying ['kraing], weeping ['wiiping]

nuudlid noodles ['nuudlz]

nuuksuma sob

nuuskama (nina ~) blow one's nose [blou wanz nouz]

nuusutama smell

nõbu cousin [kazn]

nõel needle [niidl]; (kübara~, nööp~) pin

nõelama sting

nõeluma darn [daan]

nõges nettle [netl]

nõgus concave ['kon'keiv]

nõid witch [witš]

nõjatuma lean [liin] (on)

nõks twitch [twitš]; (vigur) trick [trik]

nõlv slope [sloup]

nõnda thus [thas], so [sou]; ~ **et** so that [sou dhät]

nõrgamõistuslik imbecile ['imbësail]

nõrgendama weaken ['wiikën]

nõrgenema weaken ['wiikën]

nõrk weak [wiik]

nõrkema (minestama) faint [feint]

nõrkus weakness ['wiiknis]

nõu I (anum) vessel ['vesël], container [kën'teinë]; (söögi~) dish [diš]; **~sid pesema** do the dishes [du dhë 'dišiz], *Br.* wash up [woš ap]

nõu II 1. (nõuanne) advice [ëd'vais]; ~ **andma** give advice [giv ëd'vais], advise [ëd'vaiz] (on); ~ **küsima** consult [kën'salt]; ~ **pidama** consult [kën'salt]; **2.** (mõte, kavatsus) plan [plän]; **~s olema** agree [ë'grii]; **ühel ~l** in agreement [in ë'griimënt]

nõuandja adviser [ëd´vaizë]; consultant [kën´saltënt]

nõudepesumasin dishwasher [´dišwošë]

nõudlik strict [strikt], demanding [di´maanding]; (valiv) picky [´piki]

nõudlus demand [di´maand]

nõudma demand [di´maand]; (tungivalt ~) insist [in´sist] (on, upon)

nõudmine demand [di´maand]; ~ **ja pakkumine** demand and supply [di´maand änd së´plai]

nõudmiseni (kirjal) poste restante [´poust ris´taant]

nõue requirement [ri´kwaiëmënt]

nõukogu council [´kaunsël], (ettevõttel) Supervisory Board [sjupë´vaizëri bood]

nõunik councillor [´kaunsëlë]; adviser [ëd´vaizë]

nõupidamine (arutlus) discussion [dis´kašën]; (koosolek) meeting [´miiting]

nõusolek agreement [ë´griimënt]

nõustuma agree [ë´grii] (to, with)

nõutav required [ri´kwaiëd]; (hästi müüv) in demand [in di´maand]

nõutu at a loss

nädal week [wiik]

nädalaleht weekly [´wiikli]

nädalalõpp week-end [´wiikend]

nägema see [sii]; **ette** ~ foresee [for´sii]; **unes** ~, **und** ~ dream [driim]; **välja** ~ look [luk]

nägemine seeing [´sii-ing]; (silma~) eyesight [´aisait], **nägemiseni!** so long! [sou long], see you again [sii ju ë´gen] (or later)! [´leitë]

nägemus vision [´vižën]

nägu face [feis]

nähtamatu invisible [in´vizibl]

nähtav visible [´vizibl]

nähtavasti evidently [´evidëntli]

nähtavus visibility [vizi´biliti]

nähtus phenomenon [fi´nominën] (pl. -na)

näide example [ig´zaampl]

näidend play [plei]

näidis sample [saampl]

näilik seeming [´siiming]

näima seem [siim]; **näib, et...** it seems that...

näitaja indicator [´indikeitë]

näitama show [šou]; (välja panema) exhibit [ig´zibit]

näiteks for example [for ig´zaampl]

135   **objektiivne**

näitleja actor ['äktë]

näitlejanna actress ['äktris]

näitus exhibition [egzi'bišën], (mess, laat) fair [feë]

nälg hunger ['hangë]; (näljahäda) famine ['fämin]; **mul on nälg** I am hungry [ai äm 'hangri]

nälgima starve [staav]

näljane hungry ['hangri]

näljastreik hunger-strike ['hangë straik]

näokreem face cream [feis kriim]

näpistama pinch [pintš]

näpp finger ['fingë]

närima (mäluma) chew [tšuu]

närimiskummi chewing-gum ['tšuuing gam]

närtsima wither ['widhë]

närv nerve [nööv]; **see käib mulle ~idele** this is getting on my nerves

närveerima (muretsema) worry [wari]

närvesööv nerve-racking ['nööv 'räking]

närvihaige neurotic [njuu-'rotik]

närviline nervous ['nöövës]

närvitsema be nervous [bi 'nöövës]

näärid New-Year holidays [niuu ieë 'holideiz]

näärivana Father Frost [faadhë frost]

nääriõhtu New Year's Eve [njuu jeëz iiv]

nördimus indignation [indig-'neišën]

nördinud disappointed [disë-'pointid]

nööp button ['batën]

nööpnõel (safety) pin [('seifti) pin]

nöör cord [kood]; (köis) rope [roup]; (pael) lace [leis]

nüanss nuance [njuu'aans]; detail ['diiteil]

nüri blunt [blant]; (igav) dull [bal]

nüüd now [nau], at present [ät 'preznt]

nüüdisaegne modern ['modën], up-to-date ['aptë'deit]

O

oakohv pure coffee ['pjuë 'kofi]

objekt object ['obdžikt]

objektiiv object-lens ['obdžikt lenz]

objektiivne objective [ob-'džektiv]

obligatsioon

obligatsioon (võlakiri) bond

observatoorium observatory [ob'zöövĕtĕri]

oda pike [paik]; (sportoda) javelin ['džävlin]

odav cheap [tšiip]; ~ **välja-müük** sale [seil]

odekolonn Cologne [kĕ'loun]

oder barley [baali]

ofset, ofset-trükk offset (printing) ['oofset 'printing]

ohakas thistle [thisl]

ohe /ohke/ sigh [sai]

ohjeldama curb [kööb]

ohkama sigh [sai]

oht danger ['deindžĕ]; (risk) risk

ohtlik dangerous ['deindžĕrĕs]; (riskantne) risky ['riski]

ohustama endanger [in-'deindžĕ]

ohutu safe [seif]

ohutus safety ['seifti]; ~**tehnika** safety devices ['seifti di'vaisiz]

ohver victim ['viktim]

ohverdama sacrifice ['säkrifais]

ohvitser (army) officer ['ofisĕ]

ohvrikivi sacrificial stone [säkri'fišĕl stoun]

oigama groan [groun]

oivaline excellent ['eksĕlĕnt]

oja stream [striim]

okas (oga) thorn [thoon]; (kuusel, männil *jms*.) needle [niidl]; ~**mets** coniferous forest [kou'nifĕrĕs 'forist]; ~**puu** conifer ['kounifĕ]; ~**traat** barbed wire [baabd waiĕ]

oks branch [braantš]

oksendama vomit ['vomit], throw up [throu ap]

oksjon auction ['ookšĕn]

okupant invader [in'veidĕ]

okupatsioon occupation [okju-'peišĕn]

okupeerima occupy ['okjupai]

olema be [bi]; ~**s olema** exist [ig'zist]

olemasolu existence [ig'zistĕns]

olematu non-existent ['nonig'zistĕnt]

olemus essence ['esĕns], (loomus) nature ['neitšĕ]

oletama suppose [sĕ'pouz], (eeldama) assume [ĕ'sjuum]

oletus assumption [ĕ'sampšĕn]

oliiv olive ['oliv]

olukord situation [sitju'eišĕn]

oluline essential [i'senšĕl]

olümpiamängud Olympic games [ou'limpik geimz]

oma (one's) own [wanz oun]; **nad elavad ~s majas** they

137 operatsioon

live in their own house; ~l käel on one's own [on wanz oun]

omadus quality ['kwoliti]

omaette of (*or* on) one's own [ov wanz oun]; (eraldi) separate(ly) ['sepëritli]

omahind cost price [kost prais]

omakasupüüdlik selfish ['selfiš]

omakasupüüdmatu unselfish [an'selfiš]

omaksed relatives ['relëtivz]

omama own [oun], have [häv]

omand property ['propëti]

omandama acquire [ë'kwaië]

omandireform property reform ['propëti ri'foom]

omandiõigus title [taitl]

omane characteristic (of) [kärëktë'ristik]

omanik owner ['ounë]

omapära specific feature [spë'sifik 'fiitšë], peculiarity [pikjuuli'äriti]

omapärane original [ë'ridži-nël]

omariiklus national independence ['näšënël indi'pendëns]

omatehtud self-made [self meid]

omavahel between ourselves [bit'wiin auë'selvz]; ~

öeldud between you and me [bit'wiin ju änd mi]

omavalitsus (riiklik) autonomy [oo'tonëmi]; **kohalik** ~ local authority ['loukël oo'thoriti]

omavoli arbitrariness ['aabitrë-rinis]; **~line** arbitrary ['aabitrëri]

ometi yet [jet], still; **tule** ~! do come! [du kam]; **viimaks** ~ at last [ät laast]

omlett omelet ['omlit]

onu uncle [ankl]

onupoeg cousin [kazn]

onutütar cousin [kazn]

ookean ocean ['oušën]

ooper opera ['opërë]; **~iteater** opera-house ['opërë 'haus]

oopium opium ['oupjëm]

ootama wait (for) [weit]; (lootma) expect [iks'pekt]; **ära** ~ await [ë'weit]

ootamatu unexpected [aniks-'pektid]

ooteruum waiting-room ['wei-ting 'rum]

ootus expectation [ekspek-'teišën]; **üle** ~**te** beyond one's expectations ['biond wanz ekspek'teišënz]

operatiivne operative ['opërëtiv]

operatsioon operation [opë-'reišën], (lõikus) surgery ['söödžëri]

opereerima operate ['opëreit]
(on smb.)

operett operetta [opë'retë]

oponent opponent [ë'pounënt]

oportunist opportunist [opë-
'tjuunist]

opositsioon opposition [opë-
'zišën]

optik optician [op'tišën]

optimaalne optimum ['opti-
mëm]

optimism optimism ['opti-
mizm]

optimistlik optimistic [opti-
'mistik]

oranž orange ['orindž]

orav squirrel ['skwirël]

orb orphan ['oofën]

orden medal ['medël]

order order ['oodë]

ordu the order ['oodë]; **Liivi** ~
Livonian Order [li'vounjën
'oodë]

orel organ ['oogën]

org valley ['väli]

organ (elund) organ ['oogën];
(asutus) body ['bodi], insti-
tution [insti'tjuušën]

organisaator organizer ['oogë-
naizë]

organisatsioon organization
[oogënai'zeišën]

organiseerima   organize

['oogënaiz]

organism organism ['oogë-
nizm]

orgkomitee organizing com-
mittee ['oogënaizing kë'miti]

orhidee orchid ['ootšid]

ori slave [sleiv]; (päris~) serf
[sööf]

orienteeruma orient ['ooriënt];
find one's way about [faind
wanz wei ë'baut]

originaal original [ë'ridžinël]

originaalne original [ë'ridžinël]

orjus slavery ['sleivëri];
(päris~) serfdom ['sööfdëm]

orkaan hurricane ['harikein]

orkester orchestra ['ookistrë];
(väiksem ~, *er.* puhkpilli~)
band [bänd]

ortodokslik orthodox ['oothë-
doks]

osa part [paat]; (jagu) portion
[poošën];   (näite~)   role
[roul]; ~ **võtma** take part
[teik   paat],   participate
[paa'tisipeit]

osak share [šeë]

osakond department [di'paat-
mënt]

osalema participate [paa'ti-
sipeit], take part [teik paat] (in)

osaline *adv.* partial ['paašël],
subst. (osapool) party [paati]

osaliselt partially [ˈpaašëli]; (osalt) partly [ˈpaatli]

osanik partner [ˈpaatnë], shareholder [ˈšeëˈhouldë]

osariik (federal) state [steit]

osav skilful [ˈskilful]

osavus skill

osavõtja participant [paaˈtisipënt]

osavõtt participation [paatisiˈpeišën]

osaühing partnership [ˈpaatnëšip]

oskama (teadma) know [nou]; (suutma) can [kän]

oskus knowledge [ˈnolidž]; (vilumus) skill

oskusteave know-how [ˈnouhau]

oskustööline skilled worker [skild ˈwöökë]

ost purchase [ˈpöötšis]; **sisse-oste tegema** do shopping [du ˈšoping]

ostja buyer [baië], (klient) customer [ˈkastëmë]

ostma buy [bai]; purchase [ˈpöötšis]

ostuhind purchasing price [ˈpöötšising prais]

ostujõud purchasing power [ˈpöötšising pauë]

ostuleping purchase agreement

[ˈpöötšis ëˈgriimënt]

osutama point out [point aut]; **teenet ~** do a favo(u)r [du ë ˈfeivë]

osuti indicator [ˈindikeitë]; (kellal) hand [händ]

osutuma turn out [töön aut] (to be)

ots end

otsakorral running out [ˈraning aut]

otsas 1. (tipus; peal) on top; **2.** (lõpul) finished [ˈfiništ]; (müüdud) sold out [sould aut]

otse straight [streit]

otsekohe at once [ät wans]

otsekohene sincere [sinˈsië]

otsene direct [diˈrekt]

otseühendus direct connection [diˈrekt këˈnekšën]; (raudteel) through service [ˈthruu ˈsöövis]; **~rong** through train [thruu trein]; **otselend** direct flight [diˈrekt ˈflait]

otsima look for [luk fo]

otstarbekas (kasulik) expedient [iksˈpiidiënt]

otstarbetu inexpedient [iniksˈpiidiënt]

otstarve purpose [ˈpööpës]

otsus decision [diˈsižën]

otsustama decide [diˈsaid]

otsustav decisive [di´saisiv]
otsustusvõimeline competent [´kompëtënt]
otsustusvõimetu incompetent [in´kompëtënt]

P

paak (mahuti) tank [tänk]
paanika panic [´pänik]
paar pair [peë]; ~ **kingi** a pair of shoes [ë peër ëv šuuz]; (abielu~, tantsu~ *jms.*) couple [kapl]; ~ **asja** a couple of things [ë kapl ëv thingz]
paarisarv even number [iivën ´nambë]
paaritu odd [ood]; ~ **arv** odd number [ood ´nambë]
paas limestone [´laimstoun]
paastuma fast [faast]
paat boat [bout]
paavst the Pope [poup]
paber paper [´peipë]; ~**ikorv** waste-paper basket [´weistpeipë ´baaskit]; ~**leht** sheet of paper [šiit ëv ´peipë]
paberraha paper money [´peipë mani]; (üksik rahatäht) banknote [´bänknout], *US.* bill

padi (pea~) pillow [´pilou]; (iste~, sohva~) cushion [´kušën]; **õhu~** air cushion [´eë´kušën]
padjapüür pillowcase [´piloukeis]
pael ribbon [´ribën]
pagan pagan [´peigën]
pagar baker [´beikë]
pagariäri baker´s shop [´beikëz šop]
pagas *Br.* luggage [´lagidž], *US.* baggage [´bägidž]; ~**i hoiuruum** left-luggage office [´leftlagidž ´ofis]
pagendama (maapakku saatmine) exile [´eksail]; (sundasumisele saatma) deport [di´poot]
pagu(lus) exile [´eksail]
pagulane (põgenik) refugee [refju´džii]
paha bad [bäd]; **mul on süda ~** I feel sick [ai fiil sik]
pahandama 1. (pahaseks tegema) annoy [ë´noi], irritate [´iriteit]; **2.** (pahane olema) be annoyed [bi ë´noid]; **3.** = **riidlema**
pahandus trouble [trabl]
pahatahtlik malevolent [më´levëlënt]
pahe vice [vais]

141 **paljas**

paigaldama set, install [in-'stool]

paigutama place [pleis], locate ['loukeit]; **ümber** ~ relocate [ri'loukeit]; (kapitali) invest [in'vest]

paigutus placing ['pleising], (asukoht) location [lou-'keišën]; (kapitali~) investment [in'vestmënt]

paik (koht) place [pleis], spot

paindlik flexible ['fleksibl]

painduma bend

paindumatu inflexible [in-'fleksibl]; (jäik) rigid ['ridžid]

paise boil

paistetus swelling ['sweling]

paistma (päikese kohta) shine [šain]; (näima) seem [siim], (näha olema) be visible ['vizibl]; **välja** ~ stand out [ständ aut]

paisuma swell [swel]

paitama caress [kë'res]

paju willow ['wilou]

pakane frost

pakend packing ['päking], package ['päkidž]

pakett (posti~) package ['päkidž]

pakikandja porter ['pootë]

pakiline urgent ['öödžënt]

pakk (pamp) pack [päk]; **posti~** parcel ['paasël]

pakkima pack [päk]; (paberisse) wrap [räp]

pakkuma offer ['ofë]; (oksjonil) bid, **huvi** ~ be of interest [bi ëv 'intrëst]

pakkumine offer ['ofër]; (oksjonil) bid; ~ **ja nõudmine** *maj.* supply and demand [së'plai änd di'maand]

paks thick [thik]; (tihe) dense [dens]; (inimese kohta) fat [fät]

pakt pact [päkt]

pala piece [piis]

palat (haiglas) ward [wood]

palav hot

palavik fever ['fiivë]

palavus heat [hiit]

palderjan valerian [vë'liëriën]

pale face [feis]

palee palace ['pälis]

palgaarmee mercenary army ['möösinëri aami]

palgaleht payroll ['peiroul]

palgapäev pay-day ['peidei]

palgasõdur mercenary ['möösinëri]

palitu (over)coat [kout]

paljajalu barefoot ['beëfut]

paljas bare [beë]; (alasti) naked ['neikid]

paljastama (katet eemaldama) uncover [an´kavë]; (saladust) disclose [dis´klouz]; (pettust *jms*.) expose [iks´pouz]

palju (koguselt, määralt) much [matš], a lot (of); (arvult) many [meni]

paljundama multiply [´maltiplai], (kopeerima) copy [kopi]

paljundus multiplication [maltipli´keišën], **~masin** copy machiene [´kopi më´šiin]

paljurahvuseline multinational [malti´näšënël]

paljutõotav promising [´promising]

palk /palgi/ timber [´timbë], log

palk /palga/ salary [´sälëri]

palkama hire [haië]

pall (spordivahend) ball [bool]

pall (hindamisühik) point

pallimäng ball-game [´boolgeim]

palm palm(-tree) [´paam(trii)]

paluma ask (for) [aask]; (palvetama) pray [prei]

palun 1. (koos mingi palvega) please [pliiz]; **~ kas tohib?** may I [mei ai] **2.** (vastusena mingile palvele *v.* tänule) you´re welcome [ju aa ´welkam]

palve request [ri´kwest]; (abi~, armuandmis~) appeal [ë´piil]; (palvus) prayer [preë]

palvekiri petition [pe´tišën]

palverändur pilgrim

palvetama pray [prei]

palvus *kirikl.* prayer [preë]

pandimaja pawnshop [´poonšop]

paneel panel [´pänël]

panema put; (asetama) place [pleis]; **ette ~** suggest [së´džest]

pangaarve bank-account [´bänkë´kaunt]

pangandus banking [´bänking]

pangatšekk banker´s cheque (*or* check) [´bänkëz ´tšek]

pangaülekanne transfer [´tränsfë]

pank bank [bänk]

pankrot bankruptcy [´bänkrapsi]

pankrotihaldur bankruptcy administrator [äd´ministreitë]

pankrotis broke [brouk]

pankur banker [´bänkë]

pann frying-pan [´fraingpän]

pannal buckle [bakl]

pannkook pancake [´pänkeik]

pant pawn [poon]

panter panther [´pänthë]

143   **parkima**

pantima pawn [poon], pledge [pledž], (kinnisvara) mortgage ['moogidž]

pantvang hostage ['hostidž]

panus (hasartmängus) stake [steik]; (omapoolne juurdepandu) contribution [këntri-'bjuušën]

papagoi parrot ['pärët]

papp (materjal) cardboard ['kaadbood]

pappel poplar ['poplë]

paprika paprika ['päprikë]

paraad parade [pë'reid]

paradiis paradise ['pärëdais]

paragrahv article ['aatikl]

paraku unfortunately [an-'footšënëtli]

paralleelne parallel (millegagito *smth.*) ['pärëlël]

paralleelselt in parallel [in 'pärëlël]

paralüseerima paralyse ['pärëlaiz]

parandama (paremaks tegema) improve [im'pruuv]; (korda seadma) repair [ri'peë]; (viga ~) correct [kë'rekt]

parandamatu irreparable [iri'peëröbl]; (ravimatu) incurable [in'kjuröbl]

parandus (kordaseadmine) repair [ri'peë]; (täiendus)

amendment [ë'mendmënt]; (vigade ~) correction [kë'rek-šën]

parandustöökoda repair shop [ri'peë šop]

paras (sobiv) suitable ['sjuu-tëbl]; **paras aeg** right time [rait taim]; **kingad on mulle parajad** the shoes fit me

pardel electric razor [i'lektrik 'reizë]

parem 1. (etem) better ['betë], (~ pool) right [rait]; 2. *adv.* (pigem) rather ['raadhë], (meelsamini) better ['betë]; *adj.* better ['betë]

parempoolne right [rait], right-hand ['raithänd], *pol.* right-wing [rait wing]; ~ **liiklus** right hand traffic ['raithänd 'träfik]

paremus advantage [ëd'vaan-tidž]

parfümeeria perfumery [pë-'fjuumëri], make-up ['meikap]

parfüüm perfume ['pööfjum], scent [sent]

parim (the) best

park park [paak]

parkett parquet ['paakit]

parkima I (nahka) tan [tän]

parkima II (liiklusvahendit) park [paak]

parkimisplats parking-lot ['paakinglot]

parkla car park [kaa paak]

parlament parliament ['paalëmënt], **~di liige** member of the parliament (*or* MP)

paroodia parody ['pärëdi]

part duck [dak]

partei party [paati]

parteilane party member ['paati 'membë]

parteitu non-party ['non-'paati], independent [indi-'pendënt]

parter *teatr.* the stalls ['stoolz]

partii (kaubasaadetis) shipment ['šipmënt]

partisan partisan ['paatizën]; **~isõda** guerilla war [gë'rilë woo]

partner partner ['paatnë]

parukas wig [wig]

parv 1. (linde) flock; **2.** (praam) ferry [feri]

parvlaev ferry-boat ['feribout]

pass (isikutunnistus) passport ['paaspoot], identification card [aidentifi'keišën kaad], (*or* ID) [ai'dii]; (tehniline ~) factory certificate ['fäktëri së'tifikit]

passiivne passive ['päsiv]

pasta paste [peist]

pastapliiats ball-point pen ['boolpoint pen]

pasteet paté [pë'tei]

pastor *kirikl.* (Lutheran) minister ['ministë]

pastoraat parsonage ['paasënidž]

pastöriseerima pasteurize ['paastëraiz]

pasun trumpet ['trampit]; **~akoor** brass band ['braas bänd]

patarei battery ['bätëri]

patent patent ['peitënt]

patenteerima patent ['peitënt]

patriarh patriarch ['peitriaak]

patrioot patriot ['peitriët]

patriotism patriotism ['peitriëtizm]

patrull patrol [pë'troul]

pats (juuksepalmik) plait [pleit]

patsient patient ['peišënt]

patsifism pacifism ['päsifizm]

patt /patu/ sin

patukahetsus repentance [ri'pentëns]

patustama commit a sin [kë'mit ë sin]

paus pause [pooz]

paviljon pavillion [pë'viljën]

pea *subst.* head [hed]; **pea-** (ametikoht) chief [tšiif], head [hed]; **~direktor** general

145   **peen**

manager ['dženerël 'mänidžë]

peaaegu almost ['oolmoust]

peaassamblee general assembly ['dženerël ë'sembli]

peakorter headquartes ['hedkwootëz]

pearoog main course [mein koos]

peal on

peale 1. *adv.* on, on top, above [ë'bav]; over [ouvë]; (ühendverbides) on, upon [ë'pon], against [ë'genst]; **palun võtke mind** ~ please give me a lift; **eilsest** ~ since yesterday; ~ **käima** insist [in'sist] **2.** *postp.* on, upon; **3.** *prep.* (lisaks) besides [bi'saidz]; (välja arvatud) except [ik'sept]; (pärast) after [aaftë]; ~ **selle** besides [bi'saidz]; ~ **lõunat** in the afternoon [in dhi aaftë'nuun]

pealekauba extra ['ekstrë]

pealetükkiv intrusive [in'truusiv]; (ebameeldivalt ~) pushy [puši]

pealinn capital ['käpitël]

pealiskaudne superficial [sjuupë'fišël]

pealkiri title ['taitl]

pealt: 1. ~ **kuulama** (salaja) eavestrop ['iivzdrop]; ~

kuulma overhear [ouvë'hië]; ~ **nägema** witness ['witnis]; **2.** *postp.* from, off

peamine main [mein]

peaminister prime minister ['praim'ministë]

peamiselt mainly [meinli]

peasekretär secretary general ['sekritëri 'dženerël]

peatama stop

peategelane main character ['mein 'käriktë]

peatuma stop

peatus stop; **takso**~ taxi rank ['täksi ränk]

peatuseta non-stop ['nonstop]

peatänav main street ['meinstriit]

peatükk chapter ['tšäptë]

peavalu headache ['hedeik]

peavari shelter ['šeltë]

pedagoogika pedagogy ['pedëgodži]

pedagoogiline pedagogical [pedë'godžikël]

pedant pedant ['pedënt]

pediküür pedicure ['pedikjuë]

peegel mirror ['mirë]

peegeldama reflect [ri'flekt]

peekon (liha) bacon ['beikën]; (siga) bacon pig

peen fine [fain], thin [thin]; (elegantne) elegant ['eligënt]

peenar bed

peenestama crush [kraš]; (jahvatades) grind [graind]

peenike (kõhn) skinny ['skini]

peenleib fine rye bread [fain 'raibred]

peenraha small change [smool tšeindž]

peensus (small) detail ['diiteil]

peet beet (root) ['biitruut]

pehme soft

peied wake [weik], funeral feast ['fjuunërël fiist]

peigmees (pulmapäeval) bridegroom ['braidgruum]; (kihlatu) fiancé ['fiansei]

peiler pager ['peidžë]

peitel chisel [tšizl]

peitma (eset) hide [haid]; (mõtet) conceal [kën'siil]

pekk fat [fät]

peksma beat [biit]

pelglik shy [šai]

penn (rahaühik) penny ['peni] (*pl.* pence)

pension pension ['penšën]; **~ikindlustus** retirement (pension) insurance [ri'taië-mënt in'šuërëns]

pensionär pensioner ['penšë-nië]

peokõne speech [spiitš]

peoperemees host [houst]

perekond family ['fämili]

perekonnanimi surname ['šööneim], family name ['fämili neim]

peremajutus home hospitality [houm hospi'täliti]

peremees (ülem) boss; (külaliste suhtes) host [houst]; (üürikorteri ~) landlord ['ländlood]; (talu~) farmer ['faamë]

perenaine (kodu~) housewife ['hauswaif] (*pl.* wives); (külaliste suhtes) hostess ['houstis]; (üürikorteri ~) landlady ['ländleidi]

perfektne perfect ['pööfikt]

periood period ['piëriëd]

perroon platform ['plätfoom]; *US.* track [träk]

personaalarvuti personal computer ['pöösënël këm-'pjuutë], *kõnek.* PC ['pii'sii]

personal personnel [pöö-së'nel], staff [staaf]

perspektiiv perspective [pës-'pektiv]

pesa nest; *tehn.* socket ['sokit]

pesapall *sport.* baseball ['beis-bool]

pesema wash [woš]; **nõusid ~** wash up [woš ap]; **hambaid ~** brush one's teeth [braš

pihlakas

tiith]; **pesu** ~ do laundry [du loondri]

pessimism pessimism ['pesimizm]

pessimistlik pessimistic [pesi'mistik]

pesu (pesemine) washing ['wošing]; (ihu~) underwear ['andëweë]; (naiste~) lingerie ['länžëri]; (pesusolevad rõivad) laundry [loondri]

pesukauss wash-bowl ['wošboul]

pesukuivataja dryer [draië]

pesumaja (public) laundry [loondri]

pesumasin washing machine [wošing më'šiin]

pesupulber washing powder ['wošing 'paudë]

pesuseep laundry soap ['loondri soup]

petersell parsley ['paasli]

petis swindler ['swindlë], cheat [tšiit]

petlik deceptive [di'septiv]

petma deceive [di'siiv], cheat [tšiit]; (raha välja ~) swindle [swindl]

pettuma be disappointed [bi disë'pointid]

pettumus disappointment [disë'pointmënt]

pettus swindle [swindl]; fraud [frood]

pianist pianist ['piënist]

pidama I (kohustatud olema) have to [häv të], must [mast]

pidama II (hoidma) keep [kiip], hold [hould]; (kellekski, millekski eksikombel ~) take for [teik foo]; **sõna ~** keep one's word [kiip wanz wööd]; **koosolekut ~** hold a meeting [hould ë 'miiting]; **kõnet ~** deliver a speech [di'livë ë spiitš]

pidev continuous [kën'tinjuës]

pidžaama pyjamas, *US.* pajamas [pi'džaamëz]

pidu party ['paati], festival ['festivël]

pidulik festive ['festiv]; ~ **riietus** formal clothing ['foomël 'kloudhing] (*or* dress)

pidur, pidurdama brake [breik]

pidustus celebration [seli'breišën]

pidutsema party ['paati], (tähistama) celebrate ['selibreit]

pigistama squeeze [skwiiz]; (jalatsi kohta) pinch [pintš]

pihlakas (puu) roan-tree ['rouëntrii]; (mari) roan(-berry) ['rouën(bëri)]

piht /piha/ waist(-line) ['weist-(lain)]

pihtima confess [kën'fes]

pihusti spray [sprei]

piibel The Bible [dhë baibl]

piiksuma sqeak [skwiik]; *elektr.* beep [biip]

piiluma peep [piip]

piim milk

piin torture ['tootšë]

piinama torture ['tootšë]

piinlik embarrassing [im'bär-rësing]; **mul on** ~ I am (*or* feel) embarrassed [im'bärëst]

piinlikkus embarrassment [im'bärësmënt]

piip pipe [paip]

piir (piirang) limit ['limit]; (riigi~) border ['boodë]

piirama limit, (kitsendama) restrict [ris'trikt]

piiramatu unlimited [an'limi-tid]; (võimu kohta) absolute ['äbsëluut]

piirang limit, restriction [ris-'trikšën]; **kiiruse~** speed limit ['spiid 'limit]

piiritus spirit(s) ['spirits], alcohol ['älkëhël]

piirivalve border guard ['boo-dëgaad]

piirivalvur border guard ['boodëgaad]

piirkond region ['riidžën]

piirnema border ['boodë] (with)

piisama suffice [së'fais], **sellest piisab** that will do [dhät wil du]

piisav sufficient [së'fišënt]

piiskop bishop ['bišop]

pikaajaline long-term ['long-tööm]

pikalt (kaua) long

pikendama lengthen ['lenthën], (ajaliselt) prolong [prë'long]

pikendus extension [iks'ten-šën]

piketeerima, pikett *pol.* picket ['pikit]

pikk long, (kõrguselt) tall [tool]

pikkpoiss *kok.* meat loaf ['miitlouf]

pikkus length [lenth]; (kasvu kohta) height [hait]

pikne (välk) lightning ['laitë-ning]

piknik picnic ['piknik]

pikutama rest

pildiraamat picture book ['piktšëbuk]

pildistama take pictures [teik 'piktšëz]

pilet ticket ['tikit]; **~ikassa** ticket office ['tikit 'ofis],

149   **pisargaas**

teatr. box-office [boks ´ofis]; **~ikontroll** ticket inspector [´tikit ins´pektë]

pilgutama twink [twink]

piljard (mäng) pools [puulz]

pilk glance [glaans]

pill I (muusikariist) musical instrument [´mjuuzikël ´instrëmënt]

pill II (ravim) pill

pillama 1. (raiskama) waste [weist]; **2.** (kukkuda laskma) drop

pillimees musician [mju´zišën]

pilliroog reed [riid]

piloot pilot [´pailët]

pilt picture [´piktšë]

piltlik figurative [´figjureitiv]

piltpostkaart picture postcard [´piktšë ´poustkaad]

pilu slot

pilv cloud [klaud]

pilvelõhkuja skyscraper [´skaiskreipë]

pilvine cloudy [klaudi]

pime 1. (valgusetu) dark [daak]; **2.** (mittenägev, sõge) blind [blaind]

pimedus 1. (valgusetus) darkness [´daaknis] **2.** (mittenägevus, sõgedus) blindness [´blaindnis]

pimesi blindly [´blaindli]

pimestama blind [blaind]

pind /pinna/ surface [´sööfis]; (pinnas) soil

pindala area [´eërië]

pinev tense [tens], (ärev) alarming [ë´laaming]

pinge tension [´tenšën]; *el.* voltage [´voultidž]

pingeline intense [in´tens]

pingutama (püüdma, üritama) try [trai]; **jõudu ~** make an effort [meik ën ´efët]

pingutus effort [´efët]

pingviin penguin [´pengwin]

pink bench [bentš]

pinnas soil

pinnavesi surface water [´sööfis ´wootë]

pintsak jacket [´džäkit]

pintsett tweezers [´twiizëz]

pipar pepper [´pepë], **punane ~** red (*or* cayenne) pepper; **~kook** gingerbread [´džin-džëbred]

piparmünt peppermint [´pepë-mint]

pirn pear [peë]; (elektri~) bulb [balb]

pirukas pie [pai], (ümmargune auguga ~) doughnut [´dou-nat]

pisar tear [tië]

pisargaas tear gas [tië gäs]

pisiasi (tähtsusetu) trifle
['traifl]; (detail) small detail
[smool ´diiteil]

pisik microbe ['maikroub]

pistik plug [plag]; ~**upesa**
socket ['sokit]

pistis bribe [braib]

pisut a little [ë litl]

pizza pizza ['pitsa]

pizzabaar pizzeria [pitsë´riië]

pits I (sigari-, sigaretihoidja)
cigarette holder [sigë´ret
´houldë]

pits II (napsiklaas) vodka glass
['vodkëglaas]

pits III *tekst.* lace [leis]

pitsat seal [siil]

plaan plan [plän], (kava)
schedule ['skedjul]; (sõidu~)
time-table ['taimteibl]; (lin-
na~) (city) map ['siti mäp]

plaaniline (kavandatud) plan-
ned ['pländ], (plaanipärane,
regulaarne) scheduled
['skedjuld]

plaanimajandus planned
economy ['pländ i´konëmi]

plaaster plaster ['plaastë]

plaaž beach [biitš]

plaat board [bood]; (heli~)
record ['rekëd]

plagiaat plagiarism ['pleidžë-
rizm]

plahvatama explode [iks´ploud]

plahvatus explosion [iks-
´ploužën]

plakat poster ['poustë]

plaksutama applaud [ë´plood]

planeerima plan [plän]

planeet planet ['plänit]

plastmass plastic ['plästik]

plats (väljak) square [skweë]

platvorm platform ['plät-
foom], *US.* track [träk]

pleier player ['pleië]

plekieemaldaja spot remover
['spot ri´muuvë]

plekikäärid plate-shears [pleit
šiëz]

plekk I (metallileht) sheet-
metal ['šiit´metël]

plekk II (laik) stain [stein],
spot

plenaaristung plenary session
['plenëri ´sešën]

pliiats pencil [pensël]; (värvi~)
crayon ['kreiën]

pliit cooking stove ['kuking
stouv]

plokk block [blok]; (sigareti~)
carton ['kaatën]

plombeerima (hammast) fill

plomm (hamba~) filling;
(pitser) seal [siil]

ploom plum [plam]; (kuiva-
tatud ~) prune [pruun]

151 **poolt**

pluralism pluralism ['pluurëlizm]

pluss plus [plas]

pluus blouse [blauz]

poeesia poetry ['pouitri]

poeet poet ['pouit]

poeg son [san]

pohl cowberry ['kaubëri], red bilberry [red 'bilbëri]

pohmelus hangover ['hängouvë]

poiss boy [boi]

poissmees bachelor ['bätšelë]

pojapoeg grandson ['grändsan], **pojatütar** granddaughter ['gränddootë]

pokaal cup [kap], (wine-)glass [('wain)glaas]

poks boxing ['boksing]

poleerima polish ['poliš]

poliis policy ['polisi]

poliitik politician [poli'tišën]

poliitika (riigiasjade ajamine) politics ['politiks]; (tegutsemisviis) policy ['polisi]

poliitiline political ['politikël]

polikliinik outpatients clinic ['aut'peišënts 'klinik]

politsei police [pë'liis]

politseinik policeman ['pë'liismän] (*pl.* men)

polster padding ['päding], (polsterdus) upholstery [ap'houlstëri]

polütehniline polytechnic(al) [poli'teknikël]; ~ **haridus** technical education ['teknikël edju'keišën]

pomm bomb [bom]

pommitama bombard [bom-'baad]

pood shop [šop], *US.* store [stoo]

poodium stage [steidž]

poogen (keelpilli ~) bow [bou]; *trük.* sheet [šiit]

pool /poole/ half [haaf] (*pl.* halves) [haavz]; (külg) side [said]; (lepingus, kohtuprotsessis *jms.*) party [paati]

pooldaja supporter [së'pootë]

pooldama favour ['feivë]

poolfinaal semifinal(s) ['semifainëlz]

poolik incomplete [inkëm'pliit]

poolkera hemisphere ['hemisfië]

poolpidulik semi-formal [semi-'foomël]

poolsaar peninsula [pë'ninsjulë]

poolt *postp., adv.* from, for, of, by; **kelle ~ te hääletate?** who(m) do you vote for?; **kes on ~? (kes vastu?)** who is in favour? [huu iz in 'feivë] (who is against?) [huu iz ë'genst]

poolteist one and a half [wan änd ë haaf]

pooltoode semi-manufactured goods (*or* products) ['semimänjë'fäktšëd guudz]

pooltoores half-raw ['haafroo]; (prae kohta) underdone ['andëdan]

poolvillane half-woolen [haaf wuln]

poonima polish ['poliš]

poos pose [pouz]

populaarne popular ['popjulë]

populaarsus popularity [popju'läriti]

porgand carrot ['kärët]

pori mud [mad]

porine muddy ['madi]

pornograafia pornography [poo'nogrëfi]

pornograafiline pornographic [poonë'gräfik]

porter stout [staut], porter(s'ale) ['pootë]

portfell brief-case ['briifkeis]

portjee reception [ri'sepšën]

portree portrait ['pootrit]

portselan china [tšainë]

portsjon portion ['pooěšën]

positiivne positive ['pozitiv]

positsioon position [pë'zišën]; (seisukoht) stand [ständ]

post I (tulp) post [poust]

post II (sideasutus, postisaadetised) *Br.* post [poust], *US.* mail [meil]

postiljon postman ['poustmän], mailman ['meilmän] (*pl.* -men)

postipakk parcel ['paasël]

postitama post [poust], *US.* mail [meil]

postkaart postcard ['poustkaad]

postkast letter-box ['letëboks], *Br.* pillar-box ['pilëboks], *US.* mail-box ['meilboks]

postkontor post-office ['poustofis]

postmark stamp [stämp]

potentsiaalne potential [pë'tenšël]

pott (nõu) pot

praad fry [frai], roast [roust]; (pearoana) main course [mein koos]

praadima (pannil) fry [frai]; (tulel) roast [roust]

praak *adj.* damaged ['dämidžd], defective [di'fektiv]

praakkaup sub-standard goods ['sab'ständëd guudz]

praam ferry [feri]

praegu now [nau], at present [ät 'prezënt]

praekartul fried potato [fraid pë'teitou] (*pl.* -oes)

praemuna fried egg [fraid eg]
praepann frying-pan ['fraing-pän]
pragu crack [kräk]
praht trash [träš]
praktika practice ['präktis], practical training ['präktikël 'treining]
praktikant trainee [trei'nii]
praktiline practical ['präktikël]
prantssai French roll [frentš roul]
praost *kirikl.* dean [diin]
preemia (auhind) prize [praiz]; (lisatasu) bonus ['bounës]
preester priest [priist]
preili (nime ees) Miss
preservatiiv condom ['kondëm]
president president ['prezidënt]
presiidium presidium [pri-'sidiëm]
pressiesindaja spokesman ['spouksmän] (-woman), PR-officer ['pii'aar 'ofisë]
pressikeskus press-centre ['pres'sentë]
pressikonverents press conference [pres 'konfërëns]
pressima press
prestiiž prestige [pres'tiiž]
pretendent contender [kon-'tendë]

pretensioon pretension [pri'tenšën]; (nõue) claim [kleim]
pretsedenditu unprecedented [an'presidentid]
pretsedent precedent ['presidënt]
prii free [frii]
priipääse free pass [frii paas]
prillid glasses ['glaasiz]
primitiivne primitive ['primitiv]
printer printer ['printë]; **laser~** laser printer ['leizë 'printë]; **maatriks~** (dot-) matrix printer ['mätriks 'printë]
prints prince [prins]
printsess princess ['prinsës]
printsiip principle ['prinsipl]
prioriteet priority [prai'oriti]
privileeg privilege ['privilidž]
probleem problem ['problëm]
produktiivne productive [prë'daktiv]
produktiivsus productivity [prodak'tiviti]
professionaalne = elukutseline
professor professor [pro'fesë]
prognoos prognosis [prog'nousiz] (*pl.* -oses [-siiz])
programm programme ['prougräm]; (õppe~) curriculum [kë'rikjulëm] (*pl.* -la [lë])

progress progress ['prougres]
projekt project ['prodžikt]; (dokumendi ~) draft [draaft]
pronks bronze [bronz]
proosa prose [prouz]
proosit! cheers [tšiez]
proov (rõivaste ~) try-on ['traion]; (väärismetalli ~) hallmark ['hoolmaak]; (näidendi *vms.* ~) rehearsal [ri'höösël]
proovima (üritama) try [trai], (kontrollima) test; (rõivaid) try on [trai on]; (näidendit) rehearse [ri'höös]
propaganda propaganda [propë'gändë]
proportsionaalne proportional [prë'poošënël]; (võrdeliselt vastav) proportionate [prë'poošënit]
pross (rinnanõel) brooch ['broutš]
prostitutsioon prostitution [prosti'tjuušën]
prostituut prostitute ['prosti-tjuut]
protest protest ['proutest]; **~i avaldama** lodge a protest [lodž ë 'proutest]
protestant Protestant ['pro-tistënt]
protestima protest [prë'test]

protokoll (koosoleku ~) minutes ['minits]; (ametlik, juriidiline) protocol ['prou-tëkol]
protseduur procedure [prë-'siidžë]
protsendimäär percentage [pë'sentidž]
protsent per cent [pë'sent]
protsess (kulg) process ['prouses]; (kohtu~) trial ['traiël]
protsessor processor ['prousesë]
proua lady [leidi], (nime ees) Mrs., (kõnetlusena) madam ['mädëm]
provokatsioon provocation [provë'keišën]
provokatsiooniline provoca-tive [prë'vokëtiv]
provotseerima provoke [prë-'vouk]
pruun brown [braun]
pruut (kihlatu) fiancee [fi'aansei]; (pulmas) bride [braid]
pruutpaar (the) bridal couple [bridël kapl]
prügi trash [träš], *US.* garbage ['gaabidž]; **~kast** dustbin ['dastbin]; **~mägi** dump [damp]; **~šaht** garbage chute [šuut]

155   **puritaanlus**

psühhiaatria psychiatry [sai-´kaiëtri]

psühholoogia psychology [sai´kolëdži]

psühholoogiline psychological [saikë´lodžikël]

publik public [´pablik]; (teatris *jms.*) audience [´oodiëns]

publikatsioon publication [pabli´keišën]

pudel bottle [botl]

pudeliavaja (bottle) opener [(botl) ´oupënë]

puder porridge [´poridž]; (kartuli~) mashed potatoes [mäšt pë´teitëz]

puding pudding [´puding]

puhas clean [kliin]; (segamatu, rikkumatu) pure [pjuë]

puhaskasum net profit

puhastama clean [kliin]

puhastus cleaning [´kliining], **keemiline** ~ dry cleaning [drai ´kliining]; ~**seadmed** cleaning devices [´kliining di´vaisiz]

puhkama rest

puhkema break out [breik aut]

puhkepäev day off [´dei of]

puhkpilliorkester brass band [braas bänd]

puhkus rest, vacation [vë´keišën]; (ameti~) leave [liiv];

(vanadus~) retirement [ri´taiëmënt]; ~**el** on holiday [´holidei]

puhtus cleanness [´kliinnis]

puhuma blow [blou]

puhvet cafeteria [käfi´tiërië]

puit wood [wuud]; (tarbe~, ehitus~) timber [´timbë]

pukseerima tow [tou]

pulber powder [´paudë]

puljong broth [broth]

pull bull [bul]

pullover pullover [´pulouvë], sweat shirt [´swetšööt]

pulm wedding [´weding]

pulmareis wedding-trip [´wedingtrip]

pulss pulse [pals]

pump pump [pamp]

Punaarmee the Red Army [red aami]

punane red

punastama blush [blaš]

punkt point, (kirjavahemärk) full stop; (päevakorra~) item [´aitëm]

punš punch [panš]

punuma (korvi *jms.*) weave [wiiv]

puri sail [seil]

puritaan Puritan [´pjuëritën]

puritaanlus puritanism [´pjuëritënizm]

purjekas yacht [jot], sailing-boat ['seilingbout]

purjelauasõit wind-surfing ['windsööfing]

purjeregatt yachting regatta ['joting ri'gätä]

purjesport yachting ['joting]

purjetama sail [seil]

purjetamine sailing ['seiling]

purjus drunk [drank]

purk jar [džaa], (plekist) *Br.* tin, *US.* can [kän]

purskkaev fountain ['fauntin]

purunema break [breik]

purustama break (to pieces) [breik], smash [smäš]

putka kiosk ['kiosk], *US. ka* stand [ständ]

putukas insect ['insekt], *US. ka* bug [bag]

puu tree [trii]

puuder (face) powder ['paudë]

puudujääk deficit ['defisit]

puudulik (mitteküllaldane) insufficient [insë'fišënt], inadequate [in'ädikwit]; (hinde kohta) unsatisfactory [an-sätis'fäktëri]

puuduma 1. (mitte omama) lack [läk]; **2.** (mitte kohal olema) be absent [bi 'äbsënt]

puudumine (mittekohalolek) absence ['äbsëns]

puudus (nappus) shortage ['šootidž]; (viga) shortcoming ['šootkaming]

puudutama touch [tatš], (kellessegi puutuma) concern [kën'söön]

puue defekt [di'fekt]; ~**tega inimesed** handicapped ['händikäpt] (people)

puupüsti: ~ **täis** overcrowded [ouvë'kraudid]

puur I (linnu~, looma~) cage [keidž]

puur II (puurimisvahend) drill

puus hip

puusepp carpenter ['kaapintë]

puusärk coffin ['kofin]

puutuma touch [tatš]; (millessegi, kellessegi ~) concern [kën'söön]

puutumatus inviolability [invaiëlë'biliti]

puuvili fruit [fruut]

puuvill cotton ['kotën]

puuvillane cotton ['kotën]

põder elk

põetama nurse [nöös]

põgenema escape [is'keip]

põgenemine escape [is'keip]

põgenik refugee [refju'džii]

põhi I (ilmakaar) north [nooth]

põhi II bottom ['botëm], (alus) ground [graund]; (taga~) (back-)ground [('bäk)graund]

157   **põrandalamp**

põhikapital fixed capital [fikst ´käpitël], capital stock [´käpitël stok]

põhikiri Articles [´aatiklz] (of Association), (ühingul) Statutes [´stätjuuts]

põhikool elementary school [eli´mentëri skuul]

põhiline basic [´beisik]; (peamine) main [mein]

põhiliselt basically [´beisikëli]; (peamiselt) mainly [´meinli]

põhimõte principle [´printsipl]

põhimõtteliselt in principle [in ´prinsipl]

põhimäärus statute [´stätjuut]

põhinema be based (on) [bi beist]

põhiseadus constitution [konsti´tjuušën]

põhjalik thorough [´tharë]

põhjalikult thoroughly [´tharëli]

põhjamaad the Nordic countries [´noodik ´kantriz]

põhjamaalane northener [´noodhënë]

põhjamaine northern [´noodhën]

põhjavesi underground water [´andëgraund wootë]

põhjendama reason [´riizën], motivate [´moutiveit]

põhjendatud well-founded [´welfaundid]

põhjendus reason [´riizën]

põhjus cause [kooz], (alus) reason [´riizën]

põhjustama cause [kooz]

põiktänav cross-street [´kros ´striit]

põld field [fiild]

põlema burn [böön]

põletama burn [böön]

põletik inflammation [inflë´meišën]

põlevkivi oil-shale [´oilšeil]; ~õli shale oil [šeil oil]

põline ancient [´einšënt]

põliselanik native [´neitiv]

põll apron [´eiprën]

põllumajandus farming [´faaming], agriculture [´ägrikaltšë]

põllumees farmer [´faamë]

põllutööriist farming implement [´faaming ´implimënt] or equipment [ik´wipmënt]

põlv (kehaosa) knee [nii]

põlvkond generation [dženë´reišën]

põlvpüksid shorts [šoots]

põnev exciting [ik´zaiting]

põrand floor [floo]

põrandaalune underground [´andëgraund]

põrandalamp floor lamp [floo lämp]

põrandavaip (floor-)carpet ['kaapit], rug [rag]

põrgu hell

põruma shake [šeik]

põsk cheek [tšiik]

põud drouhgt [draut]

põuetasku inner pocket [inë 'pokit]

põõsas bush [buš]

pädev competent ['kompëtënt]

pädevus competence ['kompëtëns]

päev day [dei]

päevakava schedule ['skedjul]

päevakohane topical ['topikël]

päevakord agenda [ë'džendë]

päevakorral on the agenda

päevaleht daily (news)paper [deili peipë]

päevalill sunflower ['sanflauë]

päevaraha daily allowance [deili ë'lauëns], per diem [pë 'diëm]

päevasärk (day-)shirt [šööt]

päevauudised news [njuuz]

päevavalgus daylight ['deilait]

päevavalguslamp sun lamp [san lämp]

päevik diary ['daiëri]

päevitama sunbathe ['sanbeidh]

päevitunud sunburnt ['sanböönt]

päevitus sunburn ['sanböön], sun-tan ['santän]

päevituskreem sun(screen) lotion ['sanskriin 'loušën]

pähkel nut [nat]

päike sun [san]; **~se käes** in the sun

päikeseenergia solar energy ['soulë 'enëdži]

päikeseloojak sunset ['sanset]

päikesepaiste sunshine ['san-šain]

päikeseprillid sun-glasses ['sanglaasiz]

päikesetõus sunrise ['sanraiz]

päikesevarjutus solar eclipse ['soulër i'klips]

pärale: ~jõudma arrive (at, in) [ë'raiv]

pärand heritage ['heritidž]

pärandama bequeath [bi-'kwiidh]

pärandus (testamendiga) legacy ['legësi]

pärast 1. *adv.* later [leitë], **2.** *prep.* after [aaftë]; **3.** *postp.* (tõttu) because of [bi'kooz ëv]; **tunni aja ~** in an hour [in ën auë]; **viie minuti ~ kuus** it is five minutes to six

pärastlõuna afternoon [aaftë-'nuun]

159   **püsima**

pärg wreath [riith]

pärija heir [eë], *fem.* heiress ['eëris]

pärilik hereditary [hi'reditëri]

pärima (pärandina saama) inherit [in'herit]

pärimisõigus right of inheritance [rait ëv in'heritidž]

pärimus tradition [trä'dišën]

pärinema descend [di'send] (from)

pärisori serf [sööf]

pärit coming from ['kaming from]

päritolu origin ['oridžin]

pärl gem [džem]

pärlmutter nacre ['neikë]

pärm yeast [jiist]

pärn(apuu) lime(-tree) ['laim(trii)]

päts /pätsi/ (leiba) loaf [louf] (*pl.* loaves) [louvz]

pääse /pääsme/ ticket ['tikit]; (luba) pass [paas]

pääsema escape [is'keip]; **sisse ~** get in; **välja ~** get out

pääste: **~paat** life-boat ['laifbout]; **~rõngas** lifebuoy ['laifboi]; **~vest** life vest ['laifvest]

päästma save [seiv]

pääsuke swallow ['swolou]

põial thumb ['dhëmb]

pööning attic ['ätik]

pöörama turn [töön]

pöördepunkt turning-point ['tööningpoint]

pöörduks revolving door [ri'volving doo]

pöörduma turn [töön]

pöördumine address [ë'dres]

pööre turn [töön]

pööripäev solstice ['solstis]

pööritus (pea~) dizziness ['dizinis]

püha 1. *adj.* sacred ['seikrid], **2.** *subst.* (tähtpäev) holiday ['holidei]

pühendama (elu, jõudu *jms.*) devote (to) [di'vout]; (raamatut *jms.*) dedicate (to) ['dedikeit]

pühitsema (tähtpäeva) celebrate ['selibreit]

pühkima sweep [swiip], (hõõrudes) wipe [waip]

püksid trousers ['trauzëz], *US.* pants [paants]

püksirihm belt

püksseelik culottes ['kuulotiz]

püree puree [pjuu'rei]

püsilokid permanent wave ['pöömënënt weiv]

püsima last [laast], persist [pë'sist]; (jääma) remain [ri'mein]

püsiv steady [stedi], persistent [pë´sistënt]; (kauakestev) durable [´djuurëbl]

püss gun [gan]

püsti up [ap]

püstitama set up

püstol pistol

püüdma 1. (kättesaamiseks) catch [kätš]; **kinni ~** catch [kätš]; **2.** (üritama) try [trai]

R

raad town council [´taun´kaunsil]

raadio radio [´reidiou]

raadiojaam radio station [´reidiou´steišën]

raadiosaatja radio transmitter [´reidiou träns´mitë]; (kaasaskantav saatja-vastuvõtja) walkie-talkie [´wookitooki]

raadiotelefon cordless phone [´koodlis foun]

raal computer [këm´pjuutë]

raam frame [freim]; (prilliraamid) rim

raamat book [buk]; **~ukapp** bookcase [´bukkeis]; **~ukauplus** bookshop [´bukšop]; **~kogu** library [´laibrëri]

raamatupidaja accountant [ë´kauntënt]

raamatupidamine accounting [ë´kaunting]

raba high moor [hai muë]

rabama (üllatama) strike [straik]; (tööd ~) bustle [basl]

rabarber rhubarb [´ruubaab]

rabav striking [´straiking]

rada path [paath]; *sport.* track [träk]

radar radar [´reidaa]

radaridetektor radar detector [´reidaa di´tektë]

radiaator heater [´hiitë]

radiatsioon radiation [reidi´eišën]

radikaal radical [´rädikël]

radikaalne radical [´rädikël]

radioaktiivsus radio-activity [´reidiouäk´tiviti]

raekoda town hall [´taunhool]

raev rage [reidž]

raha money [mani]; (münt) coin; (rahatäht) note [nout], bill

rahakaart postal money order [´poustël ´manioodë]

rahakott purse [pöös]

rahandus finance(s) [fai´nänsiz]; **~aasta** fiscal year [fiskël jeë]

rahareform currency (*or* monetary) reform [´karënsi ri´foom]

rahatasku wallet ['wolit]

rahatrahv fine [fain]

rahatäht banknote ['bänk-nout]

rahavahetus money exchange [mani iks'tšeindž]

rahaühik monetary unit ['manitëri 'juunit]

rahe hail [heil]

rahu peace [piis]

rahul: ~ **olema** be satisfied [bi 'sätisfaid]

rahuldama satisfy ['sätisfai]

rahuldav satisfactory [sätis-'fäktëri]

rahuldus satisfaction [sätis-'fäkšën]

rahule: ~ **jätma** leave alone [liiv ë'loun]; ~ **jääma** be satisfied [bi 'sätisfaid]

rahulik peaceful ['piisful]

rahulolematus dissatisfaction [disätis'fäkšën]

rahunema calm down [kaam daun]

rahustama calm [kaam]

rahusti sedative ['sedëtiv]

rahutu restless ['restlis]; (ärev) alarming [ë'laaming]

rahvahulk crowd [kraud]

rahvahääletus referendum [refe'rendëm]

rahvaküsitlus opinion poll ['ë'piniën poul]

rahvalaul folk song [fouk song]

rahvalik popular ['popjulë]

rahvaloendus population census [popju'leišën 'sensës]

rahvamajandus national economy ['näšënël i'konëmi]

rahvariie national (or folk) costume ['näšënël 'kostjuum]

rahvarinne popular front ['popjulë frant]

rahvas people [piipl]

rahvasaadik deputy ['depjuti]

Rahvasteliit League of Nations ['liig ëv 'neišënz]

rahvastik population [popju-'leišën]

rahvatants folk dance [fouk daans]

rahvus nation ['neišën], nationality [näšë'näliti]

rahvuseepos national epic ['näšënël 'epik]

rahvushümn national anthem ['näšënël 'änthëm]

rahvuslik national ['näšënël]; ~ **koguprodukt** gross national product ['gros 'näšënël 'prodëkt]

rahvuslipp national flag ['näšënël fläg]

rahvuspoliitika nationalities policy [näšë'nälitiz 'polisi]

rahvusriik nation-state ['nei-šën steit]

rahvusvaheline international [intë'näšënël]

raiskama waste [weist]

rajaja founder ['faundë]

rajama found [faund]; (asu-tama) establish [is'täbliš]

rajoon district ['distrikt]

rakendama apply [ë'plai]

rakendus application [äpli-'keišën]

rakett rocket ['rokit]

ralli rally ['räli]

rammus (toitev) rich [ritš]; (mulla kohta) fertile ['föötail]

rand coast [koust]; (supel~) beach [biitš]

randuma land [länd]

range strict [strikt]

ranits satchel ['sätšël]

rannajoon coast line ['koust 'lain]

rannavalve coastguard ['koust-'gaad]

rannaveed coastal waters ['koustël 'wootëz]

ranne wrist [rist]

rannik coast [koust]

raputama shake [šeik]

rariteet rarity ['räriti]

rase pregnant ['pregnënt]; **~stumisvastased vahendid**

contraceptives [kontrë-'septivs], (tabletid) birth conrol pills [bööth kën'troul pilz]

rasedus pregnancy ['pregnënsi]

raseerima shave [šeiv]

raske (kaalult) heavy [hevi]; (ränk) difficult ['difikëlt], hard [haad]

raskendama aggrevate ['ägri-veit]

rasketööstus heavy industry ['hevi 'indëstri]

raskus (kaal) weight [weit]; (probleem) difficulty ['difi-këlti]; (elu~) hardship ['haadšip]

rass race [reis]

rassism racism ['reisizm]

rasv fat [fät]

rasvavaba fat-free ['fätfrii]

ratas wheel [wiil]

ratastool wheel-chair ['wiil-tšeë]

ratifitseerima ratify ['rätifai]

ratsionaalne rational ['räšënël]

ratsutama ride [raid] (a horse)

ratsutamine horseback riding ['hoosbäk 'raiding]

raud iron [aiën]

raudbetoon ferro-concrete ['ferou'konkriit]

raudtee railway ['reilwei], *US.* railroad ['reilroud]

163   **reisibüroo**

raudteejaam railway station ['reilwei 'steišën]

ravi cure [kjuë], medical treatment ['medikël 'triitmënt]

ravikindlustus medical insurance ['medikël in'šuërëns]

ravim medicine ['medsin]

ravima cure [kjuë], treat [triit]

ravimatu incurable [in'kjurëbl]

ravimuda curative mud ['kjurëtiv maad]

ravitee medicinal tea [me-'disënël tii]

reaalne (tegelik) actual ['äktjuël]; (teostatav) feasible ['fiizëbl]

reaalsus reality [ri'äliti]

reaaltulu real income [riël 'inkam]

reageerima react [ri'äkt]

reaktiivlennuk jet plane [džet plein]

reaktor reactor [ri'äktë]

realiseerima realize ['riëlaiz]; (müüma) sell

realist realist ['riëlist]

realistlik realistic [rië'listik]

rebane fox [foks]; (esmakursuslane) freshman ['freš-män] (*pl.* men)

rebenema tear [tië]

rebima tear [tië]

redaktsioon editing ['editing]

redel ladder [' lädë]

redis radish ['rädiš]

reegel rule [ruul]

reeglina as a rule [az ë 'ruul]

reetma betray [bi'trei]

reetur traitor ['treitë]

referaat paper ['peipë]

referendum referendum [refe-'rendëm]

refleks reflex ['riifleks]

reform reform [ri'foom]

reformatsioon reformation [refë'meišën]

reformima reform [ri'foom]

regatt regatta [ri'gätä]

regioon region ['riidžën]

registreerima register ['redžistë]

reglement regulations [regju-'leišënz]

reglementeerima regulate ['regjuleit]

regulaarne regular ['regjulë]

reguleerima regulate ['regjuleit]

reha rake [reik]

rehabiliteerima rehabilitate [riië'biliteit]

rehv tire (*or* tyre) [taië]

reis /reie/ thigh [thai]

reis /reisi/ trip; (ring~) tour [tuë]; (lennu~) flight [flait]

reisibüroo travel agency ['trävël 'eidžënsi]

reisija

reisija traveller ['trävëlë]; (sõitja) passenger ['päsindžë]
reisijuht guide [gaid]; (raamat) guide-book ['gaidbuk]
reisikindlustus travel insurance ['trävël in'suëréns]
reisima travel ['trävël]
reisitšekk traveler's check ['trävëlëz tšek]
reket racket ['räkit]
reklaam advertisement [äd-'võötismënt], *kõnek.* ad [äd]; (teleris) commercial [kë-'mõöšël]; ~**iagentuur** advertising agency ['ädvëtaizing 'eidžënsi]; ~**kampaania** advertising campaign [këm-'pein] ~**prospekt** advertising prospectus [pros'pektës]
reklaamima advertise ['ädvë-taiz]
rekonstrueerima reconstruct [rikëns'trakt]
rekord record ['rekëd]
rektor rector ['rektë]
religioon religion [ri'lidžën]
religioosne religious [ri'lidžës]
relv weapon ['wepën]
relvaluba gun licence ['gan 'laisëns]
relvastatud armed [aamd]
remonditöökoda repair shop [ri'peë šop]

remont repairs [ri'peëz]
remontima repair [ri'peë]; (korterit) renovate ['renëveit]
rendiauto rental car ['rentël kaa]
rendiettevõte rental enterprise ['rentël 'entëpraiz]
rent rent
rentaablus profitability ['pro-fitë'biliti]
rentima rent, hire [haië]
reorganiseerima reorganize [ri'oogënaiz]
reostus pollution [pë'luušën]
reporter reporter [ri'pootë]
repressioon repression [ri-'prešën]
reproduktsioon reproduction [riiprë'dakšën]
reputatsioon reputation [repju'teišën]
reserv reserve [ri'zööv]
reserveerima reserve [ri'zööv], book (in advance) [buk in ëd'vaans]
residents residence ['rezidëns]
resolutsioon resolution [rezë-'luušën]
ressursid resources [ri'soosiz]
restaureerima restore [ris'too]
restoran restaurant ['restërënt]; ~**vagun** dining-car ['daining kaa]

resultaat result [ri'zalt]

resümee summary ['saméri]

režiim regime [rei'žiim]

režissöör director [di'rektë]

retsensioon (critical) review ['rivjuu]

retsept recipe ['resipi]; (arsti~) prescription [pris'kripšën]

reuma rheumatism ['ruumë-tizm]

revanš revenge [ri'vendž]

revideerima inspect [ins'pekt], audit ['oodit]

revident auditor ['ooditë]

revisjon inspection [ins'pek-šën]

revolutsioon revolution [revë-'luušën]

revolver gun [gan]

ribi rib

rida line [lain], row [rou]

ridaelamu row house [rou haus]; (kahepereelamu) semi-detached house ['semi-di'tätšt hous]

ridikül reticule ['retikjuul]

rihm belt

rihmikud thong shoes ['thong šuuz] (*or* sandals) ['sändëlz]

riid quarrel ['kworël]

riidehoid cloak-room ['klouk-rum]

riidekapp wardrobe ['wood-roub]

riidekauplus clothing shop ['kloudhing šop]

riidepuu (coat)hanger ['kout-hängë]

riidlema quarrel ['kworël]; (tõrelema) scold ['skould]

riie cloth [kloth]; (riietusese) garment ['gaamënt], (rõivad) clothes ['kloudhz]

riietama dress

riietuma dress; (lahti ~) undress [an'dres]; **ümber** ~ change [tšeindž]

riietus clothing ['kloudhing]

riigieksam government final examination ['gavënmënt 'fainël iksëmi'neišën]

riigihümn national anthem ['näšënël 'änthëm]

riigikaitse national defence ['näšënël di'fens]

riigikassa treasury ['trežëri]

riigikeel official language [ë'fišël 'längwidž]

Riigikogu State Assembly [steit ë'sembli], parliament ['paalëmënt]

Riigikohus Supreme Court ['sjupriim koot]

riigilipp national flag ['näšënël fläg]

riigilõiv state duty [steit djuuti]

riigipank central bank ['sentrël bänk]

riigipea head of the state ['hed ëv dhë 'steit]

riigipööre coup (d'etat) [kuu]; **riigipöödekatse** coup attempt [kuu ë'temt]

riigistama nationalize ['näšënëlaiz]

riigivanem the State Elder [dhë steit eldë]

riik state [steit]; (rahvus~) nation (state) ['neišënsteit]

riiklik state [steit]; *atrib.* national ['näšënël]

riis rice [rais]

riist instrument ['instrëmënt]; (töö~) tool [tuul]

riistvara hardware ['haadwëë]

riiul shelf [šelf] (*pl.* shelves) [šelvz]

riiv I (sulgemisvahend) bolt

riiv II (hõõrumisvahend) grater ['greitë]

rikas rich ['ritš]

rike defect [di'fekt]

rikkis out of order [aut ëv oodë]

rikkuma spoil; (masinat, kaupa) damage ['dämidž]; (lepingut, seadust) break [breik]

rikkus wealth [welth]

riknema taint [teint]

rind breast [brest]; (rinnakorv) chest [tšest]

ring circle [söökl]

ringhääling broadcasting ['broodkaasting]

ringkond district ['distrikt]

ringreis tour [tuë]

rinnahoidja bra [broo]

rinnamärk badge [bädž]

rinnatasku breast-pocket ['brest 'pokit]

rinnaümbermõõt chest measurement ['tšest 'mežëmënt]

rinne front [frant]

rippuma hang [häng], (sõltuma) depend (on) [di'pend]

ripse eyelash ['ailäš]

ripsmetušš mascara [mës'kaarë]

riputama hang [häng]

risk risk

riskima risk

rist cross [kros]

ristiema godmother ['godmadhë]

ristiinimene Christian ['kristjën]

ristiisa godfather ['godfaadhë]

ristima baptize ['bäptaiz]

ristimine baptism ['bäptizm]

ristisõda crusade [kru'seid]

ristiusk Christianity [kristi-´äniti]

ristmik crossing [´krosing], *US.* intersection [intë-´sekšën]

ristsed christening (party) [´kristëning]

ristsõnad crosswords [´kros-wöödz]

ristuma cross

ritv pole [poul]; (õnge~) fishing rod [´fišing rod]

rivaal rival [´raivël]

rivi line [lain]

robot robot [´roubët]

roheline green [griin]

rohi 1. grass [graas], (muru) lawn [loon]; 2. (ravim) medicine [´medsin]

rohima weed [wiid]

rohkem more [moo]

roie rib

rokkmuusika rock music [rok ´mjuzik]

roll role [roul]

romaan novel [´novël]

romanss romance [rou´mäns]

romantiline romantic [rou-´mäntik]

rong train [trein]

rongkäik procession [prë-´sešën]

ronima climb [klaimb]

ronk raven [´reivën]

roog dish [diš]; (söömaaja osa) course [koos]

rookatus reed thatch [riid thätš]

rool steering-wheel [´stiëring-wiil]

roomakatoliku Roman Catholic [´roumën ´kathëlik]

roos rose [rouz]

roosa pink

rooste rust [rast]

roostetama rust [rast]

roostevaba stainless [´steinlis]

rosin raisin [´reizn]

rosolje Russian salad [´rašën ´säläd]

rostbiif roast beef [´roustbiif]

rott rat [rät]

rubla rouble [ruubl]

rubriik column [´kolëm]

rukis rye [rai]

rukkileib rye bread [´rai bred]

rukkilill cornflower [´koon-flauë]

rula skateboard [´skeitbood]

rulaad meat-ball [´miitbool]

rullbiskviit Swiss roll [swis roul]

rullkardin roller blind [´roulë blaind]

rulluisk roller skate [´roulë ´skeit]

rumal 168

rumal silly [´sili]

rumalus nonsense [´nonsens]

rusikas fist

rusutud depressed [di´prest]

rutiin routine [ruu´tiin]

rutt hurry [´hari]

ruttama hurry [´hari]

ruttu quickly [´kwikli]; **tee ~!** hurry up! [hari ap]

ruuduline checked [tšekt]; (paberi kohta) squared [´skweëd]

ruuge light brown [lait braun]

ruum (tuba) room [rum]; (pind) space [speis]; (majutamisel) accomodation [ëkomë´deišën]

ruumala volume [´voljum]

ruut square [skweë]

ruutmeeter square metre [´skweëmiitë]

rõdu balcony [´bälkëni]; (teatris) dress circle [´dres ´söökl]

rõhk pressure [´prešë]; (sõna- v. mõtte~) stress

rõhknael drawing-pin [drooingpin], *US.* thumb-tack [´dhëmb täk]

rõhutama stress

rõigas radish [´rädiš]

rõivas dress; **rõivad** clothes [´kloudhz]

rõske damp [dämp]

rõuged smallpox [´smoolɔoks]

rõve obscene [ob´siin]

rõõm joy [džoi]; **kellegi ~uks** to smb.´s delight [di´lait]; **~uga** with pleasure [widh ´pležë]

rõõmus glad [gläd], merry [meri]

rõõmustama (rõõmu valmistama) delight [di´lait]; (rõõmu tundma) be delighted [bii di´laitid]

rõõsk fresh [freš]

rähn woodpecker [´wuudpekë]

räim Baltic herring [´hering]

räkit racketeering [räki´tiëring]

rämps trash [träš]

rändama wander [wondë]; (lindude kohta) migrate [mai´greit]

ränk heavy [hevi], hard [haad]; (hoobi, lüüasaamise kohta) severe [si´vië]; **~ viga** grave mistake [´greiv mis´teik]

rännak trip

ränne migration [mai´greišën]

räpane dirty [dööti]

rästik adder [´ädë]

rätik kerchief [kë´tšiif]; (pea- v. kaela~) scarf [skaaf]; (käte~) towel [´tauël]

rätsep tailor [´teilë]; **~atöökoda** tailor's shop [´teilëz ʃɔp]

rääkima speak [spiik], talk [took]; **läbi ~** negotiate [ni'goušieit], discuss [dis-'kas]; **oleme rääkinud!** agreed! [e'griid]

röntgen X-ray ['eksrei]

röst grill

röstima grill, (leiba *jm.*) toast [toust]

röstsai toast [toust]

rööbas rail [reil]

rööv robbery ['robëri]

röövel robber ['robë]

röövima rob

rühm group [gruup], team [tiim]

ründama attack [e'täk]

rünnak attack [e'täk]

rütm rhythm ['ridhm]

rüüstama devastate ['devës-teit]; (riisuma) loot [luut]

rüütel knight [nait]

S

saabas boot [buut]

saabuma arrive [e'raiv]

saabumine arrival [e'raivël]

saadaval available [e'veilëbl]

saade (raadio~ *v.* tele~) broadcast ['broodkaast]

saadetis shipment ['šipmënt]; (pakk) parcel ['paasël]

saadik (rahva~) deputy ['depjuti]; (suur~) ambassador [äm'bäsëdë]

saadus product ['prodakt]

saag saw [soo]

saaja receiver [ri'siivë]; (kirja ~) addressee [ädrë'sii]

saak yield [jiild]; (vilja~) crop [krop]; (kala~) catch [kätš]; (jahi~) kill

saal hall [hool]

saama (midagi) get; (kellekski) become [bi'kam]

saamatu clumsy [klamsi]

saan sledge [sledž]

saar I (puu) ash(-tree) ['äš(trii)]

saar II island ['ailënd]

saarmas otter [otë]

saastama pollute [pë'luut]

saastus pollution [pë'luušën]

saatja sender ['sendë], (kaitse-või saatesalklane) escort ['eskoot]; (muusikariistal) accompanist [e'kompënist]

saatkond embassy ['embësi]

saatma (läkitama) send; (kaasas käima, muusikariistal ~) accompany [e'kompëni]; (eskortima) escort [is'koot]; (kedagi koju, jaama jne. ~) see smb. home [sii houm] (to the station, etc.); **ära ~** see smb. off [sii of]

saatus fate [feit]; (elu~) destiny ['destini]

saatuslik fatal [feitl]

saavutama achieve [ë'tšiiv]

saavutus achievement [ë'tšiivmënt]

saba tail [teil]; (järjekord) queue [kjuu], *US.* line [lain]; ~s **seisma** stand in a queue

sabotaaž sabotage ['säbëtaaž]

sadam port [poot]

sadama (vihma) rain [rein], (lund) snow [snou], (rahet) hail [heil]; **sajab vihma** (lund, rahet) it is raining (snowing, hailing)

sadamalinn seaport ['siipoot]

sadu (vihma~) rainfall ['reinfool], (lume~) snowfall ['snoufool]; (valang) shower [šauë]

saematerjal sawn timber [soon 'timbë]

saepalk saw log

saeveski sawmill ['soomil]

sage frequent ['friikwënt]

sagedus frequency ['friikwënsi]

sageli often ['oftën]

sagenema increase [in'kriis]

sahtel drawer [drooë]

sai white bread [wait bred]; (saiake) bun [ban]

sajand century ['sentšëri]

sajune rainy [reini]

saksofon saxophone ['säksëfoun]

saladus secret ['siikrit]; ~t **pidama** keep a secret [kiip ë 'siikrit]

salaja secretly ['siikritli]

salajane secret ['siikrit]

salajas: ~ **hoidma** keep in secret [kiip in 'siikrit]

salakaubavedu smuggling ['smagling], illegal trafficking [i'liigël 'träfiking]

salakaup contraband ['kontrëbänd]; **salakaubana sisse tooma** smuggle in [smagl in]

salakaval sly [slai]

salapärane mysterious [mis'tiëriës]

salat salad ['säläd]

salatikaste salad dressing ['säläd 'dresing]

saldo balance ['bälëns]

salgama deny [di'nai]; (varjama) conceal [kën'siil]

salk /salga/ troop [truup]; (eriülesandeline ~) squad ['skwod]

sall shawl [šool], (kaela~) scarf [skaaf]

sallima tolerate ['tolëreit]

sallimatus intolerance (of) [in'tolërëns]

171

salliv tolerant ['tolërënt]

sallivus tolerance ['tolërëns]

salong saloon [së´luun]; (töötuba) salon ['sälon]; (ilu- v. moe~) beauty (fashion) parlour ['bjuuti ´paalë]

salv (määre) ointment ['oint- mënt]

salvestama record [ri´kood]; **mällu** ~ save [seiv]

salvrätik napkin ['näpkin]

sama same [seim]; ~l ajal at the same time (as)

samaaegne simultaneous [simël´teinjës]

samagonn *släng.* moonshine ['muunšain]

samasugune (sarnane) similar ['similë]; (samane) identical [ai´dentikël]

samaväärne equivalent [i´kwivëlënt]

samet velvet

samm (aste) step ; ~u pidama keep pace (with) [kiip peis]

sammal moss [mous]

sammas column ['kolëm], **au~** monument ['monjumënt]

samuti as well [äz wel], also ['oolsou]

sanatoorium health resort ['helth ri´zoot]

sandaal sandal ['sändël]

sang handle [händl]

sanitaararst sanitarian [säni- ´teëriën]

sanitaarteenistus public health service ['pablik ´helth ´söövis]

sanitar hospital attendant ['hospitël ë´tendënt]

sanktsioneerima authorize ['oothëraiz]

sanktsioon sanction ['sänkšën]

sapine *piltl.* bitter ['bitë]

sardell (vorst) Paris sausage ['päris ´sosidž]

sardiin sardine ['saadin]

sari (seeria) series ['siëriz] (*pl.* series)

sarkastiline sarcastic [saa- ´kästik]

sarlakid scarlet fever [skaalit fiivë]

sarm charm [tšaam]

sarmikas charming ['tšaaming]

sarnane similar (to) ['similë]

sarnanema resemble [ri´zembl]

sarnasus similarity [simi´läriti]

sarv horn [hoon]

sassi: ~ ajama mess up [mes ap]; **sassis** messed up, messy [mesi]

satelliit satellite ['sätëlait], ~**antenn** satellite dish ['sätë- lait diš], ~**vastuvõtja** satellite receiver ['sätëlait ri´siivë]

satelliit

satiir satire ['sätaië]

sattuma (mingisse olukorda) get; (juhuslikult leidma) come upon [kam ë'pon]; (juhtuma) happen ['häpën]; **hätta ~** get into trouble [trabl]

saun sauna [soonë]

saunalina bath towel ['baath tauël]

savi clay [klei]; **~kauss** earthen bowl ['ööthën boul]

savinõud earthen-ware ['ööthënweë]

seade device [di'vais], (seadmed) equipment [i'kwipmënt]

seadistama install [ins'tool]

seadma set, put; arrange [ë'reindž]; **sisse ~** install [in'stool]; **üles ~** set up, (küsimust) raise [reiz]

seadmestama equip [i'kwip]

seadus law [loo]; act [äkt]

seadusandlik legislative ['ledžisleitiv], **~ akt** legislation [ledžis'leišën]

seadusandlus legislation [ledžis'leišën]

seaduseelnõu bill, draft law [draaft loo]

seaduserikkumine violation of the law [vaië'leišën]

seadusevastane illegal [i'liigël]

seaduslik legal ['liigël]

seal there [theë]

sealhulgas among this (or these) [ë'mang this]

sealiha pork [pook]

seanss (kinos) show [šou], (teatris) performance [pë'foomëns]

seapraad roast pork [roust pook]

seas among [ë'mang]; **muu~** among other things

sedel (silt) label [leibl], (paberi~) slip, (kataloogis) index card ['indeks kaad]; (valimis~) ballot ['bälët]

sedelkataloog bibl. card catalogue ['kaad 'kätëloug]

see this [this], (~ seal) that [thät]; (ennemainitud asi) it; **~ on** that is

seedehäire indigestion [indi'džestšën]

seedima digest [di'džest]

see-eest instead [ins'ted]

seega thus [thas], therefore ['theëfoo], (järelikult) consequently ['konsikwentli]

seelik skirt [skööt]

seeme seed [siid]

seemisnahk chamois leather ['šämwaa 'ledhë]

seen mushroom ['mašrum]

173

seenior senior ['siinië]

seep soap [soup]

seepärast therefore ['theëfoo]

seeria series ['siëriz] (*pl.* series); **~tootmine** serial production ['siiriël prë'daksën]

sees in

seespool inside ['insaid]

seevastu on the other hand

segadus disorder [dis'oodë]; (hämmeldus) confusion [kën'fjuužën]

segakoor mixed choir [mikst kwaië]

segama mix [miks]; (ringi liigutades) stir [stöö]; (kaarte) shuffle [šafl]; (sassi ajama) mix up, *US.* mess up; (häirima) disturb [dis'tööb]; **vahele ~** (jutusse) interrupt [intë'rapt]; (asjadesse sekkuma) interfere (in, with) [intë'fië]

segane (ebaselge) indistinct [indis'tinkt], unclear [an'klië]; (ogar) crazy ['kreizi]

segi mixed up [mikst ap], in a mess; **~ ajama** mix up

seier hand [händ]

seif safe [seif] (box)

seiklus adventure [ëd'ventšë]

sein wall [wool]

seinakapp (sisseehitatud ~) (built-in) closet [(bilt in)

'klozit]; (seinal rippuv ~) wall cabinet [wool 'käbinet], *vt.* ka **sektsioonkapp**

seinakontakt wall socket [wool 'sokit]

seis standing ['ständing]; (seisund) status ['steitës], (olukord) condition [kën'dišën]; *sport.* (punktide ~) score [skoo]

seisak (short) stop; standstill ['ständstil]; **~uaeg** stagnation [stäg'neišën]

seisma stand [ständ]; (jääma, püsima) stay [stei], remain [ri'mein]

seisukoht (arvamus) point of view [poin ëv vjuu], standpoint ['ständpoint]; **~a võtma** take a stand (on) [teik ë ständ]

seisund condition [kën'dišën]

sekretariaat secretariat [sekri'teëriët]

sekretär secretary ['sekritëri]

seks sex [seks]

sekt (usulahk) sect

sektor sector ['sektë]; (lennuväljal) gate [geit]

sektsioon section ['seksën], **~kapp** sectional cabinet ['seksënël 'käbinet]; **~mööbel** unit furniture ['juunit 'föönitšë

sekund second ['sekënd]

sekundaarne secondary ['se-këndëri]

selekteerima select [si'lekt]

seletama explain [iks'plein], (tõlgendama) interpret [in-'tööprit]

seletamatu inexplicable [in-'eksplikëbl]

seletav explanatory [iks'plänätëri]

seletus explanation [eksplë-'neišën]

selg back [bäk]; **riideid ~a panema** put on one's clothes [put on wanz 'kloudhz]; **~a proovima** try on [trai on]; **ta võttis kuue seljast** he took his coat off [tuk hiz kout of]

selge clear [klië]

selgitama (midagi) explain [iks'plein]; (olukorda lahendama) clarify ['klärifai]

selgitus explanation [eksplë-'neišën]

selguma appear [ë'pië], turn out [töön aut]

selgusetu unclear [an'klië]

seljakott knapsack ['näpsäk]

sellegipoolest nevertheless ['nevëdhë'les]

selleks: **~et** in order to [in oodë të]; **ma tulin ~, et sind aidata** I came to help you

selts society [së'saiëti]

seltsiv sociable ['sousëbl]

seltskond company ['kampëni]

seltskonnaelu social life ['sousël laif]

semester term [tööm], *US.* semester [si'mestë]

seminar (õppetöö vorm) seminar ['seminaa]; (õppeasutus) seminary ['seminëri]

senaator senator ['senëtë]

senat senate ['senit]

seni (vahepeal) meanwhile ['miinwail]; (siiani) until now [an'til nau]

senine previous ['priiviës]

sensatsioon sensation [sen-'seišën]

sensatsiooniline sensational [sen'seišënël]

sentimeeter centimetre ['senti-miitë]

sentimentaalne sentimental [senti'mentël]

seos connection [kë'nekšën]; **~es** in connection (with)

seostama connect [kë'nekt]

sepik brown bread [braun bred]

sepp blacksmith ['bläksmith]

serv /serva/ edge [edž]

serveerima serve [sööv]

serviis service ['söövis]

sesoon season [′siizn]

sessioon exam period [ig′zäm ′piëriëd]

sest because [bi′kooz]

sibul onion [′anjën]; **~aklops** steak and onions [steik änd anjënz]

side I (seos) connection [kë′nekšën]; **sidemed** connections

side II (ühendusepidamine) communication [komjuni-′keišën]

side III (marli) bandage [′bändidž]

sidrun lemon [′lemën]

siduma bind (up) [baind], tie (up) [tai]; (seostama) connect [kë′nekt]; (haava) dress

sidur clutch [klatš]

siduv binding [′bainding]

siga pig

sigar cigar [si′gaa]

sigaret cigarette [′sigëret] **~ipakk** pack of cigarettes [päk ëv ′sigërets] **~plokk** carton (of cigarettes) [′kaatën]

signaal signal [′signël]

signalisatsioon alarm (system) [ë′laam ′sistëm]

sihilik intentional [in′tenšënël]

siht (suund) direction [di′rek-šën]; (eesmärk) aim [eim]

sihtasutus foundation [faun-′deišën]

sihtima aim [eim]

sihtkapital foundation [faun-′deišën)

sihtkoht destination [desti-′neišën]

sihvakas slender [slendë]

siid silk

siil (loom) hedgehog [′hedž-hog]

siin here [hië]

siiras sincere [sin′sië]

siirup syrup [′sirëp]

siis then [then]

siiski still

sild bridge [bridž]

sile smooth [smuudh], (tasane) even [iivën]

silinder cylinder [′silindë]; (torukübar) top-hat

silm /silma/ eye [ai]; **kahe ~ vahele jätma** overlook [ouvë′luk]; **nelja ~ all** in private [in ′praivit]

silmaarst oculist [′okjulist]

silmakirjalik hypocritical [hipë′kritikël]

silmakirjalikkus hypocrisy [hi′pokrisi]

silmalaug eyelid [′ai′lid]

silmanägemine eyesight [′ai-′sait]

silmanähtav evident ['evidënt]

silmapaistev outstanding [aut-'ständing]

silmapiir horizon [hë'raizën]

silmatilgad eye drops ['aidrops]

silmuskoe-esemed knitwear ['nitweë]

silt sign [sain]; (pudeli~, kauba~) label ['leibl]

siluett silhouette [siluu'et]

simuleerima simulate ['simju-leit]

sinep mustard ['mastëd]

sinilill violet ['vaiëlit]

sinine blue [bluu]

sink ham [häm]

sinna there [theë]; (üheotsa-pilet) one way ticket [wan wei 'tikit]; ~ **ja tagasi-pilet** round trip (ticket) [raund trip tikit]

sipelgas ant [aant]

sireen siren ['sairën], alarm [ë'laam]

sirel lilac ['lailäk]

sirge straight [streit]

sirp sickle [sikl]

sirutama stretch (out) [stretš], (kätt ~) hold out [hould]

sirvima browse [brauz]

sisaldama contain [kën'tein], include [in'kluud]

sisalik lizard ['lizëd]

siseasjad internal affairs [in'töönël ë'feëz]

sisekaubandus home trade [houm treid]

sisekord internal regulations [in'töönël regju'leišënz]; (eeskiri) by-laws ['bailooz]

sisemine inner [inë]

siseminister Minister of the Interior ['ministë ov thë in'tiërië]

sisendama suggest [së'džest], inspire [in'spaië]

sisenema enter ['entë]

sisepoliitika internal (*or* home) policy [in'töönël 'polisi]

siseturg home market [houm maakit]

sisse 1. into [intë], in; **2.** *adv.* in, inside ['insaid]; ~ **astuma** enter ['entë]; ~ **juhatama** introduce [intrë'djuus]; ~ **murdma** break into [breik intë]; ~ **rändama** immigrate ['imigreit]; ~ **seadma** install [in'stool]; ~ **tegema** preserve [pri'zööv]; ~ **tungima** in-trude [in'truud]

sisseastuja entrant ['entrënt]

sisseastumiseksam entrance exam ['entrans ig'zäm]

sissejuhatus introduction [intrë'dakšën]; (dokumendil) preamble ['priämbël]

sissekirjutus permanent ad-dress ['pöömënënt ë'dres]

177   **solvav**

sissekäik entrance ['entrëns]

sissemaks down payment [daun 'peimënt]; initial payment ['inišël 'peimënt], (hoiuarvele) deposit [di'pozit]

sisseost purchase ['pöötšis]; **~e tegema** do shopping [du 'šoping]

sissepääs (juurdepääs) access ['äksis]; (sissekäik) entrance ['entrëns]; **vaba ~** admission free [ëd'mišën frii]

sisseseade equipment [i'kwipmënt]

sissetulek income ['inkam]

sisu content(s) ['kontënt]

sisukord table of contents [teibl ëv 'kontënts]

sisustama (mööbliga) furnish ['fööniš]; (aparatuuriga) equip [i'kwip]

sisustus furnishing ['föönišing], equipment [i'kwipmënt]

sits chintz [tšints]

situatsioon situation [sitju-'eišën]

skandaal scandal ['skändl]

skandinaavia Scandinavia [skändi'neivië]

skaut Boy Scout [boi skaut]

skeem scheme [skiim]

skeptiline sceptical ['skeptikël]

skleroos sclerosis [sklë'rousis]

skulptor sculptor ['skalptë]

skulptuur sculpture ['skalptšë]

smoking dinner-jacket ['dinë džäkit], *US.* tuxedo [tak'siidou]

snepper (lukk) Yale lock [jeil lok]

sobima (kohane olema) suit [sjuut]; (kooskõlas olema) match [mätš]; (suuruselt) fit; **see kübar sobib teile** this hat suits you; **ta sobib oma kaaslastega** he gets on well with companions

sobiv suitable ['sjuutëbl]

soe warm [woom]

soeng (meestel) haircut ['heëkat]; (naistel) hairdo ['heëdu]

sohva sofa ['soufë]

sokk /soki/ sock [sok]

soliidne (kindel) solid; (väärikas) respectable [ris'pektëbl]

solist soloist ['soulouist]

solvama insult [in'salt], offend [ë'fend], hurt *smb.'s* feelings [hööt 'fiilingz]

solvang insult ['insalt], offence [ë'fens]

solvav insulting [in'salting], offensive [ë'fensiv]; (jämedalt ~) outrageous [aut'reidžës]

solvuma be insulted [bi in´saltid], take offence [teik ë´fens]

sonimüts cloth cap [kloth käp]

soo marsh [maaš]

soobel sable [seibl]

sooda soda [´soudë]

soodne favourable [´feivërëbl]

soodusmüük sale [seil]

soodustama favour [´feivë]

soodustus advantage [ëd-´vaantidž]; **~ed** benefits [´benifits]

soojendama warm [woom], heat [hiit]

soojendus heating [´hiiting]; **~kott** hot-water bottle [hot wootë botl]

soojus warmth [woomth]

soojuselektrijaam thermal power plant [´thöömël ´pauëplaant]

soojustama insulate [´insjuleit]

sool salt [soolt]

soolama salt [soolt]; (soolvees säilitama) pickle [pikl]

soolane salty [soolti]

soolo solo [´soulou]; **~laulja** solo singer [´soulou ´singë];

soome-ugri Finno-Ugric [´finou´juugrik]

soomus (kalal *jms.*) scale [skeil]; (teras~) armour [aamë]

soomusauto armoured car [aamëd kaa]

sooritama perform [pë´foom], do [du]; (läbima) pass [paas]

sooritus performance [pë´foomëns]

soosima favour [´feivë]

soov wish [wiš], desire [di´zaië]; (palve) request [ri´kwest]

soovima wish [wiš] **nagu soovite** as you wish (*or* like) [äz ju wiš]

soovitama recommend [rekë-´mend]; (nõuandvalt) advise [ëd´vaiz], suggest [së´džest]

soovitatav recommended [rekë´mendid]; suggested [së´džestid]

soovitus recommendation [rekëmen´deišën]; (nõuanne) advice [ëd´vais]; (ettepanek) suggestion [së´džestšën]; **~kiri** letter of recommendation

sort sort [soot]; (kauba~) brand [bränd]

sortiment assortiment [ë´sootmënt]

sotsiaaldemokraat social democrat [´soušël ´demokrät]

sotsiaalhoolekanne social welfare [´soušël ´welfëë]

statsionaarne

sotsiaalkindlustus social insurance ['soušël in'šuërëns]

sotsiaalne social ['soušël]

sotsialism socialism ['soušëlizm]

sotsioloogia sociology [sousi'olëdži]

soust sauce [soos]; (praekaste) gravy [greivi]

sovhoos state farm [steit faam]

spargel asparagus [ës'pärägës]

spekulant speculator ['spekjuleitë]

spekulatsioon speculation [spekju'leišën]

spekuleerima speculate ['spekjuleit]

spetsiaalne special ['spešël]

spetsialiseeruma specialize (in *smth.*) ['spešëlaiz]

spetsialist expert ['ekspööt]

spetsiifiline specific [spë'sifik]

spidomeeter speedometer [spii'domitë]

spinat spinach ['spinitš]

spinning (fishing) reel ['fišing riil]

spionaaž espionage [espië-'naaž]

spioon spy [spai]

spiraal spiral ['spairël]

sponsor(eerima) sponsor ['sponsë]

spordiklubi sports club ['spootsklab]

spordirõivad sportswear ['spootsweë]

spordisärk T-shirt ['tiišööt]

sporditarbed sports equipment [spoots i'kwipmënt]

spordiväljak sports ground ['spootsgraund]

sport sport(s) [spoots]

sportima go in for sports

sprott sprat

staadion stadium ['steidiëm] (*pl.* -iums)

staadium stage [steidž]

staaž length of service [lenth ëv 'söövis]

stabiilne stable [steibl]

stabiilsus stability [stë'biliti]

stabiliseerima stabilize ['steibëlaiz]

stabiliseeruma stabilize ['steibëlaiz]

stagnatsioon stagnation [stäg-'neišën]

standard standard ['ständëd]

stažeerimine internship [in'töönšip]

stažöör intern [in'töön], trainee [trei'nii]

statistika statistics [stë'tistiks]

statsionaarne full-time ['ful'taim]; ~ **üliõpilane** full-time student ['ful'taim stjuudënt]

stend

stend stand [ständ]

stepsel *kõnek.* plug [plag]

stereofooniline stereophonic [stiërië´fonik]

stereosüsteem stereo system [´stiërië ´sistëm]

steriilne sterile [´sterail]

stiil style [stail]

stiilne stylish [´stailiš]

stiimul stimulus [´stimjëlës] (*pl.* -li); incentive [in´sentiv]

stimuleerima stimulate [´stimjëleit]

stipendiaat grant receiver [graant ri´siivë]

stipendium scholarship [´skolëšip]

stjuardess flight attendant [flait ë´tendënt]; **stjuuard** steward [´stjuuëd]

stomatoloogia stomatology [stomë´tolëdži]

stopper stop-watch [stop wotš]

stopptuli tail light [´teillait]

strateegia strategy [´strätëdži]

strateegiline strategic [strä´tiidžik]

streik strike [straik]

streikima (be on) strike [straik]

stritsel plaited cake [pleitid keik]

struktuur structure [´straktšë]

stseen scene [siin]

stsenaarium script [skript]

stuudio studio [´stjuudiou]

stuudium studies [´stadiz]

subjektiivne subjective [sab´džektiv]

subtiiter subtitle [´sabtaitl]

sugestiivne suggestive [së´džestiv]

sugestioon suggestion [së´džestšën]

sugu sex [seks]

suguhaigus veneral disease [´venerël di´ziiz]

sugulane relative [´relëtiv]

sugupuu family tree [´fämili trii]

sugupõlv generation [dženë´reišën]

suguvõsa family [´fämili]

suguühe (sexual) intercourse [´intëkoos]

suhe (vahekord) relation(ship) [ri´leišën(šip)]; (seos) connection [kë´nekšën]; *mat.* ratio [´reišiou]; **igas suhtes** in every respect [in evri ris´pekt]; **selles suhtes** in this respect

suhkruhaige diabetic [daië´betik]

suhkur sugar [´šugë]

suhteline relative [´relëtiv]

suhteliselt relatively [´relëtivli]

181   **supitirin**

suhtlema communicate (with) [kë´mjuunikeit]

suhtumine attitude [´ätitjuud], stand [ständ]

suits smoke [smouk]; **teeme ~u** let´s have a smoke

suitsema smoke [smouk]

suitsetaja smoker [smoukë]

suitsujuust smoked cheese [smoukt tšiiz]

suitsukala smoked fish [smoukt fiš]

suitsuots (cigarette-)butt [bat]

suitsupääsuke barn swallow [´baan ´swolou]

suitsutama smoke [smouk]

suitsuvorst smoked sausage [smoukt ´sosidž]

sukavarras knitting-needle [´niting niidl]

sukelduma dive [daiv]

sukk stocking [´stoking]

sukkpüksid pantyhose [´pänti-houz], tights [taits]

sula thaw [thoo]

sulajuust cream cheese [´kriim tšiiz]

sulama melt

sularaha cash [käš]; **~auto-maat** cash dispenser [käš dis´pensë], *kõnek.* ATM

sulatama melt

suletud closed [klouzd]

sulg (linnu~) feather [´fedhë]

sulgema close [klouz]

sulgvooder down [daun]

summa sum [sam]; (raha~) amount (of money) [ë´maunt]

summuti damper [´dämpë]; (mootoril, revolvril *jms.*) silencer [´sailensë]

sundima compel [këm´pel], force [foos]; **peale ~** enforce [in´foos], impose (on) [im´pouz]

sundimatu unconstrained [ankën´streind]

sunduslik compulsory [këm-´palsëri]

sundvõõrandama expropriate [iks´propriet]

sunniviisiline forced [foost]

supellina bath-towel [´baath tauël]

supelpüksid swimming trunks [swim tranks]

supeltrikoo swimsuit [´swim-sjuut]

supiköök soup-kitchen [´suup ´kitšën]

supilusikas table-spoon [´teibl-spuun]

supitaldrik soup-plate [suup pleit]

supitirin soup-tureen [suup të´riin]

suplema bathe [beidh], swim

supp soup [suup]

surema die [dai]; **nälga ~ die** of hunger [dai ëv ´hangë]; **mu jalg on surnud** my leg is asleep [ë´sliip] (*or* numb) [nam]

surematu immortal [i´moortël]

suremus mortality (rate) [mor´täliti]

surm death [deth]

surmakuulutus obituary (notice) [o´bitjuëri]

surmanuhtlus death penalty [deth ´penëlti]

surmatunnistus certificate of death [së´tifikit ëv deth]

surnu dead person [ded pööšën], (lahkunu) the deceased [di´siizt], (laip) corpse [koops]

surnuaed graveyard [´greivjaad]

surnud dead [ded]; (kangestunud jäseme kohta) asleep [ë´sliip], numb [nam]

suruma (rõhuma) press; (survel ajama) force [foos]; **alla ~, maha ~** suppress [së´pres]; **peale ~** force (on, upon) [foos]

surve pressure [´prešë]; **~t avaldama** exert pressure [ik´zööt ´prešë]

suss (carpet) slipper [slipë]

suu mouth [mauth]

suubuma flow (into) [flou]

suudlema kiss

suudlus kiss

suue mouth [mauth]

suukorv muzzle [mazl]

suuline oral [´orël]

suunama direct [di´rekt]

suund direction [di´reksën]; (kurss) trend

suupiste snack [snäk]

suur great [greit]; (kogult) big; (avar) large [laadž]; **~ inimene** (vastandina lapsele) grown-up (person) [´grounap]; **~ tänu!** many thanks! [meni thänks]

suurejooneline grand [gränd]

suuremeelne generous [´dženerës]

suurendama (laiendama) enlarge [in´laadž], increase [in´kriis]; (tõstma) raise [reiz]; (suuremana paista laskma) magnify [´mägnifai]

suurendusklaas magnifying glass [´mägnifaing glaas]

suurenema increase [in´kriis]

suurepärane excellent [´eksëlënt]

suurettevõte large(-scale) enterprise [´laadž(skeil) ´entëpraiz]

suurkaupmees merchant ['möötsënt]

suurlinn (large) city [(laadž) siti], metropolis [me'tropëlis]

suurriik great power [greit pauë]

suursaadik ambassador [äm-'bäsëdë]

suursaatkond embassy ['em-bësi]

suursündmus major event [meidžë i'vent]

suurtootmine large-scale production ['laadžskeil prë-'dakšën]

suurus (mõõtmed) size [saiz]

suusahüpe ski-jump [ski džamp]

suusakahevõistlus Nordic Combined [noodik këm-'baind]

suusakepp ski-pole ['ski poul]

suusamäärе ski-wax [ski wäks]

suusatama ski

suusatamine skiing ['skiing]

suusk ski

suuteline able [eibl] (midagi tegema to do *smth.*)

suutma be able (to) [bi eibl], can [kän]

suvaline discretionary [dis-'krešënëri]; (omavoliline) arbitrary ['aabitrëri]

suveniir souvenir ['suuvёniё]

suveräänne sovereign ['sovrin]

suveräänsus sovereignty ['sovrinti]

suvi summer ['samë]

suvila summer cottage ['samë 'kotidž]

suvitaja holiday-maker ['holideimeikë]

sviiter sweater ['swetë]; sweat shirt ['swetšööt]

sõber friend [frend]

sõbralik friendly ['frendli]

sõbrunema make friends (with) [meik frendz]

sõda war [woo]

sõdima wage a war [weidž ë woo]; (võitlema) fight [fait]

sõdur soldier ['souldžë]

sõel sieve [siiv]

sõiduauto (passenger) car [kaa]

sõiduhind fare [feё]

sõiduk vehicle ['vi-ikl]

sõidukulud travelling expenses ['trävёling iks'pensiz]

sõiduplaan time-table ['taimteibl]

sõim (laste~) *Br.* créche [kreš], *US.* day nursery [dei nöösёri]

sõimama rate [reit]

sõit ride [raid]; drive [draiv]; (reis) trip

sõitja (reisija) passenger ['päsindžë]

sõitma (üldiselt) go [gou]; (ratsa, jalgrattal, autos *jms*.) ride [raid]; (autoga *jms*.) drive [draiv]; (laeval) sail [seil]; (reisima) travel [trävël], (käigus olema) run [ran]; **rongiga (trammiga, bussiga, aurikul** jne.) ~ go by train, (tram, bus, steamer, etc.); **ma sõidan homme Londonisse** I am going to (*or* leaving for) London tomorrow; **läbi** ~ pass (through) [paas]

sõjaeelne pre-war ['pri 'woo]

sõjajärgne post-war ['poust-'woo]

sõjaline military ['militëri]

sõjapõgenik (war) fugitive [woo 'fjuudžitiv]

sõjaseisukord martial law [maašël loo]

sõjatööstuskompleks military-industrial complex ['militëri in'dastriël 'kompleks]

sõjavastane anti-war ['änti-'woo]

sõjaväebaas military base ['militëri beis]

sõjaväekohustus compulsory military service [këm'palsëri 'militëri 'söövis], conscription [këns'kripšën]

sõjaväelane serviceman ['söövismän]; (ajateenija) conscript ['konskript]

sõjaväeteenistus military service ['militëri 'söövis], ~**es olema** serve in the army [sööv in dhi aami]

sõlg brooch [broutš]

sõlm knot [not]

sõlmima (siduma) tie [tai]; (lepingut *jms*.) conclude [kën'kluud]; **abielu** ~ get married [get 'märid]

sõlmküsimus key question ['kii 'kwestšën]

sõltuma depend [di'pend] (on)

sõltumatu independent (of) [indi'pendënt]

sõltumatus independence [indi'pendëns]

sõltuv dependent (on, upon) [di'pendënt]

sõltuvalt depending (on, upon) [di'pending]

sõna word [wööd]; **palun** ~ may I have the floor? [mei ai häv dhë floo]; ~ **on hr. A-l** Mr. A. has the floor

sõnakuulelik obedient [ë'biidjënt]

sõnaraamat dictionary ['dikšënëri]

185   söögituba

sõnastama formulate (in words) ['foomjuleit]

sõnastus wording ['wööding]

sõnavabadus freedom of speech [friidëm ëv spiitš]

sõnavara vocabulary [vë'käbjulëri]

sõnavõtja speaker [spiikë]

sõnavõtt speech [spiitš]

sõnum message ['mesidž]; (ajalehes) news [njuuz]

sõprus friendship ['frendšip]

sõpruslinn twin town [twin taun]

sõprusühing friendship society ['frendšip së'saiëti]

sõrm finger ['fingë]

sõrmkinnas glove [glav]

sõrmus ring

sõstar currant ['karënt]

sõudma row [rou]

sõudmine rowing ['rouing]

sõõm draught [droot], gulp [galp]; **ühe ~uga** at one gulp [ät wan galp]

säde spark [spaak]

sädelev sparkling ['spaakling], glittering ['glitëring]

säilima be preserved [bi pri'zöövd]; (alles jääma) remain [ri'mein]

säilitama preserve [pri'zööv]; maintain [mein'tein]

säilitusained preservatives [pri'zöövëtivz]

säilivusaeg preserving time [pri'zööving taim]

säraküünal sparkler (firework) ['spaaklë]

särama shine [šain]

särav bright [brait]

särk shirt [šööt]; (naiste~ *ka*) chemise [šë'miiz]

säte provision [pro'vižën]

sätestama enact [i'näkt]

säär leg

säärik top boot [top buut]

sääsk mosquito [mës'kiitou] (*pl.* -oes, -os)

sääst (kokkuhoid) economy [i'konëmi]

säästma save [seiv], economize [i'konëmaiz]

säästud savings ['seivingz], *vt.* ka **hoius**

sörkima jog [džog]

söödav edible ['edibl]

söögiisu appetite ['äpitait]

söögikaart menu ['menjuu]

söögilaud dining-table ['dainingteibl]

söögisooda (baking) soda ['beiking soudë]

söögituba dining-room ['dainingrum]

söögiõli cooking oil ['kuking oil]; (salatiõli) salad oil ['säläd oil]

söök food [fuud]

söökla dining hall ['daininghool]

sööma eat [iit]; **lõunat (õhtust)** ~ have lunch [häv lantš] (dinner) ['dinë]

süda heart [haat]

südalinn centre ['sentë], downtown ['dauntaun]

südamepööritus nausea ['noosië]

südamerabandus heart attack ['haat ë'täk]

südametunnistus conscience ['konšëns]

südamlik hearty ['haati]

südaöö midnight ['midnait]

sügav deep [diip]; (sügava-mõtteline) profound [prë-'faund]

sügavkülmuti freezer ['friizë]

sügelema itch [itš]

sügis autumn ['ootëm], *US.* fall [fool]

sülelaps baby [beibi]

süli lap [läp]; **kellegi süles on** smb's knees [niiz]; **sülle võtma** take on one's lap

sülitama spit

sült jellied meat [dželid miit]

sümbol symbol ['simbël]

sümboolne symbolic [sim-'bolik]

sümfoonia symphony ['simfëni]

sümfooniline symphonic [sim-'fonik]

sümpaatia (poolehoid) attraction [ë'träkšën] liking ['laiking] (for)

sümpaatne attractive [ë'träktiv]; **ta on** ~ I like him/her

sümpoosion symposium [sim-'pouziëm] (*pl.* -ia)

sünd birth [bööth]

sündima be born [bi boon], (juhtuma) happen ['häpën]

sündimus birth rate ['bööth reit]

sündmus event [i'vent]

sünge gloomy [gluumi]

sünkroontõlge simultaneous translation [simël'teinjës trans'leišën]

sünniaeg date of birth [deit ov bööth]

sünnikoht birth-place ['bööthpleis]

sünnipäev birthday ['bööthdei]

sünnipärane inborn ['inboon]; (pärilik) hereditary [hi'reditëri]

sünnis decent [ˈdiisënt]
sünnitama give birth (to) [giv bööth]; (tekitama) produce [prëˈdjuus]; (põhjustama) cause [kooz]
sünnitunnistus birth certificate [bööth sëˈtifikit]
sünnitus childbirth [ˈtšaildbööth]; **~maja** maternity hospital [mëˈtööniti ˈhospitël]; **~puhkus** maternity leave (mëˈtööniti liiv)
sünteetiline synthetic [sinˈthetik]
süsi coal [koul]
süst /süsta/ canoo [këˈnuu]
süst /süsti/ injection [inˈdžekšën], *kõnek.* shot [šot]
süstal syringe [ˈsirindž]
süsteem system [ˈsistëm]
süstemaatiline systematic [sistëˈmätik]
süttiv inflammable [inˈflämëbl]
süvaõpe immersion study [iˈmöožën stadi]
süvendama deepen [ˈdiipën]
süvenema (millessegi) concentrate (on) [ˈkonsëntreit]; (suurenema) aggrevate [ˈägriveit]
süü fault [foolt]; **mina olen selles süüdi** I am to blame for this
süüdi guilty [ˈgilti] (of)

süüdistama accuse (*smb.* of *smth.*) [ëˈkjuuz]
süüdistus accusation [äkjuˈzeišën]
süüdlane culprit [ˈkalprit]
süütama (lampi, sigaretti *jms.*) light [lait]; (põlema panema) set in fire [set in faië]; (sisse lülitama) turn on [töön on]
süüteküünal spark-plug [ˈspaak plag]
süütu innocent [ˈinësnt]; (~ neiu) virgin [ˈvöödžin]

šampoon shampoo [šämˈpuu]
šampus champagne [šämˈpein]
šanss chance [tšaans]
šantaaž blackmail [ˈbläkmeil]
šassii chassis [ˈšäsi]; (autol) car frame [ˈkaafreim]
šašlõkk shish kebab [ˈšiškëbab]
šerri sherry [ˈšeri]
šiffer cipher [ˈsaifë], secret code [siikrit koud]
šikk elegant [ˈeligënt], chic [šik]
šnitsel fried veal (*or* pork) cutlet [fraid viil ˈkatlit]
šokeerima, šokk shock [šok]

šokolaad chocolate ['tšoklit]; ~**ikompvek** chocolate candy ['tšoklit kändi]; ~**itahvel** chocolate-bar ['tšoklit baa]

šovinism chauvinism ['šouvēnizm]

šveitser doorkeeper ['dookiipë]

Z

zooloog zoologist [zou'olë-džist]

zooloogia zoology [zou'olëdži]

zoopark zoo [zuu]

Ž

žanr genre [žaanr]

želatiin gelatine ['dželëtiin]

želee jelly ['dželi]

žest gesture ['džestsë]

žetoon token ['toukën]

žiletitera razor blade ['reizëbleid]

žilett safety razor ['seifti 'reizë]

žurnaal magazine [mägä'ziin], journal ['džöönl]

žurnalist journalist ['džöönëlist]

žurnalistika journalism ['džöönëlizm]

žürii jury ['džuëri]

T

taara (pakend) packing ['päking], (klaastaara) empty bottles ['emti botlz]

taas 1. again [ë'gen]; 2. (eesliitena) re- [ri]

taaskehtestama re-establish ['ri-is'täbliš]

taastama restore [ris'too]; (organisatsiooni *jm.*) re-establish ['ri-is'täbliš]; (ehitist) reconstruct [rikëns'trakt]; (õigusi) rehabilitate [riië'biliteit]

taasühinemine reunion [ri-'juuniën]

tabama (kinni võtma) catch [kätš]; (märki) hit; (õnnetuse jms. kohta) befall [bi'fool]

tabamus hit

tabel table [teibl]

tablett tablet ['täblit]

taburet stool [stuul]

taevas sky [skai]

taga 1. *postp.* behind [bi'haind], after [aaftë]; 2. *adv.* behind [bi'haind]; (kella kohta) slow [slou]; ~ **ajama** chase [tšeis]; ~ **kiusama** persecute ['pöösikjuut]; ~ **otsima** look for [luk foo]; ~ **rääkima** backbite ['bäkbait]

189   **tahtmine**

tagajärg consequence ['konsikwens]; (tulemus) result [ri'zalt]

tagama guarantee [gärën'tii]

taganema (tagasi tõmbuma) withdraw [widh'droo]

tagasi back [bäk]; (ajaliselt) ago [ë'gou]; ~ **astuma** (ametist) resign [ri'zain]; ~ **lükkama** (palvet *jm.*) turn down [töön daun]; ~ **maksma** pay back [pei bäk]; ~ **minema** return [ri'töön]; ~ **saama** get back [get bäk]; ~ **tulema** come back [kam bäk], return [ri'töön]; ~ **tõrjuma** repel [ri'pel]; ~ **valima** re-elect [rii'ilekt]

tagasihoidlik modest ['modist]; ~ **arvestus** conservative estimate [kon'söövëtiv esti'mit]

tagasihoidlikkus modesty ['modisti]

tagasisõidupilet return ticket [ri'töön tikit]

tagasisõit return trip [ri'töön trip]

tagasiulatuv (seadus) *jur.* retroactive ['retro'äktiv]

tagastama return [ri'töön]

tagastamatu irrevocable [i're-vëkëbl]; (tagasisaadamatu) irrecoverable [iri'kavërëbl]

tagastamine (vara ~) restitution [resti'tjuušën]

tagatis guarantee [gärën'tii], (*er.* laenul) collateral [ko'lätërël]

tagatuli tail light ['teillait]

tagavara supply [së'plai]; ~**osa** spare part [speë paat]

taha *postp.*, *adv.* behind; ~ **jääma** (kella kohta) be slow [bi slou]

tahe (tahte) will [wil]

tahk (kant, külg) face [feis]; side [said]

tahkekütus solid fuel ['solid fjuël]

tahtejõud will-power ['wil-pauë]

tahtlik intentional [in'tenešënl], deliberate [di'libërit]

tahtma want [wont], wish [wiš]; (soovima) desire [di'zaië], like [laik]; (kavatsema, mõtlema) mean [miin]; **mida te tahate sellega öelda?** what do you mean by this?; **tahaksin teada** I would like to know [ai wud laik të nou]

tahtmatu unwilling [an'wiling]; (kogemata) unintentional [anin'tenšënl]

tahtmine wish [wiš], will [wil]; **vastu tahtmist**

tahvel 190

against one's will [ë´genst
wanz wil]
tahvel board [bood]; (klassi~)
blackboard [´bläkbood];
(šokolaadi~) bar [baa]
taies piece of art [piis ëv aat]
tailiha lean (meat) [liin miit]
taim plant [plaant]
taimekasvatus plant-growing
[´plaantgrouing]
taimerasv vegetable fat
[´vedžitëbl fät]
taimetoit vegetarian food
[vedži´teëriën fuud]
taimetoitlane vegetarian
[vedži´teëriën]
taimeõli vegetable oil
[vedžitëbl oil]
tainas dough [dou]
taipama understand [andë-
´ständ]; realize [´riëlaiz]
taiplik bright [brait], intelligent
[in´telidžent]
takistama impede [im´piid];
(ära hoidma) prevent [pri-
´vent]
takistus obstacle [´obstikl]
takso taxi [täksi]; *US.* cab
[käb]; **~meeter** taximeter
[´täksimiitë]; **~juht** taxi-
driver [´täksidraivë], cab-
driver [´käbdraivë]
takt (peenetundelisus) tact

[täkt]; (rütmiühik) time
[taim]; *tehn.* (mootori ~)
stroke [strouk]
taktika tactics [´täktiks]
taktitu tactless [´täktlis]
talaar robe [roub]
tald sole [soul]
taldrik plate [pleit]
talent talent [´tälënt]
talisport winter sports [´wintë
spoots]
talitama (toimima) act [äkt],
(loomi) look after [luk
´aaftë]
talitus 1. kodused ~ed (daily)
chares [deili tšaaz]; **2.** (asu-
tus) office [´ofis]
talje waist [weist]
tall /talli/ stable [steibl]
talong coupon [´kuupon]
talu farm [faam]
taluma bear [beë], stand
[ständ]; (kannatama) suffer
[´safë]; (sallima) tolerate
[´tolëreit]
talumaja farmhouse [´faam-
haus]
talupidaja farmer [faamë]
talupidamine farming [´faa-
ming]
talutav tolerable [´tolërëbl]
taluvus tolerance [´tolërëns]
talv winter [´wintë]

191

talvemantel winter coat ['wintë kout]

talverehvid winter tyres ['wintë 'taiëz]

tamm /tamme/ oak [ouk]

tamm /tammi/ dam [däm]

tampoon med. tampon ['tämpën]

tang groats [grouts]

tangid pincers ['pinsëz]

tank tank [tänk]

tankima tank [tänk]; US. fill up [fil ap]

tankla = **bensiinijaam**

tanklaev tanker ['tänkë]

tants dance [daans]

tantsima dance [daans]

tantsuõhtu dance ['daans]

taotlema (püüdlema) strive [straiv]; (pöörduma) apply (for) [ë'plai]

taotlus aspiration [äspi'reišën], (avaldus) application [äpli-'keišën]

tapeet wall-paper ['woolpeipë]

tapma kill, (mõrvama) murder [möödë]

tapmine killing ['kiling]; (mõrv) murder [möödë]

tara fence [fens]

tarbekaup consumer goods [kën'sjuumë guudz]

tarbekunst applied art [ë'plaid aat]

tarbepuit timber ['timbë], US. lumber ['lambë]

tarbetu (mittevajalik) unnecessary [an'nesësëri]; (mittekasulik) useless ['juuslis]

tarbija consumer [kën'sjuumë]

tarbima consume ['kën'sjuum]

tarbimine consumption [kën'sampšën]

tariif tariff ['tärif]

tark (elu~) wise [waiz]; (mõistlik) sensible ['sensibl]; (arukas) clever [klevë]

tarkus (elu~) wisdom ['wizdëm]; (arukus) intelligence [in'telidžëns]

tarkvara software ['softweë]

tarnima supply [së'plai]

tarretis jelly [dželi]

tarvilik necessary ['nesësëri]; (nõutud) required [ri'kwaiëd]

tarvis (vaja) needed [niidid]; **on** ~ it is necessary [it iz 'nesisëri] (to)

tarvitama (kasutama) use [juuz]; (vajama) need [niid]

tarvitamisjuhend user's guide (or manual) ['juuzëz gaid]

tasa 1. (vaikselt) quietly ['kwaiëtli]; (aeglaselt) slowly

tasakaal

['slouli]; **2.** (võrdne) even [iivën]

tasakaal balance ['bäläns]

tasane (lame) even [iivën], flat [flät]; (vaikne) low [lou], (aeglane) slow [slou]

tase level ['levël]; (standard) standard ['ständëd]

tasku pocket ['pokit]; ~**lamp** flash-light ['fläšlait]; ~**raha** pocket-money ['pokit mani], allowance [ë'lauëns]; ~**rätik** handkerchief ['hänkëtšiif]; ~**varas** pickpocket ['pikpokit]

tass cup [kap]; ~ **ja alus**~ cup and saucer [kap änd soosë]

tasu (palk, vaevatasu *jm.*) compensation [kompën'seišën]; reward [ri'wood]; (honorar) fee [fii]; (kahju~) reparation [repë'reišën]

tasuline paid [peid]

tasuma pay [pei]; **see ei tasu end ära** this does not pay

tasuta free of charge [frii ëv tšaadž]

tasuvus profitability [profitë'biliti]

taud epidemic [epi'demik]

taust background ['bäkgraund]

tava custom ['kastëm]

tavaline usual ['juužuël]; (harilik) ordinary ['oodinëri]

tavaliselt usually ['juužuëli]

tavand ritual ['ritjuël], ceremony ['serimëni]

teadaanne announcement [ë'naunsmënt]

teade message ['mesidž], (uudis) news [njuuz], (teadaanne) announcement [ë'naunsmënt]; **teateid andma** give information [giv infë'meišën]

teadetebüroo information bureau [infë'meišën 'bjuërou] (*pl.* -eaus)

teadetetahvel notice-board ['noutisbood]

teadlane scientist ['saiëntist]

teadma know [nou]

teadmised knowledge ['nolidž]

teadus science ['saiëns]

teaduskond faculty ['fäkëlti]

teaduskraad academic degree [äkë'demik di'grii]

teadvus consciousness ['konšësnis]

teatama report [ri'poot], (kuulutama) announce [ë'nauns], (teavitama) inform [in'foom]

teatav (mingi) certain [söötn]; ~**al juhul** in a certain case [in ë söötn keis]

teatavasti as we (*or* you) know [äz wi nou]

teatejooks relay race [ri´lei reis]

teater theatre [´thiëtë]

teatmeteos, teatmik reference book [´refërëns buk]

teatrietendus theatre perfomance [´thiëtë pë´foomëns]

teatud = teatav

teave (andmed) data [deitë]; (info) information [infë´meišën]

tee I (jook) tea [tii]

tee II (vahemaa, suund) way [wei]; (tänav) road [roud]; ~**d juhatama** show the way [šou dhë wei]

teejuht guide [gaid]

teekond journey [džööni]

teelusikas tea-spoon [´tiispuun]

teema topic

teemant diamond [´daiëmond]

teene favour [feivë]; ~**t osutama** do a favour [du ë ´feivë]

teener servant [´söövënt]

teenima serve [sööv]; (raha) earn [öön]; (pälvima, ära ~) deserve [di´zööv]

teenindama serv(ic)e [´söövis]; (lauda ~) wait (a table) [weit]

teenindus service [´söövis]

teenistuja employee [emplë´ii]

teenistus 1. (töö, amet) service [söövis]; **2.** (teenitud raha) earnings [´ööningz], wages [´weidžiz]

teenus service [´söövis]

tees thesis [´thiisis] (*pl.* -ses)

teesklema pretend [pri´tend]

teflon teflon [´teflën]

tegelema deal (with) [diil]; (harrastama) go in (for)

tegelik actual [´äktjuël]

tegelikkus reality [ri´äliti]

tegema (toimetama, sooritama) do [du]; (valmistama) make [meik]

tegevliige full member [ful membë]

tegevus (tegutsemine) activity [äk´tiviti], action [´äkšën]; (toimimine) operation [opë´reišën]; (töö) occupation [okju´peišën], work [wöök]

tegevusala occupation [okju´peišën]; (firmal) field of activity [fiild ëv äk´tiviti]

tegevusvabadus freedom of action [´friidëm ëv ´äkšën], a free hand [frii händ]

tegu deed [diid], act [äkt]

tegur factor [´fäktë]

tegutsema act [äkt]

tehas factory ['fäktëri], plant [plaant]

tehing transaction [tran'zäkšën], deal [diil]

tehislik artificial [aati'fišël]

tehnik technician [tek'nišën]

tehnika (tehnilised võtted) technique [tek'niik]; (varustus) machinery [më'šiinëri] equipment [i'kwipmnt]

tehnikum polytechnic [poli'teknik] (school)

tehniline technical ['teknikël]

tehnoloogia technology [tek'nolëdži]

teisejärguline secondary ['sekëndëri]

teiseks secondly ['sekëndli]

teisiti differently ['difrëntli]; **~mõtleja** dissident ['disidënt]

teismeline teen-ager ['tiineidžë]

teistsugune different ['difrënt]

teivas pole [poul]; **~hüpe** *sport.* pole vault [poul voolt]

tekitama (põhjustama) cause [kooz]

tekk I blanket [blänkit]

tekk II (laevalagi) deck [dek]

tekkima arise [ë'raiz]; (pärinema) originate [ë'ridžineit]; (esile kerkima) crop up [krop ap]

teksased (blue)jeans [('bluu)džiinz]

tekst text [tekst]

tekstiil textile ['tekstail]

telefaks facsimile ['fäksimil]; *kõnek.* fax [fäks]

telefon telephone ['telifoun], *kõnek.* phone [foun]

telefonikõne phone call ['founkool]

telefoniputka (public) phone [pablik foun], *US.* pay phone ['peifoun]

telefoniraamat phone directory [foun di'rektëri]

telegraaf telegraph ['teligraaf]

telegrafeerima telegraph ['teligraaf]

telegramm telegram ['teligräm]; *Am.* cable [keibl]

telekanal TV channel [tšänl]

teleobjektiiv *fot.* telescopic lens [telis'kopik lenz]

telesaade TV programme ['prougräm]

teleskoop telescope ['teliskoup]

televiisor TV set ['tiiviset]

televisioon television ['telivižën], TV ['tii'vii]

telk tent

tellima order [oodë]; (ajalehte *jms.*) subscribe (to) [sëb'skraib]; (piletit) book [buk]

195   **termomeeter**

tellimus order [oodë], (aja-lehe~) subscription [sëb-´skripšën]; ~**t andma** place an order [pleis ën oodë]

tellis brick [brik]

temaatiline: ~ **kataloog** subject index [´sabdžikt ´indeks]

tempel I (hoone) temple [templ]

tempel II (pitsat) stamp [stämp]

temperament temperament [´tempërëmënt]

temperatuur temperature [´tempritšë]

tempo pace [peis]; *muus.* tempo [´tempou]

tendents tendency [´tendënsi]

tennis (lawn) tennis [´loon-tenis]; ~**väljak** tennis-court [´teniskoot]

tennised tennis shoes [´tenis šuuz]

tenor tenor

teoloogia theology [thi´olëdži]

teooria theory [´thiëri]

teoreetiline theoretic(al) [thië´retikël]

teos work [wöök]

teostama carry out [käri aut]; (saavutama) achieve [ë´tšiiv]

teostatav feasible [´fiizëbl]

tera I (lõike~) edge [edž], blade [bleid]; (terav ots) point

tera II (vilja~) grain [grein]

teraapia therapy [´thërëpi]

teraline granular [´gränjulë]

terane (mõistuselt) intelligent [in´telidžënt], smart [smaat]

terapeut therapeutist [therë-´pjuutist]

teras steel [stiil]

terav sharp [šaap]; (~ olukord) aggravated situation [´ägrë-veitid sitju´eišën]

teravamaitseline spicy [spaisi]

teravdama aggravate [´ägrë-veit]

teravili grain [grein]

teraviljakasvatus grain growing [grein grouing]

teravmeelne witty [witi]

tere! (esmakordsel kohtumisel) how do you do! [hau du ju duu], (tuttavlikult) hello! [he´lou]; ~ **hommikust!** good morning! [guud ´moon-ing]; ~ **õhtust!** good evening! [guud ´iivning]; ~ **tulemast!** welcome! [´welkam]

teretama greet [griit]

teritama sharpen [´šaapën]

termin term [tööm]

terminoloogia terminology [töömi´nolëdži]

termomeeter thermometer [thë´momitë]

termos(pudel)

termos(pudel) thermos bottle (*or* flask) ['thöömës botl]

terrass terrace ['teris]

territoorium territory ['teritëri]

territoriaalveed territorial waters [teri'tooriël wootëz] (*or* seas)

terror terror ['terë]

terroriseerima terrorize ['terë-raiz]

terrorism terrorism ['terërizm]

terve 1. (mitte poolik *v.* katki) whole [houl]; (kogu) entire [in'taië]; **2.** (mitte haige) healthy ['helthi]; well [wel]; ~ **mõistus** common sense ['komën sens]

tervenema recover [ri'kavë]

tervik whole [houl]

terviklik whole [houl]; (täielik) complete [këm'pliit]

terviklikkus integrity [in'te-griti]

tervis health [helth]; **teie ~eks!** your health! [joo helth], here's to you! [hiëz të ju]

tervishoid (public) health care [('pablik) 'helthkeë]

tervislik healthy ['helthi]

tervitama greet [griit]; (vastu võttes ~) welcome ['welkam]; (kellegi kaudu) send one's regards [send wanz ri'gaadz]

tervitus greeting ['griiting]; **~ed** (teise kaudu, näit. kirjas) (best) regards [ri'gaadz]

test test

testament (last) will [wil], *kirikl.* Testament ['testëmënt]

tige (vihane) angry ['ängri]; (õel) vicious ['višës]

tigu snail [sneil]

tihane titmouse ['titmaus] (*pl.* -mice [mais])

tihe thick [thik]; (sage) frequent ['friikwent]

tihti often ['oftën]

tihumeeter solid (*or* cubic) metre [solid miitë]

tiib wing [wing]

tiiburlaev hydrofoil boat ['haidrëfoil bout]

tiiger tiger [taigë]

tiik pond

tiir (laskerada) shooting-range ['šuuting reindž]

tiitel title [taitl]; **~leht** title-page ['taitl peidž], front page [frant peidž]

tiiter caption ['käpšën]; (sub-tiitrid) subtitles ['sabtaitlz]

tikand embroidery [im'broi-dëri]

tikk match [mätš]

tikker = karusmari

tikkima embroider [im'broidë]

197   **toimkond**

tikutoos match-box ['mätš-
   boks]
tilk drop
tilkuma drip
till *bot.* dill
tina lead [led]
tingima (kauplema) bargain
   ['baagin]
tingimata by all means [bai
   ool miinz]; absolutely ['äb-
   sëluutli]
tingimus condition [kën'dišën];
   (lepingu~) term [tööm]
tint ink
tipp top
tippkohtumine summit ['samit]
tippsaavutus record ['rekëd]
tippsportlane top(-ranking)
   athlete ['top(ränking) 'äthliit]
tipptund rush hour [raš auë]
tiraaž (trükiarv) edition
   [e'dišën]; (ajalehel) circula-
   tion [söökju'leišën]
tisler joiner ['džoinë]
tita baby [beibi]
toatuhvlid carpet slippers
   [kaapit 'slipës]
toetaja supporter [së'pootë]
toetama support [së'poot];
   (rahaliselt) subsidize ['sabsi-
   daiz]; (ettepanekut) second
   ['sekënd]; (nõjatama) lean
   [liin] (on, against)

toetus support [së'poot]
tohtima be allowed [bi ë-
   'laud]; **kas tohin sisse as-
   tuda?** may I come in? [mei
   ai kam in]; **siin ei tohi suit-
   setada** one must not smoke
   here
tohutu enormous [i'noomës]
toiduained foodstuffs ['fuud-
   stafs]; **toiduainete kauplus**
   grocery (store) ['grousëri (stoo)]
toidukaubad groceries ['grou-
   sëriz]
toiduretsept recipe ['resipi]
toime (mõju) effect [i'fekt]
toimetaja editor ['editë]
toimetama 1. (tegutsema) do
   errands [du 'erëndz], man-
   age ['mänidž]; **edasi** ~ for-
   ward ['foowëd]; **kätte** ~
   deliver (to) [di'livë]; **2.**
   (ajalehte, raamatut) edit
toimetis publication [pabli-
   'keišën]; (teadusliku seltsi)
   ~**ed** transactions [tranz-
   'äkšënz]
toimetus (asja~) errand
   ['erënd], (ajalehe~) newspa-
   per office ['njuuzpeipë 'ofis]
   (*or* staff)
toimik file [fail]
toiming act [äkt]
toimkond committee [kë'miti]

toimuma (aset leidma) take place [teik pleis]

toit food [fuud], (roog) dish [diš]

toitev nutritious [nju´trišës]

toitlustus catering [´keitëring]

toitma feed [fiid]

toksiline toxic [´toksik]

toll I (pikkusmõõt) inch [intš]

toll II customs [´kastëmz]

tollideklaratsioon customs declaration [´kastëmz deklë-´reišën]

tollieeskirjad customs regulations [´kastëmz regju´leišënz]

tollilõiv customs duty [´kastëmz djuuti]

tollitariif (customs) tariff [´kastëmz ´tärif]

tollivaba duty free [´djuutifrii]

tolm dust [dast]

tolmuimeja vacuum clearner [´väkjum ´kliinë]

tolmumantel dust coat [´dastkout], *US. ka* duster [´dastë]

tomat tomato [të´maatou] (*pl.* -oes)

tonn ton

toodang production [prë´dakšën]

toode product [´prodakt]

tool chair [tšeë]

tooma bring

toomkirik cathedral (church) [kë´thiidrël]

toon tone [toun]; (värving) shade [šeid]

toonekurg stork [stook]

toonik tonic [´tonik]

tooraine raw material [roo më´tiëriël]

toores (keetmata, küpsetamata; töötlemata) raw [roo]; (jõhker) rude [ruud]

toorsalat green salad [griin säläd]

toost toast [toust]

tootja producer [prë´djuusë], manufacturer [mänju-´fäktšërë]

tootlikkus productivity [prodëk´tiviti]

tootma produce [prë´djuus]; (tööstuslikult) manufacture [mänju´fäktšë]

tootmine production [prë-´dakšën], (tööstuslik) manufacturing [mänju´fäktšëring]

tootmiskulud production costs [prë´dakšën kosts]

topelt double [dabl]

topsik cup [kap]

tore fine [fain]; (suurepärane) great [greit]

torkama (nõelama) sting; **läbi ~** pierce through [piës thruu],

199   **triip**

puncture ['panktšё]; **silma ~** strike the eye [straik dhi ai]

torm storm [stoom]

tormama (sööstma) rush [raš]

torn tower ['tauё]; (teravneva otsaga ~, kiriku~) steeple [stiipl]

tornaado tornado [too'neidou] (*pl.* -oes, -os)

tort (kook) cake [keik], (puuvilja~) tart [taat]

toru pipe [paip], tube [tjuub]

torulukksepp plumber ['plamё]

tosin dozen [dazn]

totalitaarne totalitarian [totёli'teёriёn]

traagika tragedy ['trädžedi]

traagiline tragic(al) ['trädžikёl]

traat wire [waiё]

traditsioon tradition [trä'dišёn]

traditsiooniline traditional [trä'dišёnёl]

trafaretne stereotypical [stiё-riё'tipikl]

tragöödia tragedy ['trädžedi]

trahv (raha~) fine [fain]

traksid braces ['breisiz], *US.* suspenders [sёs'pendёz]

traktor tractor ['träktё]

tramm tram [träm]; street-car ['striitkaa]

transformaator transformer [trans'foomё]

transiit *maj.* transit ['tränzit]; **~kaubandus** transit trade ['tränzit treid]; **~viisa** transit visa ['träzit viizё]

transleerima transmit [tranz-'mit]

transport transport ['tränspoot]

transportima transport [träns-'poot]

trass track [träk]

treener coach [koutš], trainer ['treinё]

treenima (treenerina) train [trein]; (ise harjutama) practice ['präktis]

treening training ['treining], practice ['präktis], *US. ka* workout ['wöökaut]

treial turner ['töönё]

trellid bars [baaz]

trellpuur (spiral) drill

trepikoda stairway ['steёwei]

trepp stairs [steёz], staircase ['steёkeis]; (maabumis~) gangway ['gängwei]

tribüün stand [ständ]

triikima iron [aiёn]

triikraud iron [aiёn]

triiksärk shirt [šööt]

triip stripe [straip]

trikk

trikk trick [trik]
trikoo (riidesort) stockinet [stoki´net]; (võimlemis~) tights [taits]; (supel~) swimsuit [´swimsjuut]
trikotaaž hosiery [´houžëri]
trollibuss trolley-bus [´trolibas]
troon throne [throun]
troopiline tropical [´tropikël]
trukknööp press-button [´pres´batën]
trumm drum [dram]
trump trump [tramp]
trupp troupe [truup]
truu (usaldusväärne) faithful [´feithful]; (ustav) loyal [´lojël]
trügima push [puš]
trühvel truffle [trafl]
trükikoda printing-plant [´printing ´plaant]
trükimasin printing-press [´printing ´pres]
trükis printed matter [´printid ´mätë], publication [pabli-´keišën]
trükivabadus freedom of the press [´friidëm ëv dhë pres]
trükkima print
tsaar czar [zaa]
tsehh factory shop [´fäktëri šop] (or department) [di-´paatmënt]

tselluloos cellulose [´seljulouz], pulp [palp]
tsement cement [si´ment]
tsensus census [´sensës], qualification [kwalifi´keišën]
tsensuur censorship [´sensë-šip]
tsentraliseerima centralize [´sentrëlaiz]
tseremoonia ceremony [´seri-mëni]
tsirkus circus [´söökës]
tsistern tank [tänk]
tsiteerima quote [kwout]
tsiviil- civil [´sivil]
tsivilisatsioon civilization [sivilai´zeišën]
tsiviliseerima civilize [´sivilaiz]
tsoon zone [zoun]
tsunft (craft) guild [gild]
tsükkel cycle [saikl]
tšekiraamat cheque-book, *US.* checkbook [´tšekbuk]
tšekk cheque, *US.* check [tšek]
tšello cello [´tšelou]
tšempion champion [´tšäm-piën]
tualett 1. toilet [´toilët], *US.* bathroom [´baathrum]; **~paber** toilet paper [´toilit peipë]; 2. (rõivastus) dress
tuba room [rum]
tubakas tobacco [të´bäkou]

201   **tuletõrjuja**

tubli good [guud]

tudeng (university) student ['stjuudënt], undergraduate (student) ['andëgrädjuit]

tugev strong

tugevdama strengthen ['strenthën]

tugevnema strengthen ['strenthën]

tugi support [së'poot]

tugitool armchair ['aamtšeë]

tuhat thousand ['thauzënd]

tuhatoos ash-tray ['äštrei]

tuhk ash(es) [äšiz]

tuhm dim

tuim dull [dal]; (kangestunud) numb [nam]

tuimesti *med.* anaesthetic [änis'thetik]

tuisk storm [stoom]

tuju mood [muud]; (kapriis) caprice [kë'priis]; **heas ~s** in good (*or* high) spirits [in guud 'spirits]; **~st ära** out of temper [aut ëv 'tempë]

tujukas moody [muudi]; (isemeelne) capricious [kë'prišës]

tukastama doze [douz]

tukkuma take a nap [teik ë näp]

tulekahju fire [faië]

tulekindel fireproof ['faiëpruuf]

tulekustuti fire-extinguisher [faië iks'tingwišë]

tulema come [kam]; (saabuma) arrive [ë'raiv]; (vaja olema) be necessary [bi 'nesësëri]; **mul tuleb see töö ära teha** I have to do this work; **ette ~** occur [ë'köö]; **meelde ~** occur, remember [ri'membë]; **vastu ~** come to meet [kam të miit], (soovidele) oblige [ë'blaidž]

tulemasin (cigarette) lighter ['laitë]

tulemus result [ri'zalt]

tulenema result (from) [ri'zalt]; (järgnema) follow ['folou]

tuleohtlik inflammable [in'flämëbl]

tuletama derive [di'raiv]; (järeldama) deduce [di'djuus]; **meelde ~** remind [ri'maind] (*smb.* of *smth.*); (midagi meenutama) recall [ri'kool]

tuletikk match [mätš]

tuletorn lighthouse ['laithaus]

tuletõrje fire department [faië di'paatmënt]; (~meeskond) firebrigade ['faiëbri'geid]

tuletõrjuja fireman ['faiëmän] (*pl.* -men)

tulevane 202

tulevane *adj.* future ['fjuutšë]

tulevik future ['fjuutšë]

tuli (elav tuli) fire [faië]; (valgus) light [lait]; **palun andke mulle (sigaretile) tuld** please give me a light; **kustuta tuli!** turn off the light! [töön of dhë lait]

tuline hot; (innukas) ardent ['aadënt]

tulirelv fire-arm ['faiëaam]

tulistama shoot [šuut]

tuliuus brand-new [bränd njuu]

tulp /tulbi/ tulip ['tjuulip]

tulp /tulba/ post [poust]

tulu (sissetulek) income ['inkam]; (kasum) profit

tulumaks income-tax ['inkam täks]

tulus profitable ['profitëbl]

tume dark [daak]

tumm /tumma/ 1. *adj.* mute [mjuut]; 2. *subst.* mute [mjuut]

tund (aeg) hour [auë]; (õppe~) lesson ['lesën], class [klaas]

tundemärk (distinctive) mark [maak]; (tunnus) distinction [dis'tinkšën]

tundlik sensitive (to) ['sensitiv]

tundma 1. (meelte kaudu) feel [fiil]; **kuidas te end tunnete?** how do you feel?; 2.

(teadma) know [nou]; **näo (nime) järgi** ~ know sight (by name) [nou bai sait]; **ära** ~ recognize ['rekëgnaiz]

tunduma (näima) seem [siim]; **mulle tundub** it seems to me [it siimz të mi]

tung urge [öödž] (for)

tungima force [foos]; **kallale** ~ attack [ë'täk]; **sisse** ~ break in [breik]

tungraud (lifting) jack ['lifting džäk]

tunked *kõnek.* overalls ['ouvëroolz]

tunne feeling ['fiiling]; (meeleliigutus) emotion [i'moušën]

tunnel tunnel ['tanël]

tunnetama (tajuma) perceive [pë'siiv], feel [fiil]

tunniplaan time-table ['taimteibl]

tunnistaja witness ['witnës]

tunnistama (pealt nägema) witness ['witnës]; (sobivaks ~) approve (of) [ë'pruuv]; (tunnistusi andma) testify ['testifai]; (omaks võtma) admit [äd'mit]; **end süüdi** ~ plead guilty [pliid 'gilti]; **üles** ~ confess [kën'fes]

tunnistus testimony ['testimëni]; (ametlik dokument) certificate [së'tifikit]

203   **tuuleveski**

tunnitasu hourly wage [ˈauëli weidž]

tunnitöö time-work [ˈtaimwöök]

tunnus distinctive feature [disˈtinktiv ˈfiitšë]

tunnustama recognize [ˈrekëgnaiz]; (hindavalt ~) appreciate [ëˈprišieit]; (omaks võtma) admit [ädˈmit]

tunnustus recognition [rekëgˈnišën]; (hindav ~) appreciation [ëˈprišiˈeišën]

tuntud (well-)known [(ˈwel)noun]

tupik dead end [ded end]

turg market [ˈmaakit]

turism tourism [ˈtuërizm]; ~**ibüroo** tourist agency [ˈtuërist ˈeidžënsi]

turist tourist [ˈtuërist]

turnee tour [tuë]

turniir tournament [ˈtuënëment]

tursk cod (fish) [ˈkodfiš]

turske sturdy [stöödi]

turuhind market price [ˈmaakit prais]

turumajandus market economy [ˈmaakit iˈkonëmi]

turundus marketing [ˈmaakiting]

turustaja distributor [disˈtribjutë]

turustus sales [ˈseilz], distribution [distriˈbjuušën]

turuväärtus market value [ˈmaakit ˈvälju]

turvaline secure [sëˈkjuë], safe [seif]

turvas peat [piit]

turvateenistus security (service) [sëˈkjuriti]

turvavöö safety (or seat) belt [ˈseifti belt]

tušš I *muus.* flourish [ˈflariš]

tušš II (värvaine) Indian ink

tutt tuft [taft]

tuttav 1. *adj.* familiar [fëˈmiljë]; **2.** *subst.* acquaintance [ëˈkweintëns]

tutvuma get acquainted (with) [get ëˈkweintid]; (uurima) study [stadi]

tutvus acquaintance [ëˈkweintëns]; (sidemed) connections [këˈnekšënz]

tuul wind [wind]

tuuleklaas (autol jms.) windscreen [ˈwindskriin], *US.* windshield [ˈwindšiild]

tuulelipp weathervane (*ka piltl.*) [ˈwedhëvein]

tuulerõuged chicken-pox [ˈtšikënpoks]

tuuletõmbus draught [droot]

tuuleveski windmill [ˈwindmil]

tuuline

tuuline windy [windi]

tuulutama air [eë]

tuum nucleus [ˈnjuukliës] (*pl.* -lei); (olemus) essence [ˈesëns]; **~aenergia** nuclear energy [ˈnjuuklië ˈenëdži]

tuumareaktor nuclear reactor [ˈnjuuklië riˈäktë]

tuumarelv nuclear weapon [ˈnjuuklië ˈwepën]

tuun(ikala) tuna(fish) [ˈtuunëfiš]

tuuner tuner [ˈtjuunë]

tuvi pigeon [ˈpidžën]

tõbi disease [diˈziiz]

tõde truth [truuth]

tõeline true [truu], (tegelik) actual [ˈäktjuël]; (ehtne) authentic [ooˈthentik]

tõend (tõestus) proof [pruuf]; (dokument) certificate [sëˈtifikit]

tõendama 1. prove [pruuv]; **2.** (kinnitama) affirm [ëˈfööm]

tõenäoline likely [ˈlaikli]

tõenäoliselt probably [ˈprobëbli], (most) likely [moust ˈlaikli]

tõestama prove [pruuv]

tõesti really [ˈriëli], indeed [inˈdiid]; **kas ~?** is that true? [iz dhät truu]

tõestus proof [pruuf]

tõhus (mõjus) effective [iˈfektiv]; (tubli) efficient [iˈfišënt]

tõhustama make more effective (*or* efficient) [meik iˈfektiv]

tõke obstacle [ˈobstikl]; *sport.* hurdle [höödl]

tõkestama bar [baa], block [blok]

tõkkejooks hurdle race [höödl reis]

tõkkepuu barrier [ˈbärië]

tõlge translation [transˈleišën]

tõlgendama interpret [inˈtööprit]; **valesti** ~ misinterpret [misinˈtööprit]

tõlgitsus interpretation [intööpriˈteišën]

tõlk interpreter [inˈtööpritë]

tõlkija translator [ˈtransleitë]

tõlkima translate [transˈleit]; (suuliselt) interpret [inˈtööprit]

tõmbama pull

tõmbelukk zipper [ˈzipë]

tõmbetuul draught [ˈdroot]

tõotama promise [ˈpromis]

tõotus promise [ˈpromis]; (vande~) oath [outh]

tõrge failure [ˈfeiljë], *ka* problem

tõrje prevention [priˈvenšën];

205   **täht**

(kahjuri~) (pest-)control [ˈpest kënˈtroul]

tõrjuma repel [riˈpel]

tõrv tar [taa]

tõrvik torch [tootš]

tõsi 1. (tõde) truth [truuth]; **tõtt rääkima** tell the truth; **2.** (öeldistäitena v. liitsõnade algosana) true [truu]

tõsiasi fact [fäkt]

tõsine serious [ˈsiëriës]

tõsiselt seriously [ˈsiëriësli]

tõstma raise [reiz], lift; **välja ~** (korterist) evict [iˈvikt]; **üles ~** lift up, (maast) pick up [pik ap]

tõttu because of [biˈkooz ëv], due to [djuu tu]

tõug (inim~) race [reis]; (looma~) breed [briid]; **puhast ~u** of pure breed

tõukama push [puš]; (ajendama) impel [imˈpel]

tõuloom thoroughbred [ˈtharëbred]

tõus rise [raiz]; (majanduslik ~) boom [buum]; (mere~) high tide [hai taid]

tõusma rise (up) [raiz ap]; (magamast, üles ~ jne.) get up, stand up [ständ ap]; (hindade kohta) increase [inˈkriis]

tädi aunt [aant]; **~poeg, ~tütar** cousin [kazn]

tähele: ~ panema pay attention (to) [pei ëˈtenšën]; (märkama) notice [ˈnoutis]

tähelepanek observation [obzëˈveišën]

tähelepanelik attentive [ëˈtentiv]

tähelepanematu inattentive [inëˈtentiv]

tähelepanu attention [ëˈtenšën]

tähelepanuväärne remarkable [riˈmaakëbl]

tähendama mean [miin]; **tähendab ...** consequently... [ˈkonsikwentli], so [sou]; **see tähendab** that means [dhät miinz]

tähendus meaning [ˈmiining], (tähtsus) significance [sigˈnifikëns]

tähendusrikas significant [sigˈnifikënt]

tähestik alphabet [ˈälfäbet]

tähis sign [sain]

tähistama mark [maak]; (tähtpäeva) observe [obˈzööv]; (pidutsema) celebrate [ˈselibreit]

tähitud registered [ˈredžistëd]

täht 1. (taeva~) star [staa]; **2.** (kirja~) letter [ˈletë]

tähtaeg term [tööm]

tähtis important [im'pootënt]

tähtkuju *astr.* constellation [konstë'leišën]

tähtsus importance [im'pootëns]

tähtsusetu unimportant [anim'pootënt]

täide: ~ **minema** come true [kam truu]; ~ **saatma**, ~ **viima** execute ['eksikjuut], carry out [käri aut]

täidesaatev executive [ig'zekjutiv]

täidis filling ['filing], *kok.* stuffing ['stafing]

täielik complete [këm'pliit]; (terviklik) entire [in'taië]

täielikult (tervenisti) entirely [in'taiëli], totally ['toutëli]

täiendama (teadmisi) improve [im'pruuv], (ettepanekut) amend [ë'mend]

täiendav additional [ë'dišënël]

täiendavalt additionally [ë'dišënëli]

täiendus (täiendav osa *v.* kogus) complement ['komplimënt]; (lisand) addition [ë'dišën]; ~**ettepanek** amendment [ë'mendmënt] (to a proposal); ~**kursused** refresher courses [ri'frešë koosiz]

täiendõpe further training ['föödhë 'treining]

täiesti completely [këm'pliitli]; (hoopis) quite [kwait]

täievoliline plenipotentiary [plenipë'tenšëri]

täis full; (joobnud) drunk [drank]

täisealine of age [ëv eidž], grown-up ['grounap]

täiskasvanu grown-up ['grounap], adult ['ädalt]

täiskogu (full) assembly [ë'sembli]

täisühing general partnership ['dženërël 'paatnëšip]

täitevkomitee executive committee [ig'zekjutiv kë'miti]

täitma 1. (anumat *jms.*) fill (up); (blanketti *jms.*) fill in, *US.* fill out; **2.** (soovi, ülesannet *jms.*) fulfil [ful'fil]; **plaani** ~ fulfil the plan; **3.** (kohustust) do [du], perform [pë'foom]; (lepingut) observe [ob'zööv]

täiturg *kõnek.* second-hand market ['sekëndhänd 'maakit], flea market [flii maakit]

täiuslik perfect ['pööfikt]

täiustama improve [im'pruuv]

täna today [të'dei]; ~ **hommikul** this morning [dhis

207   **töökas**

'mooning]; ~ **õhtul** tonight [tẽ'nait]

tänama thank [thänk]; **tänan (väga)!** thank you (very much)! [thänk jë veri matš]

tänapäev nowadays ['nauë-deiz]

tänapäevane modern ['modën]

tänav street [striit]

tänavamüüja street vendor [striit 'vendë]

tänavu this year [dhis jeë]; **~ne** this year's [dhis jeëz]

tänu 1. *subst.* thanks [thänks]; (~tunne) gratitude ['gräti-tjuud]; **suur ~!, palju ~!** many thanks! [meni thänks], thanks a lot! [thänks ë lot]; **~ avaldama** express thanks (to) [iks'pres thänks]; **2.** *prep.* thanks to [thänks të]; **~ teie abile** thanks to your help

tänukiri thank-you note ['thänkju nout]

tänulik thankful ['thänkful]

tänutäheks as a sign of gratitude [sain ëv 'grätitjuud]

täpiline spotted ['spotid]

täpne exact [ig'zäkt]; (aja suhtes) punctual ['panktjuël]; (hoolikas) accurate ['äkjurit]

täpp spot

täppisteadus exact science [ig'zäkt 'saiëns]

täpselt exactly [ig'zäktli]

täpsus exactness [ig'zäktnis]; (aja suhtes) punctuality [panktju'äliti]; (hoolikus) accuracy ['äkjurësi]

täpsustama (lähemalt määratlema) specify ['spesifai]

täpsustus (lähemalt määratlemine) specification [spesifi'keišën]

täring die [dai] *(pl.* dice*)* [dais]

tärklis starch [staatš]

tärmin term [tööm], (due) date ['djuu deit]

tärn star [staa]

tätoveering tattoo [tẽ'tuu]

töö work [wöök], job [džob]; **~d otsima** look for employment [luk fo im'ploimënt] (*or* job)

tööaeg working (or business) hours ['wööking auëz]

tööandja employer [im'ploië]

tööbüroo employment agency [im'ploimënt 'eidžënsi]

töögrupp work group [wöök gruup], task group

tööjõud labour [leibë]

tööjõuturg labour market [leibë maakit]

töökas hard-working ['haad-wööking]

töökoda (work)shop [('wöök)-šop]

töökoormus work-load ['wöök-loud]

tööleping employment contract [im'ploimënt 'konträkt]

tööline worker [wöökë]

tööluba work permit [wöök 'pöömit]

töömahukas labour-intensive ['leibërin'tensiv]

tööpakkumine job offer [džob 'ofë]

tööpuudus unemployment [anim'ploimënt]

tööpäev work-day ['wöökdei]

tööriist tool [tuul]

tööseisak work stoppage [wöök 'stopidž]

tööstaaž length of service [lenth ëv söövis]

tööstus industry ['indastri]; ~**kaubad** manufactured goods [mänju'fäktšëd guudz]

töötaja worker [wöökë], employee [emploi'ii]

töötama work [wöök]; **kellena te töötate?** what are you? [wot a ju]; **välja ~** work out [wöök aut]

töötasu pay [pei], (muutuv) wages ['weidžiz], (kindel) salary ['säläri]

tööteenistus = **alternatiiv-teenistus**

töötlema process ['prousës]

töötu unemployed [anim'ploid]; ~ **abiraha** unemployment compensation [anim'ploimënt kompen'zeišën]

tööviljakus productivity [prodak'tiviti]

tüdinema get tired [get taiëd]

tüdinud tired [taiëd]

tüdruk girl [gööl]

tühi empty ['emti]; (vaba) vacant ['veikënt]; (täiskirjutamata) blank [blänk]

tühiasi trifle [traifl]

tühine trivial ['triviël]; (tähtsusetu) insignificant [insig-'nifikënt]

tühistama cancel ['känsël], annul [ë'nal]; (otsust, seadust) repeal [ri'piil]

tühjendama empty ['emti]

tühjus emptiness ['emtinis]

tükeldama cut in(to) pieces [cat intë piisiz]; (jagama) divide (up) [di'vaid]

tükitöö piece-work ['piiswöök]

tükk piece [piis], bit; **kaks krooni** ~ two kroons each (*or* a piece)

tüli 1. (riid) quarrel ['kworël]; **2.** (ebamugavus) trouble [trabl]

tülitama trouble [trabl], (segama) disturb [dis´tööb]
tülitsema quarrel [´kworël]
tünn barrel [´bärël]
tüse stout [staut]; (lihav) corpulent [´koopjulënt]
tüsistus complication [kompli´keišën]
tüssama cheat [tšiit]
tütar daughter [´dootë]; ~**laps** girl [gööl]
tüvi stem
tüüp type [taip]; (mudel, eeskuju) pattern [´pätën], model [modl]
tüüpiline typical [´tipikël]
tüüpprojekt standard design [´ständëd di´zain]
tüütama 1. (tülitama) bother [bodhë]; 2. (tüdinuks tegema) be tiresome [bi ´taiësam]
tüütu (igav) boring [´boring]

uba bean [biin]
udu fog
udune foggy [fogi]; *piltl. ka* vague [veig]
udusuled (voodrina) down [daun]
uduvihm drizzle [´drizl]
uhiuus brand-new [´bränd njuu]
uhke proud [praud]; (edevalt ~) vain [vein]; (tore) superb [sju´pööb]; ~ **olema** be proud [bi praud]
uhkeldama (hooplema) boast [boust]
uhkus pride [praid]
uhkustama be proud (of) [bi praud]
uimane dazed [deizd], drowsy [´drauzi]
uimasti narcotic [naa´kotik], drug [drag]
uinak nap [näp]
uinuma fall asleep [fool ë´sliip]
uinuti sleeping pill [´sliiping pil]
uisk skate [skeit]
uisutama skate [skeit]
uisutamine skating [´skeiting]
uitama wander (around) [´wondë ë´raund]
uje shy [šai]
ujula swimming-pool [´swimingpuul]
ujuma swim [swim]
ujumine swimming [´swiming]

ujumistrikoo swimsuit ['swim-sjuut]

uks door [doo]

ulatama reach [riitš]; **palun ulatage mulle leiba** pass me the bread, please

ulatuma reach [riitš], extend [iks'tend]; (summa kohta) amount (to) [ë'maunt]

ulatus (määr) extent [iks'tent]; **täies ~es** to the full extent

ulatuslik extensive [iks'tensiv]

uljas brave [breiv]

ulme science fiction ['saiëns 'fikšën]

ultimaatum ultimatum [alti-'meitëm]

ultralühilaine very high frequency [veri hai 'friikwensi], *kõnek.* VHF

uluk (jahiloom) game [geim]

umbes I (umbe läinud) blocked (up) [blokt]

umbes II (ligikaudu) about [ë'baut]

umbkaudne approximate [ë'proksimit]

umbne (lämmatav, sumbunud) stuffy [stafi]

umbrohi weed(s) [wiidz]

umbusaldama distrust [dis-'trast]

ummik (väljapääsmatu seisukord) dead end [ded end],

deadlock ['dedlok]; (liiklus~) traffic jam ['träfik džäm]

unenägu dream [driim]

unerohi sleeping pills

unetu sleepless ['sliiplis]

unetus sleeplessness ['sliiplisnis], *tead.* insomnia [in-'somnjë]

uni sleep [sliip]; (unenägu) dream [driim]; **und nägema** dream [driim]

unikaalne unique [ju'niik]

unine sleepy [sliipi]

unistama dream [driim]; (avasilmi) daydream ['deidriim]

unistus dream [driim]

universaalne universal [juni-'vöösël]; (masina *jms.* kohta ka) general-purpose ['dženerël 'pööpës]

universum universe ['juuni-vöös]

unu(ne)ma be forgotten [bi fë'gotn]

unustama forget [fë'get]; (unarusse jätma) neglect [nig'lekt]; **maha ~** leave behind [liiv bi'haind]

unustamatu unforgettable [anfë'getëbl]

uppuma drown [draun]; (põhja minema) sink

upsakas arrogant ['ärëgënt]

211   **uur**

upsakus arrogance ['ärëgëns]

uputama drown [draun]; (põhja laskma) sink; (üle ujutama) flood [flad]

uputus (üleujutus) flood [flad]

uraan uranium [juë´reiniëm]

uriin urine ['juërin]; ~**iproov** *med.* sample of urine [sämpl ëv ´juërin]

usaldama trust [trast]; **kellelegi midagi** ~ entrust (*smth.* to *smb.*) [in´trast]

usaldamatus distrust [dis-´trast]

usaldus trust [trast]; ~**hääletus** *pol.* vote of confidence [vout ëv ´konfidëns]

usaldusmees trustee [tras´tii]

usaldusväärne reliable [ri-´laiëbl]

usaldusühing unlimited partnership [an´limitid ´paatnëšip]

usin hard-working ['haadwööking]

usk faith [feith]; (usund) religion [ri´lidžën]

usklik 1. *adj.* religious [ri´lidžës]; 2. *subst.* believer [bi´liivë]

uskuma believe [bi´liiv]

uskumatu unbelievable [anbë-´liivëbl], incredible [in´kredibl]

uss worm [wööm], (madu) snake [sneik]

ustav faithful ['feithful], loyal (to) ['lojël]

usulahk (religious) sect [sekt]

usuline religious [ri´lidžës]

usund religion [ri´lidžën]

usutav believable [bi´liivëbl], plausible ['ploozibl]

usuteadus theology [thi´olëdži]

usuvabadus religious liberty [ri´lidžës ´libëti]

usuõpetus religious instruction [ri´lidžës ins´trakšën]

utoopia utopia [juu´toupië]

utopist Utopian [juu´toupiën]

uudis news [njuuz] (*pl.* news)

uudishimu curiosity [kjuëri-´ositi]

uudishimulik curious ['kjuëriës]

uuendaja reformer [ri´foomë]

uuendama renew [ri´njuu]; (uut sisse tooma) innovate ['inëveit]; (muutma) reform [ri´foom]; (moodsaks tegema) modernize ['modënaiz]

uuendus innovation [inë´veišën]

uuesti anew [ë´njuu]; (jälle) again [ë´gen]; (veel kord) once more [wans moo]

uur (pocket) watch ['pokit wotš]

uurija investigator [in´vestigeitë]; (teaduslik ~) researcher [´ri´söötšë]

uurima explore [iks´ploo]; (vaatlema) examine [ig´zämin]; (õppimise otstarbel) study [stadi]; **järele ~** investigate [in´vestigeit]; **välja ~** find out [faind aut]

uurimiskomisjon committee of inquiry [kë´miti ov in´kwaiëri]

uurimustöö research project [ri´söötš ´prodžëkt]

uuring research [ri´söötš], (juurdlus) investigation [investi´geišën]

uus new [njuu]; (uueaegne) modern [´modën]; (teine, veel üks) another [ë´nadhë]

uusaasta (nääripäev) New Year´s Day [´njuu jeëz dei]

uusrikas noveau riche [´nuuvou ´riiš]

uutmine perestroika [´perëstroikë]

vaade view [vjuu]; (arvamus) opinion [ë´pinjën]
vaagen platter [´plätë]
vaal whale [weil]
vaarikas raspberry [´raazbëri]
vaas vase [veiz]
vaat /vaadi/ barrel [´bärël]
vaatama look (at) [luk]; (kaaluma, külastama) see [sii]
vaatamata (millelegi) in spite (of) [in´spait ëv]
vaatamisväärsus sight [sait]
vaateaken shop window [šop windou]
vaatleja observer [ob´zöövë]
vaatlema observe [ob´zööv]
vaatlus observation [obzë´veišën]
vaatus (näidendis) act [äkt]
vaba free [frii]; (hõivamata) vacant [´veikënt]; **~ aeg** spare time [speë taim]; **~s õhus** in the open air [oupën eë]; **~ päev** day off [dei of]; **~ tuba, ~ töökoht** vacancy [´veikënsi]
vabadus freedom [´friidëm]
vabadussõda war of independence [wor ëv indi´pendëns]

213   **vaevama**

vabadusvõitleja freedom fighter ['friidëm 'faitë]

vabakaubandus free trade [frii treid]

vabakutseline free-lance ['friilaans]

vabandama excuse [iks-'kjuuz]; (vabandust paluma) apologize [ë'polëdžaiz]

vabandus (vabandav selgitus, põhjus) excuse [iks'kjuus]; (andekspalumine) apology [ë'polodži]

vabandust! (I am) sorry! [(ai äm) sori]; (ka pöördumisena) excuse me! [iks'kjuuz mi]

vabanema get free (from) [get frii]; (lahti saama) get rid (of); (maa, rahva kohta) be liberated [bi 'libëreitid]; (koormast, kohustusest) be relieved (of) [bi ri'liivd]; (maksust, kohustusest) become exempt [bi'kam ig'zempt]; (ruumi või ametikoha kohta) become vacant [bi'kam 'veikënt]

vabariik republic [ri'pablik]; **Eesti Vabariik** the Republic of Estonia [dhë ri'pablik ëv es'tounië]

vabariiklane republican [ri-'pablikën]

vabasadam free port [frii poot]

vabastama free (from) [frii]; (maad, rahvast) liberate ['libëreit]; (koormast, kohustusest) relieve (of) [ri'liiv]; (maksust, kohustusest) exempt (from) [ig'zempt]; (ruumi kohta) vacate [vë'keit]; **ta vabastati ametist ta enda palvel** he was relieved of his post at his own request

vabatahtlik 1. *adj.* voluntary ['volëntëri]; **2.** *subst.* volunteer [volën'tië]

vabaõhumuuseum open-air museum [oupën eë mju'ziëm]

vabrik factory ['fäktëri]

vaen hostility [hos'tiliti]

vaene poor [puë]

vaenlane enemy ['enimi]

vaenulik hostile (to) ['hostail]

vaesus poverty ['povëti]; **~piir** poverty level ['povëti 'levël]

vaev pain(s) [pein]; (raskus) difficulty ['difikëlti]

vaevaline painful ['peinful]

vaevalt hardly ['haadli]

vaevama trouble ['trabl]; **pead ~ puzzle** one's head [pazl wanz hed]

vaevanõudev (täpne) exacting [ig´zäkting]; (füüsiliselt pingutav) laborious [lë´booriës]

vaevarikas painful [´peinful]

vaevuma take the trouble (of doing sth.) [teik dhë trabl]

vaga devout [di´vaut]

vagun carriage [´käridž]; *US.* car [kaa]

vaha wax [wäks]

vahe (erinevus) difference [´difrëns]; (ruumiline) distance [´distëns], (ajaline) interval [´intëvël]; **~t pidama** have a break [häv ë breik]; **~t tegema** make (a) difference [meik ´difrëns]

vaheaeg interval [´intëvël]; (teatris) intermission [intë´mišën]; (kooli~) vacation [vë´keišën]

vahejuhtum incident [´insidënt]

vahekord relationship [ri´leišënšip]; (suguline ~) intercourse [´intëkoos]; **heas (halvas) vahekorras olema** be on good (bad) terms

vahel 1. *postp.,adv.* between [bit´wiin]; **2.** (mõnikord) sometimes [´samtaimz]

vahelduma vary [veëri]

vaheldumisi by turns [bai töönz]

vaheldus change [tšeindž]; **~eks** for a change [for ë tšeindž]

vahelduv variable [´veëriëbl]

vahele between [bit´wiin]; **~ jätma** leave out [liiv aut], miss (out); **~ jääma** miss; (kätte saama) get caught [get koot]; **~ segama** interfere (in) [intë´fië]

vahelesegamine interference [intë´fiërëns]

vahemaa distance [´distëns]

vahemaandumine intermediate landing [intë´miidiët ´länding]; **vahemaandumiseta lend** non-stop flight [´nonstop flait]

vahend means [miinz] (*pl.* means)

vahendaja mediator [´miidieitë]

vahendama mediate [´miidieit]

vahendus mediation [miidi´eišën]

vahepeal meanwhile [´miinwail]

vaher maple [meipl]

vaherahu armistice [´aamistis]

vahetama change [tšeindž], exchange [iks´tšeindž] (millegi vastu for *smth.*); **~ kaupu** (vahetuskaubana) barter

215   **vaimuhaige**

[baatë]; **kas võite mu kümnedollarilise peenemaks vahetada?** Could your break a ten-dollar bill? [kud ju breik a ten dolë bil]

vahetevahel sometimes ['samtaimz]

vahetu immediate [i'miidjët], direct [di'rekt]

vahetuma change [tšeindž]

vahetund break [breik]

vahetus change [tšeindž], exchange [iks'tšeindž]; (töö~) shift [šift]; ~**kurss** exchange rate [iks'tšeindž reit]; **raha~** money exchange [mani iks'tšeindž]

vahistama arrest [ë'rest]

vaht /vahi/ guard [gaad]

vaht /vahu/ foam [foum]

vahukoor whipped cream [wipt kriim]

vahustama whip [wip]

vahutama foam [foum], (gaasist) froth [froth]

vahuvein sparkling wine ['spaakling wain]

vahvel wafer [weifë], *US.* waffle [wofl]

vaibuma weaken ['wiikën], fade (away) [feid ë'wei]

vaid 1. *konj.* but [bat]; **2.** *adv.* (ainult) but [bat], only [ounli]

vaidlema argue ['aagjuu]; (arutlema) discuss [dis'kas]

vaidlus dispute [dis'pjuut]; (arutlus) discussion [dis'kašën]; ~**alune** disputable [dis'pjuutëbl]; ~**küsimus** issue ['isjuu]

vaieldamatu indisputable [indis'pjuutëbl]

vaieldav disputable [dis'pjuutëbl]

vaigistama quiet [kwaiët], calm [kaam]; **valu ~** relieve pain [ri'liiv pein]

vaikelu *kunst.* (natüürmort) still life ['stil laif]

vaikima be silent [bi 'sailënt]; (vait jääma) become silent [bi'kam 'sailënt]

vaikne silent ['sailënt]; (rahulik) quiet [kwaiët]

vaikselt silently ['sailëntli], (rahulikult) quietly ['kwaiëtli]

vaikus silence ['sailëns]

vaim spirit ['spirit]; (kummitus) ghost [goust]

vaimne intellectual [intë'lektjuël]; ~ **töö** mental work ['mentël wöök]

vaimuhaige 1. *adj.* mentally ill ['mentëli il], insane [in'sein]; **2.** *subst.* insane person [in'sein 'pöösën]

vaimuhaigus mental disease ['mentël di'ziiz] (*or* disorder) [diz'oodë]

vaimukas witty [witi]

vaimukus wit

vaimulik 1. *adj.* ecclesiastical [ikliizi'ästikël]; 2. *subst.* clergiman ['klöödžimän] (*pl.* men)

vaimustama inspire [ins'paië]

vaimustus enthusiasm [in-'thjuuziäzm]

vaip carpet ['kaapit]

vaist instinct ['instinkt]

vaistlik instinctive [ins'tinktiv]

vait silent ['sailënt], quiet [kwaiët]

vaja needed [niidid]; **mul on raha** ~ I need money [ai niid mani]; **on tingimata** ~ it is (absolutely) necessary (to) ['äbsëluutli 'nesëseri]

vajadus need [niid], necessity [ni'sesiti]; ~**e korral** in case of need [in keis ëv niid]

vajalik necessary ['nesëseri]; (nõutav) required [ri'kwaiëd]

vajama need [niid]

vajuma sink

vajutama press, push [puš]

vakantne vacant ['veikënt]

vaksal (railway) station [('reil-wei) 'steišën]

vaktsiin vaccine ['väksiin]

valama pour [poo]

valamu (kitchen) sink

vald parish ['päriš]

valdama possess [pë'zes]; (oskama) know [nou]

valdav dominating ['dominei-ting], (pre)dominant [(pri)'do-minënt]; ~ **enamus** over whelming majority [ouvë-'welming më'džoriti]

valdkond sphere [sfië]

vale 1. *subst.* lie [lai]; 2. *adj.* wrong [rong]; (võltsitud) forged ['foodžd]

valearvestus miscalculation ['miskälkju'leišën]

valem formula ['foomjulë]

valeraha counterfeit money ['kauntëfit mani]

valesti wrong [rong]; (paljude verbide ees) mis-; ~ **arves-tama** miscalculate [mis-'kälkjuleit]; ~ **mõistma** mis-understand [misandë'ständ]; **te saite sellest** ~ **aru** you un-derstood (*or* got) it wrong [ju andë'stood it rong]

valetama lie [lai]

valge 1. (värvuselt) white [wait]; 2. (hele) light [lait]

valgus light [lait]

valgusfoor traffic lights ['träfik laits]

217 **valmis**

valgusreklaam illuminated sign [i´ljuumineitid sain] (*or* ad [äd])

valgustama lighten [´laitën]

valgusti lamp [lämp]

valgustus lighting [´laiting]

vali 1. (hääle kohta) loud [laud]; (tugev) strong; 2. (range) strict [strikt]

valija (valimistel) voter [´voutë]

valik choice [tšois]; (~uvõimalus) option [´opšën]

valimised election(s) [i´lekšënz]

valimiskampaania election campaign [i´lekšën këm´pein]

valimisliit coalition [kouë´lišën]

valimisringkond electoral district [i´lektërël ´distrikt]

valimisõigus franchise [´fräntšaiz]

valitav elective [i´lektiv]

valitseja (riigi, maa ~) ruler [´ruulë]

valitsema rule [ruul]; govern [´gavën]; *piltl.* dominate [´domineit]; (olukorda) control [kën´troul]; **ennast ~** control oneself [kën´troul ´wanself]

valitsev ruling [´ruuling]; *piltl.* dominating [´domineiting]

valitsus (riigi~) government [´gavënmënt]; (Inglismaal) Cabinet [´käbinet], *US.* Administration [ädminis´treišën]

valitsuskriis government crisis [´gavënmënt kraisis]

valitsusvastane anti-government [´änti ´gavënmënt]

valjuhääldaja loud-speaker [´laudspiikë]

valk protein [´proutëin]

vallaline single [singl]

vallandama (ametist) dismiss [dis´mis]; (valla päästma) release [ri´liis]

vallandamine dismissal [dis´misël]

vallasvara immovables [i´muuvëblz]

vallatu naughty [nooti]

vallavalitsus parish administration [´päriš ädminis´treišën]

vallavanem parish head [´päriš hed] (*or* elder)

vallutama conquer [´konkë]

valmima 1. (lõpetama) be finished [bi ´finišt]; 2. (küpsema) ripen [´raipën]

valmis 1. ready [redi]; (lõpetatud) finished [finišt]; 2. (küps) ripe [raip]

valmisriided ready-made clothes ['redimeid 'kloudhz]

valmistama (tegema) make [meik]; (tootma) produce [pre'djuus], manufacture [mänju'fäktšë]; (toitu ~) cook [kuk]; **ette** ~ prepare [pri'peë]

valmistuma prepare [pri'peë]

valss waltz [wooltz]

valu pain [pein]; (pakitsev ~) ache [eik]

valutama ache [eik]

valuuta currency ['karënsi]; ~**kurss** exchange rate [iks-'tšeindž reit]; ~**vahetus** currency exchange

valuvaigisti pain-killer ['pein-'kilë]

valvama watch [wotš], guard [gaad]

valve guard [gaad]

valvelaud reception desk [ri'sepšën desk]

valvesignalisatsioon security alarm system [së'kjuriti ë'laam 'sistëm]

valvur guard [gaad]

vana old [ould]; (iidne) ancient ['einšënt]; (vanaaegne) antique [än'tiik]; **kui** ~ **te olete?** how old are you? [hau ould aa ju]; **ma olen 25 aastat** ~ I am 25 (years old)

vana-aasta õhtu New Year's Eve ['njuu jeëz iiv]

vanaaegne antique [än'tiik]

vanadekodu home for old (or aged) people [houm fo ould piipl]

vanadus old age [ould eidž]; ~**pension** old age pension [ould eidž 'penšën]

vanaema grandmother ['gränd-madhë]

vanaisa grandfather ['gränd-faadhë]

vanakraamiturg flea market [flii maakit], US. junk market [džank maakit]

vanalinn old town [ould taun]

vanameelne conservative [kon'söövëtiv]

vanamoeline, vanamoodne old-fashioned ['ould'fäšënd]

vananema grow old [grou ould], (moe jms. kohta) become outdated [bi'kam aut'deitid]

vanapoiss bachelor ['bätšelë]

vanaraud scrap iron [skräp aiën]

vanasti in olden times [in ouldën taimz], formerly ['foomëli]

vanasõna proverb ['provëb]

vanatüdruk spinster ['spinstë]

219 vargus

vanavanaema great-grand-mother [greit´grändmadhë]

vanavanaisa great-grandfather [greit´grändfaadhë]

vanavanemad grandparents [´grändpeërents]

vandalism vandalism [´vändë-lizm]

vandenõu conspiracy [këns-´pirësi], plot

vanduma swear [sweë]

vanem 1. *adj.* older [ouldë]; (venna *v.* õe kohta) elder [eldë]; (teenistusauastmelt) senior [´siinjë]; **2.** *subst.* (küla, kogukonna *jms.* ~) elder [´eldë], (lapse~) parent [´peërent]

vanem (ametinimes) chief [tšiif], senior [´siinjë]

vang prisoner [´prizënë]

vangistama arrest [ë´rest]

vangla prison [prizën]

vanilliin vanillin [vë´nilin]

vanker (koormaveoks) wag-gon [´wägën]; (kaherattaline ~) cart [kaat]; (sõidu~) car-riage [´käridž]

vann bath-tub [´baathtab]; ~i **võtma** take a bath [teik baath]

vanne (tõotus) oath [outh]; (needus) curse [köös], (kiriku~) ban [bän]

vannituba bathroom [´baath-rum]

vanus age [eidž]

vapp (coat of) arms [kout ëv aamz]

vapper brave [breiv]

vaprus bravery [´breivëri]

vapustama shock [šok]

vapustus shock [šok]

vara I (aegsasti) early [ööli]; **hommikul** ~ early in the morning [ööli in dhë moon-ing]

vara II (varandus) wealth [welth]; (omand) property [´propëti]; **loodus~d** natural resources [´nätšërël ri´soosiz]

varakindlustus property insurace [´propëti in´šuërëns]

varandus (omandus) property [´propëti]; (rikkus, aare) for-tune [´footšën]

varas thief [thiif] (*pl.* thieves) [thiivz]

varastama steal [stiil]

varblane sparrow [´spärou]

varem 1. *adj.* earlier [öölië]; **2.** *adv.* formerly [´foomëli], previously [´priivjësli]

varemed ruins [ruuinz]

vares crow [krou]

vargus theft [theft]

vari shade [šeid]; (eseme vari-kuju) shadow [ˈšädou]

variant variant [ˈveëriënt]; (valiku~) option [ˈopšën]

varieeruma vary [veëri]

varietee floor show [floo šou]

varisema fall [fool], (lagunema) fall into ruins; **kokku ~** collapse [këˈläps]

varjama (kaitsma) shelter [ˈšeltë]; (peitma) conceal [kënˈsiil], hide [haid]

varjend shelter [ˈšeltë]

varjukülg drawback [ˈdroobäk]

varjund shade [šeid]

varjupaik shelter [šeltë]; (poliitiline) asylum [ëˈsailëm]

varjutama overshadow [ouvëˈšädou]

varjutus *astr.* eclipse [iˈklips]

varn clothes-rack [kloudhz räk], *US.* coat-rack [kout räk]

varras (prae~) spit; (suka~) knitting-needle [ˈniting niidl]

varrukas sleeve [sliiv]

vars (taimel) stem; (tööriistal) handle [händl]

varss foal [foul]

varsti soon [suun]

varu stock [stok], supply [sëˈplai]; **~s,~ks** in store [in stoo]

varuma store [stoo], stock (up) [stok ap]

varuosad spare parts [speë paats]

varustaja supplier [sëˈplaië]

varustama supply [sëˈplai]; (seadmetega) equip [iˈkwip]

varustus equipment [iˈkwipmënt], supplies [sëˈplaiz]

varvas toe [tou]

vasak left

vasar hammer [ˈhämë]

vaseliin petrolatum [petrëˈleitëm]

vasikaliha veal [viil]

vasikas calf [kaaf] (*pl.* calves) [kaavz]

vask copper [ˈkopë]

vastakas opposite [ˈopëzit]; (vastuoluline) contraversial [kontrëˈvööšël]

vastama 1. (vastust andma) answer [ˈaansë], 2. (vastav olema) correspond (to) [korësˈpond]

vastand the opposite [ˈopëzit]

vastandama oppose (to) [ëˈpouz]

vastandlik opposite [ˈopëzit], (vaenulik) antagonistic [äntägëˈnistik]

vastane 1. *adj.* opposite [ˈopëzit], (vaenulik) adverse

221   **vastupidav**

(to) [äd´vöös]; (eessõnana ka) anti- [änti]; **2.** *subst.* opponent [ë´pounënt]; (vaenlane) enemy [´enimi]; (võistleja) rival [´raivël]

vastas (in) opposite (to) [´opëzit]

vastasrind opposition [opë´zišën]

vastastikune mutual [´mjuutuël]

vastav corresponding (millelegi to *smth.*) [korës´ponding]; (asjaoludele ~) respective [ris´pektiv]; (otstarbele, nõuetele ~) suitable (to) [´sjuutëbl]

vastavalt 1. *adv.* respectively [ris´pektivli]; (kooskõlas) accordingly [ë´koodingli]; **2.** *prep.* according to [ë´kooding]

vaste equivalent [i´kwivëlënt]

vastik disgusting [dis´gasting]

vastlad Shrove tide [´šrouv taid]

vastlapäev Shrove Tuesday [´šrouv ´tjuuzdei]

vastne new [njuu], recent [´riisënt]

vastsündinu new-born child [´njuuboon tšaild] (*pl.* children)

vastu against [ë´genst], to, towards [´toodz], for; **millegi ~ vahetama** exchange for smth. [iks´tšeindž]; **~ hakkama** resist [ri´zist]; **~ olema** oppose [ë´pouz]; **~ pidama** last [laast], (taluma) stand [ständ]; **~seisma** oppose [ë´pouz]; **~ tulema** meet [miit], (soovidele ka) comply (with) [këm´plai]; **~ vaidlema** argue [´aagjuu]; **~ võtma** receive [ri´siiv]; (vastuvõetavaks tunnistama) accept [ëk´sept] (otsust) pass [paas]; **uut aastat ~ võtma** see the New Year in [sii dhë njuu jeë in]

vastukäiv contradictory [kontrë´diktëri]

vastuluure counter-intelligence [´kauntërin´telidžëns]

vastumeelne unpleasant [an´pleznt]

vastuolu contradiction [kontrë´dikšën]

vastuoluline conradictory [kontrë´diktëri]

vastupandamatu irresistible [iri´sistëbl]

vastupanu opposition [opë´zišën]

vastupidav durable [´djurëbl]

vastupidavus 222

vastupidavus durability [djurë´biliti]; (visadus) endurance [in´djuërëns]

vastupidi on the contrary

vastus answer [´aansë], response [ris´pons]; ~**eks** in answer (or response) (to)

vastuseis opposition (to) [opë´zišën]

vastutama be responsible [bi ris´ponsibl] (for)

vastutasu compensation [kompën´zeišën]; ~**ks** in return [ri´töön] (for smth.)

vastutav responsible (for) [ris´ponsibl]

vastutulek (lahkus) complaisance [këm´pleisëns]

vastutulelik complaisant [këm´pleisënt]

vastutus responsibility [risponsi´biliti]; (kohtulikult) ~**ele võtma** prosecute [´prosikjuut]

vastutusrikas responsible [ris´ponsibl]

vastuvõetamatu unacceptable [anëk´septëbl]

vastuvõetav acceptable [ëk´septëbl]

vastuvõtja receiver [ri´siivë]

vastuvõtt reception [ri´sepšën]

vastuvõtueksam entrance examination [´entrëns igzämi´neišën]

vastuväide objection (to) [ëb´džekšën]

vastvalminud recently completed (or finished) [´riisëntli këm´pliitid]

vatiin wadding [´woding]

vatt (puuvill) cotton wool [´kotën wul]

vedama (tõmbama) pull; (kaupu) haul [hool], transport [träns´poot]; **kihla** ~ bet; **mul veab** I am lucky [laki]; **mul ei vea** I´ve no luck [ai häv nou lak]

vedel liquid [´likwid]; (toidu jms. kohta) thin [thin]

vedelik liquid [´likwid]

vedru spring

vedu (vedamine, juhus) luck [lak]; (kaupade ~) transport [´tränspoot]

vedur (railway-)engine [´endžin]

veehoidla water reservoir [wootë ´rezëvwaa]

veekindel waterproof [´wotëpruuf]

veel still, yet [jet]; (isegi) even [iivën]; (juurde, rohkem) more [moo]; **(kas soovite)** ~ **midagi?** (do you want) any-

223　　　　　　　　　　　　　　**vererõhk**

thing else? ['enithing els];
~ **kord** once more [wans
moo]; **ikka** ~ still; **mitte** ~
not yet [not jet]

veenduma be (*or* become) con-
vinced (milleski of *smth.*) [bi
kën'vinst]

veendumus conviction [kën-
'vikšën]

veenev convincing [kën'vin-
sing]

veenma convince [kën'vins]

veerand quarter ['kwootë];
kell on ~ **kaks** it is quarter
past one (o'clock)

veerema roll [roul]

veeretama roll [roul]

veerg column ['kolëm]

veetlev (võluv) charming
['tšaaming], attrative [ë'träk-
tiv]

veetma spend

veeuputus flood [flad]

vehklemine fencing ['fensing]

veider strange [streindž]; (nal-
jakas) funny [fani]

veidi a little [ë litl], a bit

veidrus eccentricity [eksën-
'trisiti]

vein wine [wain]; ~**iklaas**
wine-glass ['wainglaas]

veis ox [oks], cow [kau]; ~**ed**
cattle [kätl]; ~**eliha** beef [biif]

veksel bill (of exchange) [bil
(ëv iks'tšeindž)]

velvet velveteen [velvë'tiin]

vend brother ['bradhë]

venestama Russify ['rasifai]

venestus Russification [rasi-
fi'keišën]

venima stretch [stretš]; (aja
kohta) drag on [dräg on];
pikale ~ last too long [laast
tuu long]

venitama stretch [stretš], ex-
tend [iks'tend]; (aega) drag
on [dräg on], (pikendama)
prolong [prë'long]

vennapoeg nephew ['nevjuu]

vennatütar niece [niis]

ventilaator ventilator ['venti-
leitë]

veoauto lorry [lori], *US.* truck
[trak]

veok vehicle ['vii-ikl]

veokulud cost of transport
[kost ëv 'tränspoot]

veos (koorem) load [loud],
freight [freit]

veranda veranda(h) [ve'rändë],
US. ka porch [pootš]

veregrupp blood group [blad
gruup]

vereproov blood test [blad test]

vererõhk blood pressure
['blad 'prešë]

veresoon blood-vessel ['blad vesël]

verevalamine bloodshed ['bladšed]

veri blood [blad]

verine bloody ['bladi]

verivorst black pudding ['bläk 'puding]

versioon version ['vöözn]

vertikaalne vertical ['vöötikël]

vesi water ['wootë]

vesivärv water-colour ['wotëkalë]

veski mill

vest (rõivastusese) waistcoat ['weistkout], *US.* vest

vestibüül lobby [lobi]

vestlema talk [took]

vestlus conversation [konvë'seišën]

vestmik phrase-book ['freizbuk]

veteran veteran ['vetërën]

veterinaar veterinary (surgeon) ['vetërinëri 'söödžën]

veto veto ['viitou] (*pl.* -oes)

vibratsioon vibration [vai'breišën]

vibreerima vibrate [vai'breit]

vibu bow [bou]

video video ['vidiou], **~kaamera** video camera ['vidiou 'kämërë]; **~lint** video tape

[teip]; **~magnetofon** VCR [vii sii aa]

videomäng video game ['vidiougeim]

videvik dusk [dask], twilight ['twailait]

viga (eksimus) mistake [mis'teik]; (puudus) defect [di'fekt]; (vigastus) injury ['indžëri]; **mis ~ on?** what is the matter? [wot iz dhë 'mätë]; **pole ~!** that's (*or* it's) all right! [dhäts 'oolrait]; **~ saama** get hurt [hööt]

vigastama (kahjustama) damage ['dämidž]; (viga tegema) injure ['indžë]

vigastus damage ['dämidž], injury ['indžëri]

viha I (kibe, mõru) bitter ['bitë]

viha II (meelepaha) anger ['ängë]; (raev) rage [reidž]

vihane angry ['ängri] (with *smb.*; at, about *smth.*)

vihastama 1. (vihaseks tegema) make angry [meik 'ängri]; **2.** (vihaseks saama) get angry

vihavaen hostility [hos'tiliti]

vihik notebook ['noutbuk]

vihjama hint (to)

vihje hint

225 viitma

vihkama hate [heit]

vihkamine hatred [′heitrid]

vihm rain [rein]; **~a sadama** rain [rein]

vihmamantel raincoat [′reinkout]

vihmavari umbrella [am′brelë]

viht /viha/ bath whisk [′baath wisk]

viht /vihi/ (lõnga~) hank [hänk]; (kaalu~) weight [weit]

viibima (asuma) stay [stei]; (peatuma) stop; (viivitama) delay [di′lei]; **kohal ~** be present (at) [bi′prezënt]

viibimine stay [stei]; (viivitamine) delay [di′lei]

viide referene [′referëns], indication [indi′keišën]

viigipüksid suit pants [′sjuut paants]

viik I (mängus) tie [tai], draw [droo]

viik II (pükstel) crease [kriis]

viil /viili/ file [fail]

viil /viilu/ slice [slais]

viima carry [käri], take [teik]; (juhtima) lead [liid]; **ellu ~** carry into practice [käri intë ′präktis], carry out [käri aut]; (kätte ~) deliver [di′livë]; **läbi ~** carry out [käri aut]

viimane last [laast]; (kahest viimasena mainitu) the latter [dhë ′lätë]; **viimasel ajal** lately [′leitli]; **viimased uudised** the latest news [dhë ′leitist njuuz]

viimati (hiljuti) lately [′leitli]

viimistlema polish [′poliš]

viimistlus (final) finish [finiš]; **~töö** the last touch [laast tatš]

viimne last [laast]; (lõplik) final [′fainël]

viin (alkohol üldse) liquor [likë]; (valge ~) vodka [′vodkë]

viinamari grape [greip]

viinapood liquor store [′likëstoo]

viiner frankfurter [′fränkföötë]

viirus virus [′vaiërës]

viis 1. (komme, laad) way [wei], manner [′mänë]; **2.** (meloodia) melody [′melëdi], tune [tjuun]

viisa visa [′viizë]

viisakas polite [pë′lait]

viisakus politeness [pë′laitnis]

viisakusvisiit courtesy call [′köötësi kool]

viisnurk pentagon [′pentëgën]; (täht) star [staa]

viit sign(post) [′sain(poust)]

viitma (aega raiskama) waste [weist]; (meelt lahutama) entertain [entë′tein]

viitsepresident vice-president ['vais'prezidënt]

viiul violin [vaië'lin]

viivis fine [fain], dunning fee ['daning fii]

viivitama delay [di'lei]; (edasi lükkama) postpone [pëst-'poun]

viivitus delay [di'lei]

vikerkaar rainbow ['reinbou]

viks (kingamääre) (shoe-) polish [šuu poliš]

viksima polish ['poliš]

viktoriin quiz [kwiz]

vile /vile/ whistle [wisl]; (oreli~) pipe [paip]

viletsus misery ['mizëri]; (vaesus) poverty ['povëti]

vili (puu~) fruit [fruut]; (saak) crop [krop]; (tera~) grain [grein]

vilistlane (kooli ~) alumnus [ë'lamnës] (pl. -ni), fem. alumna [ë'lamnë] (pl. -nae)

viljakas fertile ['föötail]; (tootlik) productive [prë-'daktiv]

viljakus fertility [fë'tiliti]; (tootlikkus) productivity [prodak'tiviti]

viljasaak crop

vill /villa/ wool [wul]

vill /villi/ blister ['blistë]

villa villa [vilë]

villane woollen ['wulën]; ~ **lõng** woollen yarn ['wulën jaan]

villima bottle [botl]

viltpliiats marker ['maakë], felt pen

viltu askew [ë'skjuu]; (valesti) wrong [rong]

vilu adj. chilly ['tšili]

vilumatu inexperienced [in-iks'piëriënst]

vilumus (kogemus) experience [iks'piëriëns], skill

vilunud experienced [iks-'piëriënst]

vimpel pennant ['penënt]

vineer plywood ['plaiwud]

vinn /vinni/ pimple [pimpl]

violetne violet ['vaiëlit]

virelema suffer ['safë]

virisema whine [wain], complain [këm'plein]

virk (usin) hard-working ['haadwööking]; (väle) quick [kwik]

virn pile [pail]

virsik peach [piitš]

visa tough [taf]; (aeglane) slow [slou]

visand sketch [sketš], draft [draaft]

visiit visit ['vizit]

visiitkaart visiting-card ['viziting kaad], business-card ['biznis kaad]

viskama throw [throu], **välja ~** throw out, (koolist) expel [iks'pel]

viski whisk(e)y ['wiski]

vist (võib-olla) probably ['probëbli], maybe ['meibi]

vistrik pimple [pimpl]

vitamiin vitamin ['vaitëmin]

vitriin show-case ['šoukeis]

voldik folder ['fouldë]

voli (vabadus) liberty ['libëti]; (õigus) authority [oo'thoriti]

volikogu council ['kaunsël]

volikiri proxy ['proksi]

volinik (usaldusmees) trustee [tras'tii]; (esindaja) representative [ripri'zentëtiv]

volitama authorize ['oothëraiz]; (diplomaatiliselt) accredit [ë'kredit]

volitus authorization [oothërai'zeišën]; (~kiri) proxy ['proksi]; **~ed** powers ['pauëz]

volt *el.* volt [voult]

vooder lining ['laining]

voodi bed; **~sse heitma** (magama minema) go to bed; **~t tegema** make the bed

voodilina (bed)sheet ['bedšiit]

voodipesu bedclothes ['bedkloudhz]

vool current ['karënt]

voolama flow [flou]

voolik hose [houz]

voolumõõtja electricity meter

voor /vooru/ round [raund]

voorus virtue ['vöötjuu]

vorm form [foom], shape [šeip]; (küpsetus~) (baking) tin ['beikingtin]; **heas ~is olema** be in good shape

vormileib pan bread [pän bred]

vormiline formal ['foomël]

vormiriie(tus) uniform ['junifoom]

vormiroog hotpot ['hotpot], *US.* chowder [tšaudë]

vormistama (dokumenti) draw up [droo ap]; (sisse kandma) register officially ['redžistë ë'fišëli]

vorst sausage ['sosidž]

vulgaarne vulgar ['valgë]

vulkaan volcano [vël'keinou] (*pl.* -oes)

vundament foundation [faun'deišën]

vunts moustache [mës'taaš] (*pl.* moustache)

vutlar case [keis]

võhik inexpert [ineks'pööt]

võhiklik ignorant ['ignorënt]

või

või I *konj.* or; **kas täna ~ homme?** either today or tomorrow? [aidhë të´dei oo të´morou]

või II (toiduaine) butter [´batë]

võib-olla maybe [´meibi]

võidujooks race [reis]

võidurelvastumine arms race [aamz reis]

võidusõiduauto racing car [´reising kaa]

võidusõit race [reis]; (auto~) rally [räli], car race [´kaa ´reis]

võileib (slice of) bread and butter [´slais ëv ´bred änd ´batë]; (kaksik~) sandwich [´sändwitš]

võilill dandelion [´dändilaiën]

võim power [pauë]

võima (suutma) can, be able [bi eibl]; (tohtima) may [mei]

võimaldama enable [in´eibl]; (lubama) allow [ë´lau]

võimalik possible [´posibl]

võimalikult possibly [´posibli]; ~ **ruttu** as quickly as possible [äz ´kwikli äz ´posibl]

võimalus possibility [´posi-´biliti]; (juhus) chance [tšaans]

võimas powerful [´pauëful]

võimatu impossible [im´posibl]

võime ability [ë´biliti]

võimekas (highly) capable [´keipëbl]

võimeline able [eibl] (to do *smth.*)

võimendaja *tehn.* amplifier [´ämplifaië]

võimetu 1. (võimet mitteomav) unable [an´eibl]; **2.** (jõuetu) powerless [´pauëlis]

võimla gym [džim]

võimlemine gymnastics [džim-´nästiks]

võimsus power [pauë]; (maht) capacity [kë´päsiti]

võistkond team [tiim]

võistlema compete [këm´piit] (for *smth.*; in *smth.*; with *smb.*)

võistlus competition [kompë-´tišën]

võit victory [´viktëri]

võitja winner [´winë]

võitlema fight [fait]; (püüdlema) strive [straiv]

võitlus fight [fait], struggle [stragl]

võitma win [win]; (raha, aega) gain [gein]; (lööma) defeat [di´fiit]

võitmatu invincible [in´vinsibl]

võlakiri bond

võlg debt [det]

võlgnema owe [ou]

võlgnik debtor ['detë]

võlgu: ~ **müüma** sell on credit ['kredit]; ~ **olema** owe money [ou mani]

võlts false [fools]; (järele tehtud) forged [foodžd]

võltsima (dokumenti, allkirja) forge [foodž]; (raha) counterfeit ['kauntëfit]; (pettuseks sepitsema) fabricate ['fäbrikeit]

võltsing forgery ['foodžëri]

võlu (veetlus) charm [tšaam]

võlur wizard ['wizëd]

võluv charming ['tšaaming]

võlv arch [aatš]

võrdeline proportional [prë-'poošënël]

võrdlema compare (with) [këm'peë]

võrdlus comparison [këm-'pärisën]

võrdne equal ['iikwël]

võrdselt equally ['iikwëli]

võrdsustama equalize ['iikwëlaiz]

võrk net, network ['netwöök]

võrkpall volley-ball ['volibool]

võrksärk mesh shirt [meš šööt]

võrra by [bai]

võte (toimimisviis) way [wei], method ['methëd]; (nõks) trick [trik];

võti key [kii]

võtma take [teik]; (tööle) hire [haië]; **võtke heaks!** you're welcome [ju aa 'welkam]

võõras 1. *adj.* strange [streindž]; **2.** *subst.* stranger ['streindžë]; (külaline) guest [gest]

võõrasema stepmother ['stepmadhë]

võõrasisa stepfather ['stepfaadhë]

võõrastama be shy (of) [bi šai]

võõrastemaja inn

võõrkapital external capital [iks'töönel 'käpitël]

võõrkeel foreign language ['forin 'längwidž]

väeosa military unit ['militëri 'juunit]

väetama fertilize ['föötilaiz]

väetis fertilizer ['föötilaizë]

väga (koos adjektiivi või adverbiga) very; (koos verbiga) (very) much [matš]; ~ **hea** very good [veri guud]; ~ **hästi** very well [veri wel]; **tänan ~!** thank you very much!

vägev 230

vägev powerful ['pauëful]

vägistama rape [reip]

vägistamine rape [reip]

vägivald violence ['vaiëlëns]

vägivaldne violent ['vaiëlënt], forced [foost]

vähe (loendatavate esemete kohta) few [fjuu]; (loendamatute esemete, nähtuste jm. kohta) little [litl]; (pisut, mõni) a few [ë fjuu], a little [ë litl]

vähearenenud underdeveloped ['andëdi'velëpt]

vähem (koguselt) less, (arvult) fewer [fjuuë]

vähemalt at least [ät liist]

vähempakkumine underbidding ['andë'biding]

vähemus minority [mai'noriti]; **~rahvus** national minority ['näšënël mai'noriti]

vähendama reduce [ri'djuus]; decrease [di'kriis]; (kulusid) cut (down) [kat daun]

vähenema lessen ['lesën], decrease [di'kriis]

vähk 1. (jõe~) crayfish ['kreifiš]; **2.** (haigus) cancer [känsë]

väide statement ['steitmënt]; argument ['aagjumënt]; (tõestatav ~) thesis ['thiisis] (*pl.* -ses)

väike small [smool], little [litl]

väikeettevõte small business [smool 'biznis]

väikelinn small town [smool taun]

väikesepalgaline low-wage ['lou'weidž]

väiketööstus small(-scale) industry ['smool(skeil) 'indëstri]

väimees son-in-law ['san in 'loo]

väin strait [streit]

väitekiri thesis ['thiisis] (*pl.* -ses)

väitma claim [kleim]; (kinnitama) affirm [ë'fööm]; **vastu ~** object (to) [ëb'džekt]

välgumihkel (cigarette) lighter ['laitë]

välimine outer [autë]

välimus appearance [ë'piërëns]

väliskapital foreign capital ['forin 'käpitël]

väliskaubandus foreign trade ['forin treid]

välislaen foreign loan ['forin loun]

välismaa foreign countries ['forin 'kantriz]; **~l, ~le** abroad [ë'brood]

välismaalane foreigner ['forinë]

välismaine foreign ['forin]

välisminister Minister of Foreign Affairs ['ministë ov 'forin ë'feëz]

231

välispass passport (for travelling abroad) ['paaspoot]

välispoliitika foreign policy ['forin 'polisi]

välisriik foreign country ['forin 'kantri]

välistama exclude [iks'kluud]

välisturg foreign market ['forin 'maakit]

välisvaluuta foreign currency ['forin 'karёnsi]

välisvõlg foreign debt ['forin det]

välja out [aut]; (esile) forth [footh]; ~ **andma** (põgenikku) extradite ['ekstrёdait], (trükist) publish ['pabliš]; ~ **arvatud** except [ik'sept]; ~ **astuma** resign [ri'zain], (kellegi eest) stand up [ständ ap] (for *sb.*); ~ **heitma** expel [iks'pel]; ~ **kirjutama** (majast, hotellist) check out [tšek aut]; ~ **kutsuma** call up [kool up]; ~ **kuulutama** prolaim [pro-'kleim], declare [di'kleё]; ~ **lülitama** *el.* switch off [switš of]; ~ **mõtlema** invent [in-'vent]; ~ **nägema** look [luk]; ~ **panema** (vaatamiseks) exhibit [ig'zibit]; ~ **saatma** send out, deport [di'poot]; ~ **surema** die out [dai aut]; ~ **tegema** (tähelepanu osutama) take no-

tice (of) [teik noutis]; (kostitama) treat (to) [triit]; ~ **tõmbama** pull out; ~ **töötama** work out [wöök aut]; ~ **viskama** throw out [throu aut]; ~ **õpetama** train [trein]; ~ **üürima** rent out

väljaanne publication [pabli-'keišёn]

väljak square [skweё]; (spordi~) court [koot]

väljakuulutamine declaration [deklё'reišёn]

väljakäik 1. (väljapääs) exit ['eksit]; **2.** (tualett) toilet ['toilёt]

väljaminek expedititure [iks-'penditšё]

väljamõeldis invention [in-'venšёn]

väljapaistev outstanding [aut-'ständing]

väljapanek exposition [ekspё-'zišёn]

väljapääs way out [wei aut]; (uks) exit ['eksit]

väljapääsmatu (lootusetu) hopeless ['houplis]

väljarändaja emigrant ['emi-grёnt]

väljas out [aut], outside [aut-'said]; **ta on** ~ (mitte kodus) he is out

väljasõit (rohelusse) picnic ['piknik]; (ärasõit) departure [di'paatsë]

väljavaade view [vjuu]; (perspektiiv) perspective [pës-'pektiv]

väljavõte excerpt ['eksööpt], (lühendatud ~) abstract ['äbsträkt]

väljaõpe training ['treining]

väljend expression [iks'prešën]

väljendama express [iks'pres]

väljendus expression [iks'prešën]

väljuma go out [gou aut]; (sõidukist) get off

välk lightning ['laitëning]

välklamp flash(-light) ['fläšlait]

vältama last [laast]

vältel during ['duëring]

vältima avoid [ë'void]

vältimatu inevitable [in-'evitëbl]

värav gate [geit]; *sport.* goal [goul]

väravavaht goal-keeper ['goulkiipë]

värbama recruit [ri'kruut]

värin tremble [trembl]; (külma~) shiver [šivë]

värske fresh [freš]; ~**d kartulid** new potatoes [njuu pë'teitouz]

värskendama refresh [ri'freš]; **teadmisi** ~ brush up [braš ap]

värv colour ['kalë]; (riide~, juukse~ *jms.*) dye [dai]; (maalri~, maalimis~) paint [peint]; **mis** ~? (of) what colour?

värvi-, värviline coloured ['kalëd]; ~**film** colour film ['kalë film]

värvima colour ['kalë]; (riiet, juukseid *jms.*) dye [dai]; (seina, pilti) paint [peint]

värvipliiats crayon ['kreiën]

väsima get tired [get taiëd]

väsimatu tireless ['taiëlis]

väsimus fatigue [fä'tiig]

väsitama tire [taië]

väsitav tiring ['taiëring]

väänama twist

väär wrong [rong]

vääratus slip; (viga) mistake [mis'teik]

väärikas dignified ['dignifaid]

väärikus dignity ['digniti]

väärima deserve [di'zööv]

vääring *maj.* currency ['karënsi]

väärisesemed valuables ['väljuëblz]

väärt worth [wööth]; ~ **oma hinda** worth its price

väärtpaberid securities [së-'kjuëritiz]
väärtus value ['välju]
väärtusetu worthless ['wööthlis]
väärtuslik valuable ['väljuëbl]
väärtustama value ['välju]
vöö belt
vöökoht waist [weist]
vöönd zone [zoun]
vürst prince [prins]
vürts spice [spais]
vürtsine spicy ['spaisi]

õde sister ['sistë]; (meditsiini~) nurse [nöös]
õel vicious ['višës]
õemees brother-in-law ['bradhë in 'loo]
õepoeg nephew ['nevjuu]
õetütar niece [niis]
õhetama glow [glou]
õhk air [eë]; (hinge~) breath [breth]; ~**u laskma** blow up [blou ap]; ~**u tõusma** take off [teik of]; **vabas õhus** in the open air [in dhi oupën eë]
õhkjahutus air-cooling [eë 'kuuling]

õhkkond atmosphere ['ätmësfië]
õhtu evening ['iivning]; (hilis~) night [nait]; **head** ~**t!** good night! [guud nait]; **tere** ~**st!** good evening! [guud 'iivning]
õhtukleit evening dress ['iivning dres]
õhtukool night school ['naitskuul]
õhtupoolik afternoon [aaftë-'nuun]
õhtustama have supper [häv 'sapë] (*or* dinner) ['dinë]
õhtusöök supper ['sapë]; dinner ['dinë]
õhuke thin [thin]
õhukonditsioneer air conditioner [eë kën'dišënë]
õhupall (air-)balloon [('eë)bä-'luun]
õhupuhasti air cleaner [eë 'kliinë]
õhurõhk air pressure [eë 'prešë]
õhutama 1. (kihutama) incite [in'sait]; 2. (ventileerima) air [eë]
õiendus (parandus) correction [kë'rekšën]
õieti 1. (õigupoolest) as a matter of fact [äz ë 'mätër ëv fäkt]; 2. (õigesti) correctly [kë'rektli]

õige adj. **1.** right [rait], correct [kë'rekt]; (tõeline) true [truu]; **~l ajal** on time [on taim]; **2.** adv. rather [raadhë], quite [kwait]

õigeusk Orthodoxy ['oothëdoksi]

õigeusklik Orthodox ['oothëdoks]

õiglane (kõlbeliselt) just [džast]; (toimimisviisilt) fair [feë]

õiglus justice ['džastis]

õiglusetus injustice [in'džastis]

õigus right [rait], rights; (seadus) law [loo]; **teil on ~** you are right; **~e järgi** by rights; **~ega** justly ['džastli]

õigusbüroo law firm ['loofööm]

õigusjärglane legal successor ['liigël sëk'sesë]

õigusjärglus legal succession ['liigël sëk'sešën]

õigusnõuandla legal advice office ['liigël ëd'vais ofis]

õiguspärane lawful ['looful]

õigustama justify ['džastifai]

õigusteadus law [loo]

õigustus justification [džastifi'keišën]

õigusvastane illegal [i'liigël]

õis blossom ['blosëm]

õitsema bloom [bluum]; piltl. flourish ['flariš], prosper ['propë]

õitseng bloom [bluum]; piltl. boom [buum]

õlg shoulder ['šouldë]

õli oil

õlitama oil

õlivärv oil colour [oil 'kalë]

õllebaar pub [pab]

õllekann beer mug [bië mag]

õllevaat beer barrel [bië 'bärël]; US. keg

õlu beer [bië]

õmbleja dressmaker ['dres'meikë], seamstress ['semstris]; vt. ka **rätsep**

õmblema sew [sou]

õmblus seam [siim], **~masin** sewing-machine ['souingmë'šiin]; **~nõel** sewing needle ['souing niidl]; **~ateljee** sewing salon ['souing 'sälën]; **~vabrik** clothes factory ['kloudhz 'fäktëri]

õng fishing-rod ['fišingrod]

õnn (tunne) happiness ['häpinis]; (õnnelik saatus v. juhus) luck [lak]; **~ kaasa!** good luck! [guud lak]; **tal on ~e** he is lucky; **palju ~e sünnipäevaks!** many happy returns (of the day)! [meni häpi ri'töönz]

235   **õun**

õnneks fortunately ['footšë-nëtli]

õnnelik happy ['häpi], lucky ['laki]; **~juhus** lucky chance ['laki tšaans]

õnnestuma succeed [sëk'siid]; **kontsert õnnestus** the concert was a success [sëk'ses]

õnnestumine success [sëk'ses]

õnnestunud successful [sëk'sesful]

õnnetu unhappy [an'häpi], unlucky [an'laki]

õnnetus misfortune [mis'footšën]; (suur ~) disaster [di'zaastë]; (~juhtum) accident ['äksidënt]

õnnetuseks unfortunately [an'footšënëtli]

õnnistama bless

õnnistus blessing ['blesing]

õnnitlema congratulate (*sb. on smth.*) [kon'grätjuleit]

õnnitlus congratulation(s) [kongrätju'leišënz]

õpe instruction [ins'trakšën]; (välja~) training ['treining]

õpetaja 1. (koolis) teacher ['tiitšë]; 2. (kiriku~) pastor ['paastë], minister ['ministë]

õpetama teach [tiitš]; (välja ~) train [trein]

õpetatud learned ['löönid]

õpetlane scholar ['skolë]

õpetlik edifying ['edifaing]

õpik textbook ['tekstbuk]

õpilane pupil [pjuupl], student ['stjuudënt]; schoolboy ['skuulboi] (*or* -girl) [gööl]

õpingud studies ['stadiz]

õppeaasta school year ['skuuljeë]; (ülikoolis) academic year [äkä'demik jeë]

õppeaine subject ['sabdžikt]; (ainekursus) course [koos]

õppeasutus educational institution [edju'keišënël insti'tjuušën]

õppejõud lecturer ['lektšërë], professor [prë'fesë]

õppemaks tuition [tju'išën]

õppetool = **kateeder**

õppetund lesson ['lesën], class [klaas]

õppevahend study aid ['stadi eid]

õppima learn [löön], study [stadi]

õrn gentle ['džentl]; (habras) fragile ['frädžail]

õu (court)yard [('koot)jaad]

õudne awful ['ooful], terrible ['teribl]

õun apple [äpl]

Ä

äge ardent ['aadënt]; (tuline) heated ['hiitid]; (valu kohta) severe [si'vië]

ähmane vague [veig]; (udune) foggy [fogi], hazy [heizi]

ähvardama threaten ['thretën]

ähvardus threat [thret]

äi father-in-law ['faadhë in 'loo]

äike thunderstorm ['thandëstoom]

äkiline sudden [sadn]; (kergelt vihastuv) irascible [i'räsëbl]

äkki suddenly ['sadnli]

ämber bucket ['bakit]

ämblik spider ['spaidë]

ämm mother-in-law ['madhë in 'loo]

äparduma fail [feil]

äpardus failure ['feiljë]; (õnnetus) misfortune [mis'footšën]

ära (imperatiiv) do not [du 'not]; *adv.* away [ë'wei], off, out [aut]; ~ **arvama** guess [ges]; ~ **hoidma** prevent [pri'vent];~ **kasutama** take advantage (of) [teik ëd'vaantidž]; ~ **minema** leave [liiv]; ~ **proovima** try out [trai aut]; ~ **sõitma** depart [di'paat]; ~ **teenima** deserve [di'zööv]; ~ **tundma** recognize ['rekëgnaiz]; ~ **võtma** take away (*or* off) [teik ë'wei]; ~ **ütlema** (keelduma) refuse [ri'fjuuz], (loobuma) cancel ['känsël]

ärakiri copy [kopi]

ärandama steal [stiil]

ärasaatmine seeing off ['siing of]

ärasõit departure [di'paatšë]

äratama wake [weik]

äratus wake-up ['weikap]

äratuskell alarm-clock [ë'laam klok]

äraütlemine (keeldumine) refusal [ri'fjuuzël], (loobumine) cancelling ['känsëling]

ärev alarming [ë'laaming]

ärevus (erutus) excitement [ig'zaitmënt]; (hirm) (state of) alarm [ë'laam]

äri business ['biznis]; (kauplus) shop [šop], store [stoo]

äriasjus on business [on 'biznis]

ärijuht (business) manager ['mänidžë]; (*or* executive) [ig'zekjutiv]

ärimees businessman ['biznismän] (*pl.* -men)

äritehing business transaction ['biznis tranz'äkšën], deal [diil]
äritsema trade [treid]; (sahkerdama) speculate ['spekjuleit]
ärkama wake (up) [weik ap]
ärkamisaeg era of national awakening ['ierë ëv 'näšënël ë'weikëning]
ärritama irritate ['iriteit]
ärrituma be irritated [bi 'iriteitid]; **ärge ärrituge!** take it easy! [teik it iizi]
ärritus irritation [iri'teišën]
äsja recently ['riisëntli]
ässitama incite [in'sait]
äädikas vinegar ['vinigë]
äär edge [edž]
äärelinn suburb ['sabëb]
äärepealt almost ['oolmoust]
äärmine extreme [iks'triim]; (ääres olev) outer [autë]
äärmus extreme [iks'triim]
äärmuslane extremist [iks'triimist]

öine night [nait]; ~ **vahetus** night shift [nait šift]
ökonomist economist [i'konëmist]
ökonoomia economy [i'konëmi]
ökonoomika economics [ikë'nomiks]
ökonoomne economical [ikë'nomikël]
öö night [nait]
ööbik nightingale ['naitingeil]
ööbima stay overnight [stei 'ouvënait]
ööelu night life [nait laif]
ööklubi night club ['naitklab]
öökull owl [aul]
öökülm night frost [nait frost]
öömaja lodging(s) ['lodžingz]
ööpäev day [dei], day and night [dei änd nait]; ~ **läbi** round the clock [raund dhë klok]
öösärk (naiste, laste ~) nightgown ['naitgaun]; (meeste ~) night-shirt ['naitšööt]

üha ever (more) ['evë moo]; (ikka) still

üheaegne simultaneous [simël'teinjës]

ühehäälne (laulu kohta) for one voice [fo wan vois]; (otsuse kohta) unanimous [juu'nänimës]

ühekülgne one-sided ['wansaidid], biased ['baiëst]

ühemõtteline clear [klië], unambiguous [anëm'bigjuës]

ühendama (liitma) unite [ju'nait], join (together) [džoin]; (siduma) connect [kë'nekt]

ühendus association [ësousi'eišën], (liit) union ['juuniën]; (ühing) society [së'saiëti]; (seos, side) connection [kë'nekšën]; ~**es olema** be in touch [bi in 'tatš]

ühepereelamu one-family house [wan fämili haus]

ühepoolne unilateral [juni'läterël]

üheskoos together [të'gedhë]

ühesugune similar ['similë]

ühik unit ['juunit]

ühine common ['komën]

ühinema unite [ju'nait]

ühinenud united [ju'naitid]; **Ühinenud Rahvaste Organisatsioon** the United Nations Organization [ju'naitid 'neišënz oogënai'zeišën]

ühing society [së'saiëti]

ühiselamu hostel ['hostël]; dorm(itory) [doom]

ühisettevõte joint venture ['džoint 'ventšë]

ühiskond society [së'saiëti]

ühiskondlik social ['soušël]

ühismajand collective farm [kë'lektiv faam]

ühisomand joint property ['džoint 'propëti]

ühispank union bank [juuniën bänk]

ühistu co-operative ['kou'opërëtiv]

ühtlane even [iivën]

ühtlasi at the same time

ühtne united [ju'naitid], (ühtlustatud) standard ['ständëd]

ühtsus unity ['juniti]

üks one [wan]; ~ **kord** once [wans]; **ühelt poolt (... teiselt poolt)** on one hand, (... on the other hand) [on wan händ ... (on dhi adhë händ)]

üksi alone [ë'loun]

239   **üle**

üksik single [singl]; (eraldi võetud) individual [indi´vidjuёl], separate [´sepёrit]

üksikasi detail [´diiteil]

üksikasjalik detailed [´diiteild]

üksikisik private person [´praivit pöösen] (*or* individual) [indi´vidjuёl]

üksildane lonely [´lounli]

üksildus loneliness [´lounlinis]

üksinda alone [ё´loun]

ükski: mitte ~ not a single one [not ё singl wan]

ükskord once [wans]

ükskõik no matter [nou ´mätё]; **mulle on see** ~ it is all the same to me [it iz ool dhё seim tё mi]

ükskõikne indifferent [in´difrёnt]

ükskõiksus indifference [in´difrёns]

üksluine monotonous [mё´notёnёs]

üksmeelne unanimous [ju´nänimёs]

üksus unit [juunit]

ülal up [ap], above [ё´bav]; ~ **pidama** maintain [mein´tein], support [sё´poot]

ülalmainitud above-mentioned [ё´bavmensёnd]

ülalpeetav dependant [di´pendёnt]

ülane anemone [ё´nemёni]

ülbe arrogant [´ärёgёnt]

üldharidus general education [´dženerёl edju´keišёn]

üldine general [´dženerёl]; (kogu) total [´toutёl]

üldiselt generally [´dženerёli]

üldistama generalize [´dženerёlaiz]

üldistus generalization [dženerёlai´zeišёn]

üldjoontes in general [in ´dženerёl]

üldkoosolek general meeting [´dženerёl ´miiting] (*or* assembly) [ё´sembli]

üldmulje general opinion [´dženerёl ё´pinjёn] (*or* impression) [im´prešёn]

üldrahvalik nation-wide [´neišёnwaid]

üldstreik general strike [´dženerёl straik]

üldsus the public [dhё ´pablik]

üle over [ouvё], above [ё´bav], beyond [biond]; ~ **tänava** across the street [ё´kros dhё striit]; ~ **jõu** beyond the strength [´biond dhё ´strenth]; ~ **kõige** above all [ё´bav ool]; ~ **andma** hand over [händ ouvё]; ~ **elama** live through [liv thruu]; ~ **hindama**

ülearu

overestimate [ouvër´estimeit]; ~ **kandma** transfer [´tränsfë]; ~ **koormama** overload [ouvë´loud]; ~ **kuulama** interrogate [in´terëgeit]; ~ **pakkuma** overbid [ouvë´bid]; ~ **tööta-ma** overwork [ouvë´wöök]; ~ **ujutama** flood [flad]; ~ **vaatama** inspect [ins´pekt], examine [ig´zämin]; ~ **viima** transfer [´tränsfë]; ~ **võtma** take over [teik ouvë]

ülearu too much [tuu matš] (or many) [meni]

ülearune superfluous [sju´pöö-fluës], extra [´ekstrë]

üle-eestiline all-Estonian [´ool es´tounjën]

üleeile the day before yesterday [dhë dei bi´foo ´jestëdei]

ülehindamine overestimation [´ouvëresti´meišën]

ülehomme the day after tomorrow [dhë dei aaftë të´morou]

ülejärgmine next but one [neks bat wan]

ülejääk remainder [ri´maindë], surplus [´sööplës]

ülekaal overweight [ouvë´weit]; ~**us olema** dominate [´domineit]

ülekaalukas predominant [pri´dominënt]; ~ **võit** over-

whelming victory [ouvë-´welming ´viktëri]

ülekanne (raha~) transfer [´tränsfë]; (raadio~, tele~) broadcast [´broodkaast]

ülekohus injustice [in´džastis]

ülekoormus overload [´ouvë-loud]

ülekuulamine interrogation [interë´geišën]

ülekäik crossing [´krosing]

üleliigne superfluous [sju´pöö-fluës]

ülem adj. higher [haië], head [hed]; subst. head [hed], chief [tšiif]

ülemaailmne universal [juni-´vöösël], world-wide [´wööld-waid]

ülemaaline national [´näšënël]

ülemine upper [apë]

üleminek transition [trän-´zišën]; ~**uperiood** transition period [trän´zišën ´piëriëd]

ülemmäär highest rate [haiëst reit], maximum [´mäksimëm]

ülemnõukogu the Supreme Soviet [dhë sju´priim ´souvjët]

ülemus chief [tšiif], boss

ülendama (ametis) promote [prë´mout]

ülendus promotion [prë-´moušën]

üleni all over [ool ouvë], totally ['toutëli]

üleolek superiority [sjupiëri-'oriti]

üleolev supercilious [sjupë-'siliës]

ülepakkumine overbidding [ouvë'biding]; (liialdus) exaggeration [igzädžë'reišën]

ülerõivad (meeste) menswear ['menzwëë]; (naiste) ladies' wear [leidiz wëë]

üles up [ap]; ~ **ajama** wake sb. up [weik ap]; ~ **ehitama** build up [bild ap]; ~ **kasvama** grow up [grou ap]; ~ **kasvatama** bring up [bring ap]; ~ **kirjutama** write (or put) down [rait daun]; ~ **kutsuma** call (upon) [kool ë'pon]; ~ **leidma** find [faind]; ~ **ostma** buy up [bai ap]; ~ **otsima** look up [luk ap]; ~ **seadma** install [ins-'tool], set up; ~ **tõusma** rise (or get) up [raiz ap]

ülesanne task [taask]

üleskutse appeal [ë'piil]

ülestõus uprising ['ap'raising], revolt [ri'voult]

ületama (rohkem olema) exceed [ik'siid]; **plaani** ~ overfulfill ['ouvëful'fil];

(tänavat *jm.*) cross; (raskust) overcome [ouvë'kam]

ületootmine over-production ['ouvëprë'dakšën]

ületunnitöö overtime ['ouvë-taim], ~**d tegema** work overtime [wöök 'ouvëtaim]

üleujutus flood [flad]

ülevaade review ['rivjuu], (kokkuvõte) summary ['sa-mëri]

ülevaatus inspection [ins'pek-šën]

üleval up [ap], above [ë'bav]; (ärkvel) awake [ë'weik]

üleväsimus overfatigue ['ouvë-fä'tiig]

ülikond suit [sjuut]

ülikool university [juni'vöösiti]

ülim supreme [sju'priim]

üliõpilane (university, college) student ['stjuudënt]; undergraduate ['andëgrädjuit]

üliõpilas-: ~**liit** student union ['stjuudënt 'juuniën]; ~**organisatsioon** student organization ['stjuudënt oogënai-'zeišën]

üllatama surprise [së'praiz]

üllatav surprising [së'praizing]

üllatus surprise [së'praiz]

ümber round [raund], around [ë 'raund]; (kummuli) over

ümberkorraldus 242

[ouvë]; (uuesti, taas verbi ees) re- [ri]; ~ **ajama** overturn [ouvë´töön]; ~ **asuma** resettle [ri´setl]; ~ **ehitama** reconstruct [rikëns´trakt]; ~ **istuma** change [tšeindž]; ~ **korraldama** reorganize [ri´oogënaiz]; ~ **lükkama** overturn [ouvë´töön], (väidet) disprove [dis´pruuv]; ~ **mõtlema** change one´s mind [tšeindž wanz maind]; ~ **nimetama** rename [ri´neim]; ~ **riietuma** change (one´s clothes) [tšeindž]; ~ **tegema** redo [´ri´du], remake [ri´meik]; ~ **töötlema** process [´prousës]; ~ **vahetama** exchange [iks´tšeindž]; ~ **õppima** learn anew [löön ë´njuu]

ümberkorraldus reorganization [rioogënai´zeišën]

ümbermõõt girth [gööth]

ümbrik envelope [´enviloup]

ümbritsema surround [së-´raund]

ümbrus surroundings [së-´raundingz], environs [in-´vaiënz]

ümmargune round [raund]

üritama attempt [ë´temt], (püüdma) try [trai]

üritus (katse) attempt [ë´temt], try [trai]; (sündmus) event [i´vent]

üsna rather [raadhë], quite [kwait]

ütlema say [sei], tell

üür rent

üüriauto rented car [´rentid kaa]

üürikorter rented flat [´rentid flät]

üürima rent; (laeva, lennukit) charter [tšaatë]

üürnik tenant [´tenënt]

ilo sõnastik

Eesti-inglise sõnastik. Koost. Mart Repnau, 242 lk., 3. trükk
Eesti-soome sõnastik. Koost. Erkki Sivonen, 248 lk., 3. trükk
Eesti-prantsuse sõnastik. Koost. Triin Sinissaar, 228 lk.
Eesti-saksa sõnastik. Koost. Mari-Ann Mändoja, 224 lk.
2. trükk
Eesti-hispaania sõnastik. Koost. Margus Ott, 192 lk., 2. trükk
Eesti-itaalia sõnastik. Koost. Auli Ott, 208 lk.
Eesti-rootsi sõnastik. Koost. Katrin Tombak, 224 lk., 2. trükk
Eesti-ungari sõnastik. Sven-Erik Soosaar, Szilárd Tóth, 184 lk.

•

Inglise-eesti sõnastik. Koost. Suliko Liiv, 184 lk., 2. trükk
Prantsuse-eesti sõnastik. Koost. Triin Sinissaar, 192 lk.,
2. trükk
Taani-eesti sõnastik. Koost. Margus Enno, 288 lk.
Soome-eesti sõnastik. Koost. Mari Maasik, 144 lk.
Saksa-eesti sõnastik. Koost. Tiiu Kaarma, 224 lk.

•

Inglise-vene sõnastik. Koost. Tatjana Sepp, 256 lk.
Keeled ümber Läänemere. Üheksakeelne sõnastik.
Koost. Tiit Kaljuste, 200 lk.

AS Kirjastus Ilo hulgimüük – Madara 14, Tallinn 10612,
tel. 661 0345

📖 ilo vestmik

Eesti-inglise vestmik. Koost. Mart Aru ja Maila Saar,
232 lk., 3., parandatud ja täiendatud trükk

Eesti-saksa vestmik. Koost. Tiiu Kaarma ja Laine Paavo,
200 lk., 3., täiendatud trükk

Eesti-soome vestmik. Koost. Mari Maasik ja Mia Halme,
188 lk., 3., täiendatud trükk

Eesti-rootsi vestmik. Koost. Lia Peet, 186 lk.

Eesti-prantsuse vestmik. Koost. Heete Sahkai ja
Eva Toulouze, 192 lk.

Eesti-hispaania vestmik. Koost. Antonio Villacís ja
Margareta Telliskivi, 2., täiendatud trükk, 137 lk.

Eesti-norra vestmik. Koost. Tiiu Anderson, Kristin
Gulbrandsen Schwede ja Katrin Klein, 188 lk.

Eesti-hollandi vestmik. Koost. Külli Prosa, 192 lk.

Eesti-itaalia vestmik. Koost. Malle Ruumet, 228 lk.,
2., parandatud ja täiendatud trükk

Eesti-taani vestmik. Koost. Katrin Mürkhein, 208 lk.

•

Soome-eesti vestmik. Koost. Mari Maasik ja Mia Halme,
192 lk., 2., parandatud ja täiendatud trükk

Inglise-eesti vestmik. Koost. Mart Aru ja Maila Saar, 192 lk.,
2., täiendatud ja parandatud trükk

Vene-eesti vestmik. Koost. Veronika Einberg, 200 lk.

kirjastus ilo

Madara 14, 10612 Tallinn
Tel. 661 0553, faks 661 0556

TRÜKISED

DISAIN

REKLAAM

**IDEEST PROJEKTINI
DETAILIST STIILINI
MAKETIST TOOTENI**

ilo print

Madara 14, 10612 Tallinn
Tel. 661 0351, faks 661 0352

* **IGAT LIIKI TRÜKITÖÖD**
* **VÄRVITRÜKK**
* **SURUTRÜKK**
* **VOLTIMINE**
* **STANTSIMINE**
* **NUMEREERIMINE**
* **LAMINEERIMINE**
* **PERFOREERIMINE**
* **KÖITETÖÖD
  MASINATEGA JA KÄSITSI**
* **VANADE TRÜKISTE
  RESTAUREERIMINE**

60.-
43011